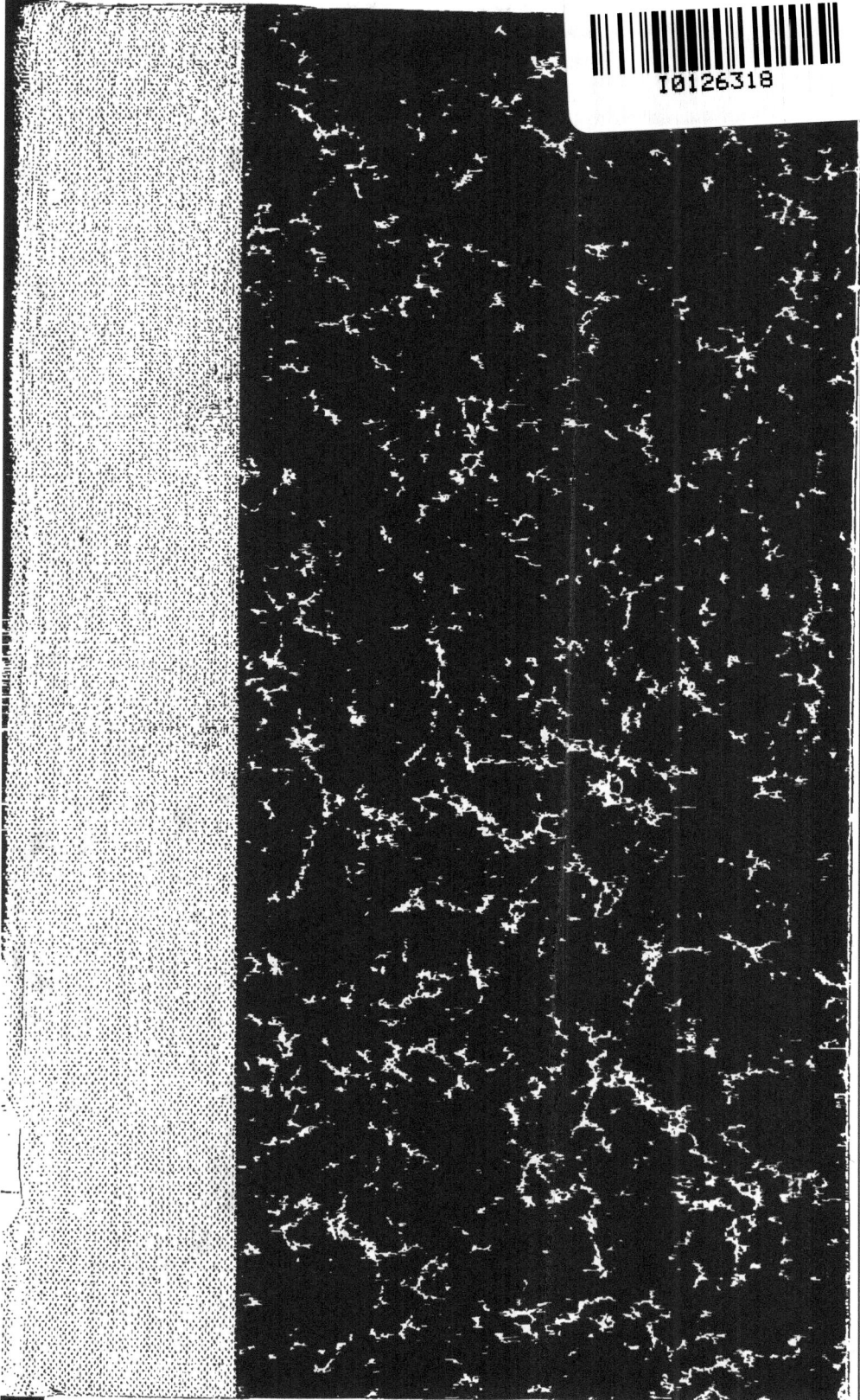

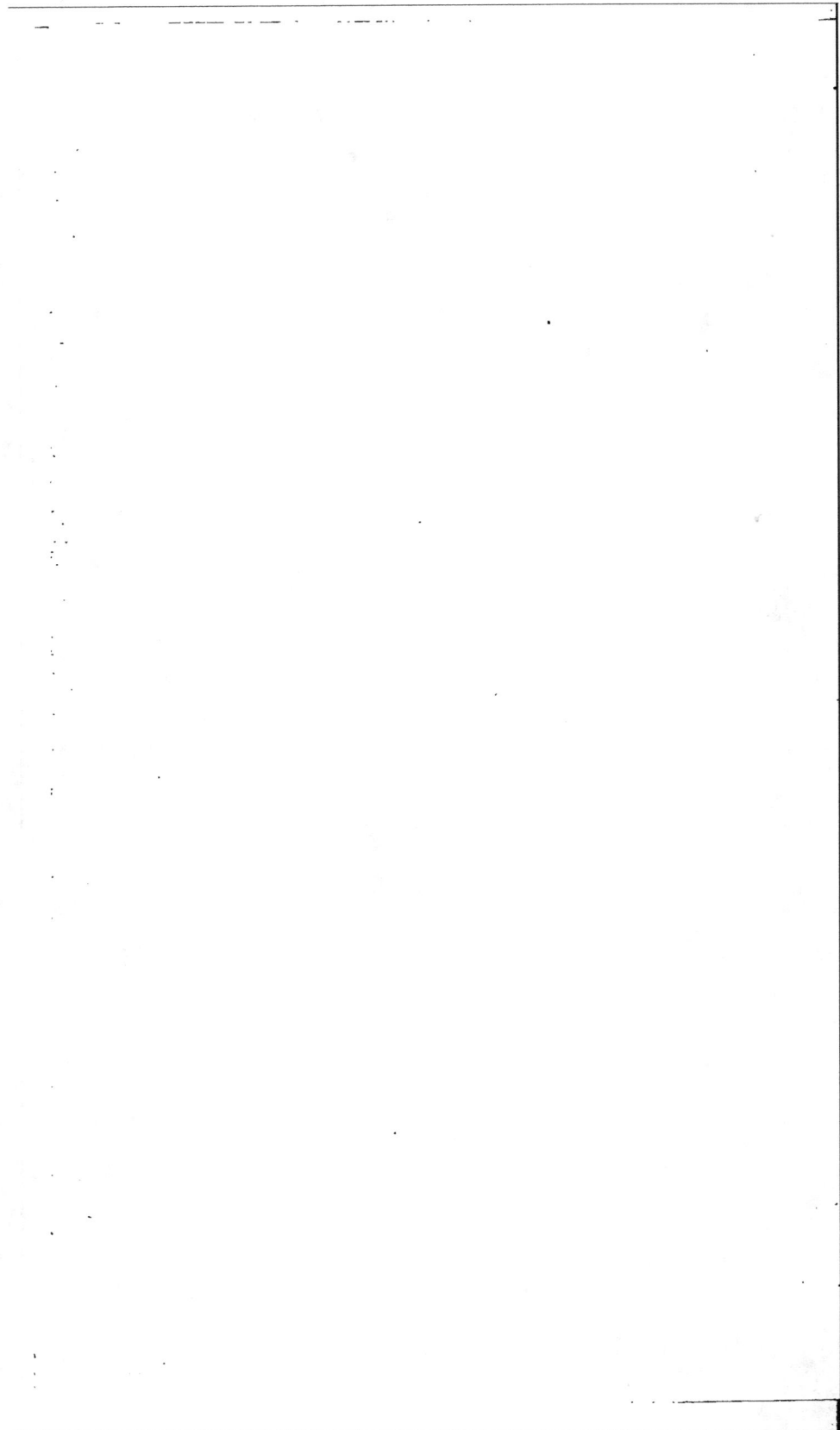

LE MARÉCHAL

DE VAUBAN

1633-1707

PAR

LE GÉNÉRAL BARON AMBERT

ORNÉ DE QUATRE GRAVURES

TOURS

ALFRED MAME ET FILS

ÉDITEURS

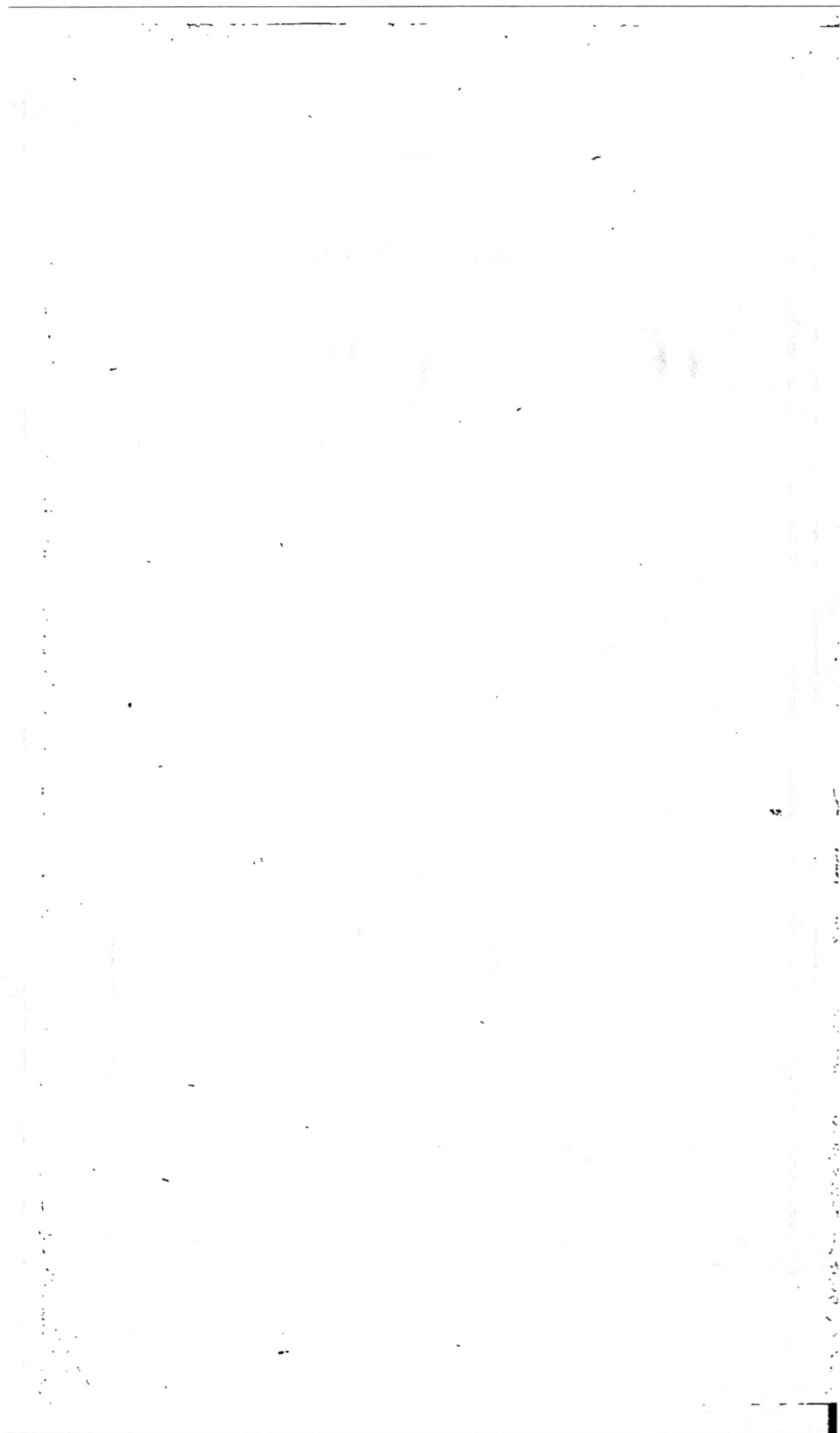

LE MARÉCHAL

DE VAUBAN

2o SÉRIE IN-12

PROPRIÉTÉ DES ÉDITEURS

Vauban fortifie Dunkerque. (P. 84.)

LE MARÉCHAL

DE VAUBAN

1633-1707

PAR

LE GÉNÉRAL BARON AMBERT

TOURS

ALFRED MAME ET FILS, ÉDITEURS

—

1882

A

MADEMOISELLE JEANNE AMBERT

LE MARÉCHAL

DE VAUBAN

———◦◦◦◦———

CHAPITRE I

DE 1633 A 1675

La maison de Vauban. — Naissance de Vauban en 1633. — Son
enfance. — Opinion du duc de Saint-Simon. — L'abbé Fontaine donne asile à l'orphelin. — Le jeune le Prestre prend le
nom de Vauban. — Entrée au service comme soldat au régiment de Condé. — Débuts de Vauban dans la fortification. —
Vauban prisonnier de guerre. — Le cardinal Mazarin et le prisonnier. — Vauban quitte l'armée du prince de Condé pour celle
du roi. — Premiers travaux de Vauban. — Il est nommé lieutenant dans le régiment de Bourgogne. — Ingénieurs. — Siège
de Stenay. — Vauban nommé ingénieur du roi. — Reddition
de la place de Condé et de Saint-Guillain. — Siège de Valenciennes. — Le maréchal de la Ferté se laisse surprendre. —
Retraite précipitée de Turenne. — Blessure de Vauban. — Siège
de Montmédy — Siège de Gravelines. — Paix des Pyrénées. —
Le cardinal Mazarin et Vauban. — Voyage de Vauban dans le
Morvan. — Il épouse Mlle d'Auray. — Le roi donne à Vauban
une compagnie dans le régiment de Picardie. — Vauban est
frappé d'une grande infortune. — Son innocence proclamée. —
Conquête de Lille (1672). — La première guerre. — Forces
dont dispose le roi. — Physionomie de Vauban. — Lettres de
Vauban à Louvois et réponses. — Préliminaires de la campagne
de 1673. — Opinion de Turenne. — Condé et Vauban. — Correspondance de Vauban et de Louvois. — Le prince d'Orange,
Stoppa et M. de Luxembourg. — Siège de Maëstricht en 1673.

— Comment le roi s'empara de Colmar. — Siège de Besançon
en 1674. — Condé vainqueur à Senef. — L'ennemi assiège
Oudenarde défendue par Vauban. — Bravoure des soldats. —
— Chamilly. — Vauban dans ses terres. — Manuscrits de
Vauban.

I

On voit encore dans un petit village près d'Avallon,
département de l'Yonne, la maison où s'était retiré en
sortant de l'armée Urbain le Prestre, officier du roi et
fort pauvre gentilhomme. Le village se nomme Saint-
Léger-du-Fougeret; la maison, occupée par un modeste
laboureur, est couverte de chaume. Elle se compose d'une
salle basse servant de cuisine et de chambre, d'un grenier
auquel on parvient par une échelle, et d'une écurie
étroite et sombre.

Cette maison est construite sur le bord du chemin, et
comme rien ne la distingue des plus misérables de ce
hameau, le voyageur passe sans se douter que sous ce
chaume naquit, il y a plus de deux siècles, un des grands
hommes de notre France.

L'aspect misérable de cette maison, qui, nous le ré-
pétons, n'a subi aucun changement, prouve que parmi
l'ancienne noblesse il y avait au XVIIe siècle de cruelles
décadences. Un ancien officier cachait ses parchemins dans
cette chaumière; il y vivait de privations et ne redoutait
pas de travailler la terre.

Cette terre n'était qu'un lambeau du domaine de ses
ancêtres. De génération en génération les champs avaient
disparu, car la noblesse devait le service au roi et à la
France. On vendait un bois, une vigne, une prairie pour
s'équiper en guerre. On partait, et l'abandon amenait la
ruine. Les dettes ne tardaient pas à s'accumuler, et lorsqu'il ne restait au pauvre gentilhomme que son épée, il
revenait à pied vers le manoir délabré. Du manoir à la
chaumière il n'y avait qu'un pas.

Le père de Vauban, Urbain le Prestre, franchit ce pas, qu'avait déjà franchi son aïeul Émery le Prestre, vieil officier des armées du roi.

Tout pauvre qu'il fût, Urbain le Prestre avait épousé en 1630 Mlle Aimée de Carmignolles, de bonne maison, qui ne lui apporta pour dot que ses vertus et ses parchemins.

Elle habita la chaumière dont nous avons parlé, donnant ses soins à ce ménage plus que modeste.

Vauban naquit, dans l'unique chambre de la chaumière, le 15 mai 1633. Malgré l'affection qui l'entourait, son enfance fut cruelle et entourée de privations; il ne recevait d'autres leçons que celles données par le curé aux pauvres enfants du village. Payer les leçons eût été impossible; d'ailleurs le bon curé entendait faire la charité de son savoir. Parmi les petits écoliers, Sébastien le Prestre se distinguait par son intelligence et son zèle.

Urbain le Prestre mourut en 1643, laissant son fils âgé de dix ans. Le lendemain de la mort du père, les créanciers s'emparèrent de son champ et de sa maison.

Seul, sans parents, sans abri, l'enfant s'éloigna, le regard fixé sur la porte qui se refermait.

Cette enfance sévère ne fut pas sans influence sur la vie de Vauban. S'il ignora les joies des premières années, il connut les épreuves qui rendent fort. Sa couche de paille, son pain noir, ses longues marches dans la neige ou sous les ardeurs du soleil, ses vêtements grossiers, la sombre attitude de son père, les labeurs de sa mère, tout contribua à le tremper fortement, à imprimer à son caractère une vigueur singulière, et à faire pénétrer son esprit dans les difficultés de la vie. Ce contact habituel avec les misères lui fit connaître de bonne heure ce qu'est le peuple.

Parvenu au faîte des honneurs, Vauban n'oublia jamais ce peuple au milieu duquel il avait passé les premières années de sa vie. Peut-être même son esprit conserva-t-il une sorte d'amertume.

Sans être illustre, sa naissance était donc distinguée. Ses ancêtres appartenaient à la noblesse du Morvan et avaient possédé de grands biens dans la province. Leur nom, toujours honoré, jouissait d'une véritable estime même après la ruine de la maison.

On ne comprend pas sans peine aujourd'hui la situation d'un gentilhomme du XVIIe siècle descendu jusqu'au labourage, et suspendant son épée près de sa charrue. Ses compagnons de travaux rendent hommage à sa naissance, à ses services, et honorent jusqu'à ses malheurs; sous ces vêtements de travail il conserve sa dignité militaire, parce que la terre n'imprime pas de tache aux mains du laboureur.

Quelque pauvre qu'il fût, le père de Vauban rappelait à l'enfant le passé de sa maison, non par orgueil, mais pour faire battre son cœur et lui montrer la route à parcourir. Ils ne se décourageaient pas, et lorsque les pères revenaient de la guerre, ruinés et meurtris, leur unique souci était de préparer les fils au service de la France.

Cette obscurité de la famille de Vauban a fait penser à quelques historiens que le maréchal était le premier de sa race. Ils ont, en ceci, adopté l'opinion du duc de Saint-Simon, qui a dit :

« Vauban s'appelait le Prêtre, petit gentilhomme de Bourgogne tout au plus, mais peut-être le plus honnête homme et le plus vertueux de son siècle, et avec la plus grande réputation du plus savant homme dans l'art des sièges et de la fortification, le plus simple, le plus vrai et le plus modeste.

« C'était un homme de médiocre taille, assez trapu, qui avait fort l'air de guerre, mais en même temps un extérieur rustre et grossier, pour ne pas dire brutal et féroce. Il n'était rien moins; jamais homme plus doux, plus compatissant, plus obligeant, mais respectueux sans nulle politesse, et le plus avare ménager de la vie des hommes, avec une valeur qui prenait tout parfois et donnait tout aux autres. Il est inconcevable qu'avec tant de droiture et de franchise, incapable de se prêter à rien de faux ni de mauvais, il ait pu gagner au point qu'il fit l'amitié et la confiance de Louvois et du roi.

« Ce prince s'était ouvert à lui, un an auparavant, de la volonté qu'il avait de le faire maréchal de France. Vauban l'avait supplié de faire réflexion que cette dignité n'était point faite pour un homme de son état, qui ne pouvait jamais commander ses armées, et qui les jetterait dans l'embarras si, faisant un siège, le général se trouvait moins ancien maréchal de France que lui. Un refus si généreux, appuyé de raisons que la seule vertu fournissait, augmenta encore le désir du roi de la couronner.

« Vauban avait fait cinquante-trois sièges en chef, dont une vingtaine en présence du roi, qui crut se faire maréchal de France soi-même et honorer ses propres lauriers en donnant le bâton à Vauban. Il le reçut avec la même modestie qu'il avait marqué de désintéressement. Tout applaudit à ce comble d'honneur, où aucun autre de ce genre n'était parvenu avant lui et n'est arrivé depuis. Je n'ajouterai rien ici sur cet homme véritablement fameux, dont les illustres actions nous dispensent de faire l'éloge.

« Patriote comme il l'était, il avait toute sa vie été touché de la misère du peuple et de toutes les vexations qu'il souffrait; la connaissance que ses emplois lui donnaient de la nécessité et des dépenses, et du peu d'espérance que le roi fût pour retrancher celles de splendeur et d'amusement, le faisait gémir de ne voir point de remède à un accablement qui augmentait son poids de jour en jour.

« Dans cet esprit, il ne fit point de voyages, et il traversait souvent le royaume de tous les biais, qu'il ne prît partout des informations exactes sur la valeur et le produit des terres, sur la sorte de commerce et d'industrie des provinces et des villes, sur la nature et l'imposition des levées, sur la manière de les percevoir... »

Ce jugement est précieux sous la plume d'un homme peu prodigue d'éloges, et qui en cette circonstance ne les ménage pas.

II

L'ancien officier Urbain le Prestre, ou le Prêtre, suivant Saint-Simon, venait donc de mourir. La maison était aux mains des créanciers, et l'enfant, chassé de sa demeure à l'âge de dix ans, ne savait où reposer sa tête.

Une main saisit sa main : c'était celle de l'abbé Fontaine, curé de Saint-Léger. Il avait baptisé l'enfant, avait présidé à sa première communion, et fermé les yeux au père.

Conduire le petit abandonné au presbytère et l'adopter fut pour le digne curé l'affaire de quelques minutes ; il ne se mit pas en frais de discours, encore moins songeat-il aux conventions.

Le soir même, l'enfant eut un foyer, une table, un lit et le bon sourire de la charité.

L'abbé Fontaine avait une vieille servante pour les soins du ménage, un petit cheval pour ses visites de paroisse, un jardin pour ses fleurs et ses fruits. L'enfant aida la servante, soigna le cheval et cultiva le jardin, ce qui a fait dire qu'il avait été au service du curé. Non, certes, le fils de l'officier n'eût point accepté une domesticité même déguisée ; mais il voulait reconnaître le bienfait, payer sa dette de reconnaissance, et ne s'asseoir à table que digne de partager le pain de son précepteur.

Car c'était là surtout le titre qu'aimait à se donner l'abbé Fontaine. L'enfant était son élève, et les heures du jour appartenaient presque toutes à l'étude. Le reste, ménage, écurie et jardin, figuraient au chapitre des récréations. Il en était d'autres encore : les visites aux malades, les veillées près des mourants, les soins de l'Église, et les désirs du curé à deviner et ses souhaits à prévenir.

Sans être un savant, l'abbé Fontaine savait beaucoup, et tout ce qu'il savait était généreusement donné au

jeune Vauban. Non seulement le curé de Saint-Léger possédait les belles-lettres, mais, ce qui est plus rare, ce
prêtre était habile mathématicien. Il avait même effleuré
l'architecture, jeté un regard curieux sur la fortification.
Sa modeste bibliothèque, composée d'une cinquantaine
de volumes, renfermait des livres de science qu'il faisait briller aux yeux avides de son élève. On prenait
successivement chaque ouvrage, et tous deux, le maître
et l'écolier, employaient les longues veillées à l'étude.

Huit années se passèrent ainsi, sans émotions, mais
non sans jouissances intellectuelles pour Vauban. Il
avait pris ce nom pour être agréable à l'abbé Fontaine,
qui n'aimait pas à entendre nommer *le Prêtre* son jeune
écolier.

Vauban avait été une seigneurie possédée par la maison de le Prestre, et le curé choisit cette seigneurie,
vendue depuis longtemps, pour en donner le nom à
Sébastien le Prestre, qui depuis l'âge de dix ans ne fut
connu que sous le nom de Vauban.

Lorsque le jeune homme eut atteint sa dix-huitième
année, il eut de caressants regards pour l'épée de son
père, unique héritage d'une antique maison. Cette épée
sortirait peut-être de son obscurité. Les bruits loin-
tains de la guerre venaient jusqu'au village de Saint-
Léger; avec eux de vagues espérances, et le charme de
l'inconnu.

L'abbé Fontaine comprit que l'heure était venue pour
son élève d'aller au loin essayer ses forces.

Le bagage scientifique et littéraire était suffisant pour
les débuts. Le travail ferait le reste. Le courage ne laissait rien à désirer, non plus que la santé. La rusticité
des façons ne choquerait pas au régiment, où l'indul-
gence est en honneur.

Le départ fut donc décidé; dans une lettre écrite longtemps après, Vauban aime à se rappeler les moindres
détails de ce premier voyage et même son costume. Il
était coiffé d'un chapeau à larges bords, dont un côté
relevé par une ganse de velours donnait une sorte de

crânerie à la coiffure; son vaste habit à la française aux
boutons d'acier, œuvre d'un tailleur de village, était de
gros drap gris, aussi bien que les culottes courtes; mais
le gilet rouge tranchait vivement sur ce fond terne. Les
guêtres montaient jusqu'au-dessus de la cheville, et
couvraient les souliers aux épaisses semelles garnies de
clous formidables.

Le jeune voyageur portait un sac de forte toile con-
tenant sa fortune. Sa main était armée d'un bâton noueux
coupé dans la forêt voisine.

Une bourse de cuir renfermait sept écus de six livres
économisés par le curé.

Il est inutile d'ajouter que le voyage se faisait à pied.
Vauban partait au point du jour et ne s'arrêtait que le
soir; il se reposait près de quelque ruisseau, tirait de
son sac un morceau de pain, et songeait à l'avenir. C'é-
tait l'hiver de l'année 1651, hiver fort rude pour les gens
de la campagne, que la neige désolait. Le soir, notre
voyageur trouvait l'hospitalité dans une chaumière et
souvent couchait sur la paille, entre les chevaux de
labour et les bœufs aux robustes poitrails.

L'abbé Fontaine accompagna son élève jusqu'aux limites de la paroisse, lui donnant ses derniers conseils.
Ce bon prêtre voyait dans le futur soldat son œuvre
complète. Il avait pris l'enfant au sortir du berceau, et
ne s'était jamais séparé de lui. Les jours, les mois, les
ans s'écoulaient, et le curé voyait se développer une
intelligence, se former un caractère, s'enrichir une mémoire; il assistait à une création, écoutait les batte-
ments du cœur, et lisait dans cette jeune âme simple et
naïve.

En ce temps-là les jeunes gentilshommes arrivaient à
l'armée sous les auspices des princes et des maréchaux
de France. Ils paraissaient en brillants équipages, escor-
tés de laquais, et porteurs d'autant d'or qu'il en fallait
pour le jeu de chaque soir. Fiers de leurs grades, ils
débutaient sans le moindre souci de l'avenir.

Tout autre fut le début de Vauban; il se sentit ému

en approchant du camp. L'abbé Fontaine lui avait donné une lettre d'introduction pour M. le comte d'Arcenay, capitaine au régiment de Condé-infanterie, cantonné dans les Flandres. L'abbé Fontaine ne connaissait le capitaine que pour l'avoir vu dans le Morvan, où il venait recruter sa troupe.

Le comte d'Arcenay avait ses terres aux environs de Saint-Léger, et le bon abbé invoquait sa protection en faveur d'un compatriote.

Après avoir lu la lettre de l'abbé Fontaine, le capitaine toisa d'un rapide regard celui qui sollicitait l'honneur d'être soldat. L'examen fut favorable à Vauban, qui fut jugé *robuste*. Ce mot est le premier qui figure, près du nom de Vauban, sur le consentement délivré par le capitaine.

Il existe au Dépôt des fortifications, à Paris, un manuscrit de Vauban qui porte la date du 16 mars 1703 ; c'est l'abrégé des services du maréchal de Vauban. Il dit qu'au moment de son engagement sa réponse au capitaine fut « qu'il avait une assez bonne teinture des mathématiques et des fortifications, et qu'il ne dessinait d'ailleurs pas mal ».

Avant de suivre Vauban dans sa nouvelle carrière, prenons congé de l'abbé Fontaine.

Son souvenir dura longtemps à Saint-Léger-du-Fougeret, et l'on parlait encore de lui au moment de la révolution. Lorsque ses forces ne lui permirent plus d'accomplir tous les devoirs de son ministère, Vauban, devenu célèbre, lui fit accepter une retraite honorable dans l'une de ses seigneuries. Le vieux prêtre eut, avant de rendre son âme à Dieu, le bonheur et la gloire de presser dans ses bras son petit écolier, devenu l'un des grands hommes du siècle de Louis XIV.

III

Voilà donc en 1651 Vauban simple soldat au régiment de Condé, portant le sac et le mousquet, montant sa garde et sa faction, dormant sur le lit de camp en compagnie de ses camarades plus ou moins dignes d'intérêt, braves toujours, mais de morale peu sévère.

Il tint bon contre les mauvais exemples, les tentations et les propos du corps de garde. Ses habitudes laborieuses, son zèle pour le service, son caractère bienveillant et ferme en même temps, lui acquirent l'estime de ses camarades et la confiance de ses chefs.

Le capitaine d'Arcenay lui fit obtenir successivement les galons de caporal et ceux de sergent. Il dessinait, étudiait la fortification et employait sa faible solde à acheter des livres.

Vauban eut à cette époque un premier chagrin, d'autant plus vif qu'il touchait à son honneur.

On ignorait au village de Saint-Léger les intrigues politiques. On entendait peu parler de la Fronde chez le bon curé, et c'est à peine si les noms de Condé et de Mazarin se prononçaient dans cette solitude du Morvan.

Si le capitaine d'Arcenay venait faire des recrues, nul ne mettait en doute que les partants allaient servir le roi.

Cependant, au moment où Vauban signait son engagement, Louis II de Bourbon, prince de Condé, combattait son roi. Le vainqueur de Rocroi, de Fribourg, de Nordlingen, de Lens, prit les armes contre l'autorité légitime et ne craignit pas d'allumer la guerre civile.

Le régiment de Condé était donc dans une sorte de révolte. Vauban ne tarda pas à reconnaître tout ce qu'avait de délicat la position qu'il s'était faite. Cependant, fidèle à la discipline, il obéissait à son capitaine, qui lui-même recevait les ordres du prince de Condé.

Vauban, malgré ses scrupules, donna des preuves de dévouement et de courage. Sa première campagne, celle de Bléneau, fut extrêmement remarquable, non seulement par la gravité des événements, mais surtout par la présence de Turenne et de Condé.

Un jour le capitaine d'Arcenay manda son sergent, et lui proposa de travailler aux fortifications de la ville de Clermont en Argonne. Vauban fut heureux de trouver l'occasion de prouver ses connaissances, et l'architecte qui dirigeait les travaux n'eut qu'à se louer du jeune bas officier.

Le régiment de Condé était revenu dans les Flandres, et Vauban ne fut pas peu surpris de voir arriver près de Condé de nombreux régiments espagnols. Combattre avec les étrangers contre les troupes royales sembla fort indigne à Vauban. Le prince de Condé perdit à ses yeux quelque prestige, et il se sentit mal à l'aise dans cette armée qui n'était pas celle du roi.

La loyauté de Vauban luttait contre son esprit de discipline. Il ne pouvait abandonner son régiment, son capitaine, ses camarades, la veille peut-être d'une bataille. Son honneur le retenait.

Pendant ces luttes intimes de la conscience et du devoir, le régiment de Condé eut l'ordre d'attaquer Sainte-Menehould. Chargé des travaux d'approche, Vauban ne songea qu'à enlever la place. Lorsque l'assaut fut donné, il importait qu'un ordre parvînt à des compagnies éloignées ; Vauban se jeta à la nage et traversa l'Aisne sous le feu de l'ennemi. A ce propos, Vauban écrivit dans l'abrégé de ses services : « Cette action me fut imputée à grand honneur et m'attira beaucoup de caresses de la part de mes officiers. On voulut même me faire enseigne dans le régiment, mais je remerciai sur ce que je n'étais pas en état d'en soutenir le caractère. »

L'enseigne était un officier inférieur, ce grade ne se refusait pas ; pour qu'un jeune homme, désireux de parcourir la carrière, n'accepte pas l'honneur qui lui est fait, on doit supposer des motifs fort sérieux. Était-ce la pauvreté qui ne permettait pas même à Vauban les dépenses d'un équipement? ou bien doit-on penser que le jeune sergent ne voulait pas recevoir son premier grade d'un prince en révolte contre le roi?

Quoi qu'il en soit, il obtint de passer *maître*, c'est-à-dire de servir dans la cavalerie ; à cette époque le cavalier jouissait d'une considération particulière, qui séduisait la jeunesse ; peut-être Vauban voulait-il apprendre,

en les pratiquant, les divers services des armées en campagne.

Vers la fin de l'année 1653, Vauban chevauchait avec
quelques camarades, observant le camp de l'armée
royale; les deux armées étaient en présence, se surveillant nuit et jour. Les cavaliers de la Fronde tombèrent
dans une embuscade. Après une lutte aussi prompte que
vive, les compagnons de Vauban furent pris, tandis que
lui s'éloignait au galop, poursuivi par cinq dragons.
L'un d'eux le serrait de près, lorsque Vauban, lui faisant face et le menaçant de son pistolet, déclare qu'il ne
se rendra qu'avec les honneurs de la guerre.

Une heure après, on voyait entrer dans le camp royal
une troupe de cavalerie conduisant des prisonniers à
pied et désarmés. Sur les flancs de la troupe un cavalier
monté, le sabre au côté, le pistolet haut dans la main
droite, marchait fièrement au pas, avec les honneurs de
la guerre.

C'est ainsi que Vauban fit son entrée dans l'armée du
roi.

Son nom n'y était pas inconnu, depuis le siège de
Sainte-Menehould, et les soldats se rappelaient le Frondeur qui avait si bravement traversé la rivière sous une
grêle de balles.

Le cardinal Mazarin fit venir près de lui le jeune prisonnier, et lui dit : « Vous n'ignorez pas, Monsieur,
qu'un arrêt condamne à mort le prince de Condé et ceux
de son parti? » Vauban fit un signe de tête affirmatif.
« Puisque vous le savez, ajouta Mazarin, vous ne serez
pas surpris si je vous remets aux mains du prévôt chargé
de la justice... » Vauban fit un nouveau signe qui n'exprimait ni faiblesse ni arrogance.

« Allez, Monsieur, dit le cardinal, je vais donner mes
ordres. » Le soir même, Vauban, ramené près de Mazarin, entendit le cardinal expliquer en peu de mots la
situation des partis et condamner hautement la conduite
de Condé, qui entraînait dans sa révolte de braves et
honnêtes jeunes gens, égarés, mais rien de plus.

Après avoir observé attentivement la physionomie de Vauban, Mazarin lui offrit de servir dans l'armée du roi. « Je sortis, dûment confessé et converti par le cardinal, » dit Vauban dans l'abrégé de ses services.

Le chevalier de Clerville était alors le premier officier de l'armée dans l'art de l'attaque et de la défense des places; nous ne disons pas le premier ingénieur, parce que ni le nom ni la fonction spéciale n'existaient. M. de Clerville n'en était pas moins, en réalité, le directeur suprême des travaux de siège.

Le cardinal Mazarin lui adjoignit Vauban, qui eut fort à souffrir du caractère jaloux et des prétentions exclusives du chevalier.

La ville de Sainte-Menehould était au pouvoir du prince de Condé, qui en avait confié le commandement à M. de Montal, excellent officier; celui-ci opposa une résistance vigoureuse et savante.

Vauban jouait le second rôle dans l'attaque, et se distingua tellement pendant ce long siège qu'il obtint le grade de cadet.

Bientôt après, Fabert vint assiéger Stenay, et confia les attaques à Vauban; il fut récompensé par le grade de lieutenant dans le régiment de Bourgogne-infanterie. On le conserva cependant pour le service des fortifications.

IV

Le corps des ingénieurs n'existait pas encore. Cependant Sully, surintendant des fortifications en même temps que grand maître de l'artillerie, avait créé un corps d'ingénieurs qui se recrutaient parmi les officiers d'infanterie; mais ce corps n'était point permanent.

Fontenelle a dit que la première place forte que vit Vauban le créa ingénieur. L'expression peut être heureuse; mais il ne faudrait pas y voir une entière vérité. Vauban étudia les ouvrages italiens sur la fortification, et ses aptitudes personnelles jointes à un travail assidu firent de lui le savant ingénieur que l'on ne saurait trop admirer.

La fortification n'était pas inconnue des anciens. Les Romains l'apprirent des Étrusques, auxquels les Grecs l'avaient enseignée. Mais l'invention de la poudre fut le signal d'une révolution, non seulement dans l'attaque et la défense, mais surtout dans l'art de construire les forteresses.

Lorsque Vauban parut, la fortification et son emploi étaient stationnaires depuis un siècle, malgré tous les systèmes successivement adoptés et rejetés.

Le chevalier de Clerville, qui passait pour fort habile, eut donc Vauban pour adjoint au siège de Stenay. D'un caractère difficile, opiniâtre dans ses résolutions, convaincu de sa supériorité, Clerville fut plus que sévère pour son second. Ce début difficile eut l'avantage d'imprimer aux travaux du jeune officier une parfaite régularité, de le rendre prudent, modeste et réservé. L'autorité lui apparut tout d'abord sous sa forme la moins aimable. Depuis cette époque le joug lui sembla léger.

Vauban fit ses débuts d'officier sous le commandement de Fabert, qui assiégea Stenay. Cette opération, blâmée par Turenne, était ordonnée par Mazarin. Le roi, qui était à Sedan, venait souvent visiter les tranchées, examiner les travaux et se familiariser avec cette guerre de sièges qui devint pour lui une passion dominante.

Dans une sortie des assiégeants, où l'armée royale fut un instant repoussée, Vauban reçut une grave blessure. Mais à peine put-il se soutenir, qu'il reprit son service avec la plus grande énergie. A l'âge de vingt-deux ans, Vauban a déjà ce courage calme, mais superbe, qui le distingua toujours; il accomplit son devoir avec une fidélité religieuse; en un mot, ce jeune officier est prêt pour les missions importantes et digne de remplir les grandes charges.

La promotion de Vauban au grade de lieutenant, après avoir été simple soldat, prouverait au besoin que la carrière militaire n'était point fermée. En moins de trois ans de services, Vauban parvint au grade de lieutenant.

Blessé deux fois pendant le siège de Stenay, il n'abandonna pas M. de Clerville, qui le conduisit devant Clermont en Argonne, que l'armée commençait à investir. Le chevalier de Clerville étant tombé malade, Vauban fut chargé de la direction du siège. La place capitula, et les fortifications furent rasées par Vauban.

Louis XIV le récompensa de ses services en le nommant, le 3 mai 1655, ingénieur du roi.

Cette commission ne donnait aucun grade militaire; mais l'ingénieur, tout en remplissant ses fonctions, concourait à l'avancement dans le régiment où il était inscrit. C'est ainsi que Vauban parvint au grade d'officier général tout en remplissant les fonctions d'ingénieur.

Entre Guise et le Quesnoy se trouve Landrecies. Cette petite place fut investie, puis bientôt assiégée. Il fallut dix-sept jours pour réduire la place. L'ennemi s'éloigna par la rive droite de l'Escaut, accompagné par Turenne, qui feignait une poursuite en remontant la rive droite de la Sambre. A deux lieues de Maubeuge, l'habile général changea de direction et marcha par la Capelle, nœud des routes de la Flandre et de la Picardie.

Vauban suivait toutes les opérations, examinant les positions offensives et défensives, étudiant les forces des petites villes, et toujours prêt à donner les renseignements que le général demandait chaque jour.

L'ennemi sembla vouloir se retrancher derrière la Haine. Turenne se rapprocha pour reconnaître ses dispositions. Vauban pensa que le camp était imprenable de front, et Turenne, partageant cet avis, s'éloigna pour franchir l'Escaut près de Bouchain, et marcher sur la ville de Condé par la rive gauche du fleuve. L'ennemi déboucha de Valenciennes, mais, après une démonstration sans résultat, il battit en retraite jusqu'à Tournay. La ville de Condé se rendit après trois jours de siège, et Saint-Guillain capitula presque en même temps.

Turenne investit Valenciennes avec vingt-cinq mille hommes. Don Juan d'Autriche remplaça l'archiduc, dont l'armée ne comptait que vingt mille combattants.

Située sur l'Escaut, la place de Valenciennes offrait une position formidable. Le fleuve, dans son cours contenu par des digues, formait sur la rive gauche, jusqu'aux collines d'Anzin, une vaste inondation. Le maréchal de la Ferté fut chargé de la défense de ce côté. L'armée se déploya sur l'autre rive.

L'ennemi se concentra dans la ville de Douai, sa seule route pour arriver à Valenciennes. Après quelques jours de repos, il franchit l'Escaut à Bouchain et descendit la rive droite. Parvenu à demi-portée de canon des lignes de Turenne, l'ennemi se retrancha, protégé à gauche par l'Escaut, à droite par la Rhonelle, rivière fort encaissée.

Turenne, comptant sur la vigilance du maréchal de la Ferté, continua le siège de Valenciennes sans livrer bataille, pour éloigner l'ennemi. Ce fut une faute, car la Ferté, surpris à l'improviste, eut ses quartiers enlevés et lui-même tomba aux mains de l'ennemi. Le bruit du combat attire Turenne, qui accourt, mais trop tard à cause de la distance. Le corps d'armée de la Ferté a perdu quatre mille hommes, il est en pleine déroute, et l'ennemi est en communication avec la place assiégée.

Vauban a écrit plus tard un ouvrage intitulé : *Mémoire pour servir d'instruction dans la conduite des siéges*. Il discute les opérations exécutées sous Valenciennes, et blâme le maréchal de la Ferté d'avoir fait construire une chaussée entre sa position et celle de Turenne. La Ferté était au nord de la ville, à Saint-Amand, tandis que Turenne occupait un vaste camp près du Quesnoy. Vauban conseilla d'établir un simple pont de chevalets, mais son avis ne fut pas suivi.

Le maréchal de la Ferté commit une faute plus grave encore, en laissant le prince de Condé occuper un plateau qui dominait son camp et la ville assiégée. De cette position, le prince voyait ses moindres mouvements. Il fait construire trois ponts sur l'Escaut, s'assure que les écluses peuvent inonder les prairies lorsqu'il les ouvrira, et couvrir d'eau la chaussée qui sert de communication entre Turenne et la Ferté ; ses préparatifs terminés, Condé prévient le gouverneur de Valenciennes, M. de Bournonville, qu'il ait à faire une sortie, au moment de son attaque, afin que les assiégeants soient pris de tous côtés.

Le plan du prince de Condé s'exécuta parfaitement dans la nuit du 15 au 16 juillet 1656.

L'armée royale était dans le plus grand désordre, quoique Turenne n'eût pas combattu ; mais il battait en retraite sur le Quesnoy. Poursuivi par le prince de Condé, Turenne s'arrêta et prit une bonne position défendue par huit mille hommes.

Ne pouvant compter sur son armée épuisée de fatigues par une nuit de combat, le prince observa Turenne sans l'attaquer. Pendant que les armées étaient en présence, le prince de Condé dirigeait une partie de ses forces sur la ville de Condé, dont il voulait s'emparer et qu'il reprit en effet.

Dans son *Mémoire pour servir d'instruction à la conduite des sièges,* Vauban fait cette observation : « Il n'est pas concevable combien les Français (l'armée de Turenne) commirent de fautes au siège de Valenciennes ; jamais lignes ne furent plus mal faites et plus mal ordonnées, et jamais ouvrage plus mal imaginé que la digue à laquelle on travailla prodigieusement pendant tout le siège, et qui n'était pas encore achevée lorsqu'on fut obligé de le lever. Les Espagnols (l'armée de Condé) ne firent pas de même ; pour cette fois, ils agirent en véritables gens d'esprit et de cœur, et nous tout le contraire... ; enfin, comme si l'on eût appréhendé de ne pas avoir assez failli, on eut l'imprudence de dégarnir tellement la ville de Condé de toutes les munitions, qu'un mois après la levée du siège de Valenciennes, cette place, pour lors le plus beau poste que le roi avait dans les Pays-Bas, fut contrainte de se rendre par la famine à un ennemi qui par d'autres voies n'eût peut-être pas osé la regarder. »

Enfin, Vauban blâme d'une façon absolue le choix du point d'attaque, dirigé sur la partie la plus forte de la place.

On pourrait penser que le jeune officier encore inexpérimenté, et qui est frappé cependant des fautes commises par ses supérieurs, n'obéit que difficilement, qu'il laisse percer son mécontentement, critique les ordres et met une certaine négligence à exécuter des travaux dont il reconnaît l'inutilité. Il n'en est rien; au contraire, Vauban garde le silence et se distingue par son zèle et son exactitude. Il se borne à prendre des notes qu'il n'utilisera que plus tard, non dans un esprit de contradiction, mais pour l'instruction de ses élèves.

Blessé de nouveau et très grièvement au siège de Valenciennes, Vauban dut être transporté dans la ville de Condé. Il y était encore, fort malade, lorsque les Espagnols assiégèrent la place. Transporté sur un brancard, il allait aux points les plus exposés, faisant construire de nouveaux ouvrages, réparant les brèches et encourageant les défenseurs. Après quinze jours d'investissement, la ville, privée de vivres, dut capituler.

A peu près guéri de ses deux blessures, Vauban alla rejoindre le maréchal de la Ferté, qui se proposait d'assiéger Montmédy.

La place résista faiblement et se rendit dans les premiers jours du mois de juin 1657. Vauban, toujours sous les ordres de M. de Clerville, dirigeait les travaux d'un front d'attaque. Mais, en rendant la ville à l'armée royale, les Espagnols se retirèrent dans la citadelle, qui, entourée de rochers, se trouvait à l'abri de la sape. Il fallut des travaux extraordinaires pour vaincre les obstacles, et les soldats déployèrent un grand courage. Le roi venait presque tous les jours les encourager par sa présence, et vit ainsi tomber plus de deux mille hommes. Le siège de cette citadelle dura quarante-six jours. « Elle pouvait être prise en quinze jours, écrit Vauban, si elle avait été bien attaquée. »

Louis XIV avait-il remarqué Vauban ? L'histoire ne le dit pas. Mais le maréchal de la Ferté, frappé du courage, du zèle et des connaissances spéciales du jeune ingénieur, lui donna une compagnie dans le régiment de la Ferté dont il était propriétaire. Voilà donc Vauban capitaine d'infanterie après six ans de service commencés comme simple soldat.

Il est vrai que le jeune officier avait puissamment contribué aux sièges, recevant quatre blessures et ne cessant de travailler afin de perfectionner l'art de l'attaque et de la défense des places.

Profitant de ce qu'aucun siège ne se faisait, Vauban rejoignit son régiment et y prit le commandement de sa compagnie, qui tenait garnison en Lorraine, non loin de Nancy.

Turenne investit Cambrai, tandis que le prince de Condé, laissant Montmédy capituler, marcha sur Bouchain, perça, pendant la nuit, les lignes de Turenne et pénétra dans la citadelle. Les hostilités semblèrent suspendues pendant deux mois, jusqu'à ce que Turenne se dirigea par Saint-Venant et forma les lignes de circonvallation. Les Espagnols s'approchent de l'armée du maréchal, puis se retirent sans attaquer et s'emparent d'Ardres. Turenne fait capituler Saint-Venant, délivre Ardres, repousse l'ennemi vers Dunkerque et met le siège devant Mardyck. Alors Turenne rappelle Vauban auprès de lui.

Le mois d'août 1657 allait se terminer. La tranchée ne fut ouverte que le 30 septembre.

Si nous écrivions un ouvrage technique, il faudrait rappeler les détails de l'attaque et montrer les progrès que Vauban fait faire à la science des attaques ; mais notre but est de peindre la figure de Vauban, tout en évitant, autant que possible, d'aborder les questions scientifiques qui trouvent leur place dans les œuvres spéciales.

La place capitula le 3 octobre, et Turenne chargea Vauban d'augmenter les défenses. Celui-ci passa donc l'hiver de 1657 à 1658 à diriger en chef les nouvelles

fortifications, et vint au printemps reprendre le commandement de sa compagnie dans le régiment de la
Ferté.

Voulant mettre le siège devant Gravelines, Turenne
appela de nouveau celui qu'il nommait son ingénieur.
Vauban accourut avec d'autant plus d'empressement que
la place de Gravelines devait présenter une sérieuse résistance. Sa forte position, sa garnison de trois mille
hommes, les faciles inondations qui pouvaient couvrir les
approches, tout se réunissait pour faire de ce siège une
opération militaire des plus sérieuses. Vauban était ingénieur en chef, et atteignait sa vingt-cinquième année.

Depuis le 19 octobre où la tranchée fut ouverte jusqu'au 25, Vauban ne quitta pas un seul instant les travaux. Il dormait sur la paille, mangeait du pain en
marchant, et se mêlait aux ouvriers, qu'il encourageait
par son exemple. A l'attaque du chemin couvert, Vauban
combattait à la tête des grenadiers, et Turenne dut le réprimander avec bonté de sa témérité.

La campagne de 1658 fut glorieuse pour Turenne; il
remporte la bataille des Dunes, le 14 juin, s'empare de
Bergues, Furnes, Dixmude, Gravelines, Audenarde,
Menin, Ypres, enfin de toutes les forteresses entre la
Lys et l'Escaut.

La paix des Pyrénées fut le couronnement de cette
campagne. Elle donna à la France le Roussillon, la Cerdagne, l'Artois et de nombreuses places frontières en
Flandre, en Hainaut et dans le Luxembourg. La Lorraine, occupée par les troupes du roi de France, s'habituait à l'idée de devenir française.

Lorsque la paix fut signée, le cardinal Mazarin n'oublia pas que Vauban avait contribué puissamment à la
prise des places fortes; il le fit appeler et le reçut au
quartier du roi. Le cardinal rappela d'abord la première
entrevue où le jeune prisonnier de l'armée de Condé était
en danger de passer par les armes. Ensuite Mazarin s'applaudit d'avoir attaché au service du roi un officier aussi
dévoué.

Vauban résume ainsi l'entretien : « Le cardinal me gracieusa fort, et, quoique naturellement peu libéral, me donna une honnête gratification et me flatta de l'espoir d'une lieutenance aux gardes. »

C'est dans l'abrégé de ses services que Vauban rapporte, longtemps après, cette audience du grand ministre. Il sortit persuadé que sa lieutenance aux gardes ne se ferait pas attendre.

V

Il ne l'obtint qu'en 1668, dix ans après la promesse du cardinal. Vauban rejoignit donc sa compagnie et fit son service dans le régiment de la Ferté.

La vie de garnison était à cette époque moins bien remplie qu'elle ne l'est de nos jours. Les fonctions du capitaine lui laissaient des loisirs que beaucoup donnaient au jeu et à la table. Il n'en fut pas ainsi de Vauban. Sans cesse au travail, il se livra passionnément à l'étude de la fortification, de la tactique et de la stratégie. Cantonné dans un bourg, il était témoin de l'existence des gens de la campagne et suivait avec un vif intérêt leurs travaux, écoutant leurs observations et faisant, pour ainsi dire, provision de science. Vauban prit un goût singulier aux calculs. Il voulut savoir ce que produisait la terre et ce qui restait de ce produit aux mains du laboureur. L'impôt lui parut lourd, et il chercha les moyens de le diminuer. Lancé dans cette voie, il ne s'arrêta plus, et seul, sans maître, sans guide, il aborda les grandes questions économiques. Le jeune officier comprit que la prudence lui commandait une discrétion presque absolue.

Au milieu de ses travaux, Vauban éprouva une crainte bien vive. La paix des Pyrénées permettait de licencier un certain nombre de régiments, et celui de la Ferté devait être du nombre. Mais Vauban eut le bonheur de conserver sa compagnie. Son avenir était assuré, Mazarin ayant fait connaître au roi cet ingénieur dont la réputation naissante dépassait même les frontières.

A la mort de son père, Vauban n'avait trouvé, pour le protéger, lui offrir un asile, l'instruire et l'adopter, ni parents ni amis. Seul le bon curé de son village lui avait ouvert les bras avec une tendresse toute paternelle. Mais lorsque son nom fut tiré de l'obscurité, lorsque la gazette apprit à la France qu'un ingénieur habile sortait des rangs, la famille de Vauban se souvint du pauvre orphelin.

Après la paix des Pyrénées, Vauban reçut une lettre de M. Paul le Prestre, chef de sa maison, qui réclamait l'honneur d'être son proche parent. Oubliant le passé, Vauban se mit en relation avec ce cousin, représentant de la branche aînée. Il fit même le voyage du Morvan et se rendit au château de M. Paul le Prestre, non sans s'arrêter dans le presbytère de son ancien protecteur, fort heureux de le recevoir.

Neuf années s'étaient écoulées depuis que Vauban avait quitté le village. Parti à pied, pauvre, inconnu, allant solliciter la faveur de porter le mousquet, il revenait en carrosse, presque célèbre, et sinon riche, du moins sur le chemin de la fortune. Sa venue fut fêtée dans les châteaux d'alentour, et il n'y eut pas un gentilhomme qui ne se dît de ses amis.

Quelque reconnaissant qu'il fût de cette flatteuse réception, Vauban alla de préférence à ses compagnons d'autrefois, à ses amis d'enfance devenus cultivateurs. Il passa plus d'une soirée aux veillées de la chaumière, racontant aux paysans les choses de la guerre, et se faisant redire les nouvelles du pays.

Si son bel uniforme de capitaine et ses récits causaient une vive admiration à Saint-Léger-du-Fougeret, son esprit cultivé, son instruction très variée, produisaient un grand effet dans les châteaux et les gentilhommières d'alentour. Non pas que le capitaine fût un homme de cour, un bel esprit, un galant, comme on disait alors; car, il faut l'avouer, la guerre et ses conséquences lui avaient laissé un peu de sa rusticité dans les formes; mais à cette époque, où les relations n'étaient point faciles, la province conservait ses mœurs un peu naïves, demeurait elle-même et ne cherchait pas à imiter un luxe et un langage entrevus dans le lointain.

Pendant une visite qu'il fit au château d'Épery, près Corbigny, dans le Nivernais, Vauban remarqua une jeune personne qui ne fut pas indifférente aux attentions du capitaine. Cette jeune fille était Mlle Jeanne d'Auray, d'excellente maison et douée de précieuses qualités. Le mariage de Vauban et de Mlle d'Auray fut célébré le 25 mars 1660. L'abbé Fontaine eut le bonheur de bénir cette union.

Les admirateurs des lois et des mœurs modernes pourraient-ils assurer qu'à notre époque d'égalité un jeune homme partant à pied de son village y peut rentrer, neuf ans après, comme Vauban entra à Saint-Léger-du-Fougeret?

Vers le mois de juin 1660, le roi de France rendit au duc de Lorraine la ville de Nancy, qui, d'après le traité, devait cesser d'être fortifiée. Vauban, chargé de démanteler cette place, quitta sa nouvelle famille pour se rendre en Lorraine.

Non loin de Nancy se trouve la petite place de Marsal, que Charles IV, duc de Lorraine, devait livrer à la France, mais qu'il retenait sous divers prétextes.

Après avoir rasé les fortifications de Nancy, Vauban eut l'ordre d'aller reconnaître Marsal et de donner son avis sur le siège prochain que Louis XIV voulait entreprendre. Vauban s'acquitta de ses deux missions avec tant de zèle et d'intelligence qu'il attira l'intention du roi.

Sa Majesté le récompensa magnifiquement; d'abord en lui accordant une gratification considérable, puis en lui donnant une compagnie dans le régiment de Picardie, le premier de l'armée après les gardes. Servir dans un tel corps était un grand honneur en même temps qu'un grand avantage, car les compagnies s'élevaient à un prix fort supérieur aux compagnies des autres régiments. Le roi fit à Vauban le don de cette compagnie, et l'autorisa à vendre sa compagnie du régiment de la Ferté.

La fortune de Vauban se dessinait, et, s'il n'était pas encore tout à fait riche, il comptait parmi les heureux de sa province.

L'estime et la confiance du roi, une large carrière ouverte devant lui, une jeune épouse fière de ses succès, tout se réunissait pour son bonheur.

Peu s'en fallut cependant que ce brillant édifice ne s'écroulât. Ce fut la plus cruelle blessure qu'ait jamais reçue Vauban ; elle ne se cicatrisa pas complètement. Lorsque l'âge fut venu, le maréchal de Vauban avait des heures de tristesse en songeant à ce passé dont lui seul se souvenait.

Parmi toutes les qualités de Vauban, il en est une qui le distingua toujours : ce fut la probité. D'autres étaient aussi braves que lui, quelques-uns pouvaient posséder autant de science, mais nul ne l'égalait en honneur et en délicatesse. Il allait jusqu'à la susceptibilité.

Eh bien, cet homme se vit accusé d'avoir, comme administrateur et directeur des travaux, détourné des sommes considérables à son profit. L'accusation devint publique, et Vauban en serait mort de honte et de douleur s'il n'avait voulu vivre pour se défendre et confondre ses calomniateurs.

En telles matières, la calomnie est plus difficile à vaincre qu'on ne le pense ; à cette époque surtout elle ne trouvait pas devant elle la sévère comptabilité que nous possédons.

Voici en quelles circonstances Vauban éprouva cette grande infortune.

Cinq ans après son mariage, en 1665, Vauban, qui avait pris le commandement de sa compagnie dans le régiment de Picardie, reçut l'ordre d'aller fortifier Brisach. Cette place dépendait du ministre Colbert, parce qu'elle était située dans le domaine du roi. Les travaux, commencés depuis plusieurs années, étaient dirigés par l'intendant d'Alsace, Charles Colbert, parent du ministre. Cet intendant avait écarté successivement deux entrepreneurs qui ne se prêtaient pas aux irrégularités. L'intendant Colbert vit donc arriver Vauban avec un déplaisir marqué. Celui-ci déclara tout d'abord que les travaux commencés étaient mal conçus et mal exécutés. Une profonde mésintelligence ne tarda pas à régner entre l'intendant et l'ingénieur. Celui-ci demanda le renvoi d'un entrepreneur du nom de Saint-André, qui partageait avec l'intendant des profits scandaleux. Cet entrepreneur avait déjà été condamné à restituer à l'État la somme de trente-deux mille livres, perçue irrégulièrement pour des travaux antérieurs. Des pièces de comptabilité furent reconnues fausses.

L'austérité de Vauban, sa probité reconnue de tous, furent pour l'intendant et l'entrepreneur son complice une menace pemanente; ils jurèrent sa perte. Au lieu de démasquer ces hommes, Vauban, après quelques mois de travaux, demanda à rejoindre son régiment, et, sans être positivement autorisé à se retirer, s'en alla reprendre le commandement de sa compagnie dans le régiment de Picardie. Heureusement pour lui, Vauban, chargé de plusieurs missions importantes, s'éloigna momentanément de Brisach. Les travaux furent continués par l'intendant Colbert, et les comptes réglés par l'entrepreneur Saint-André.

Le désordre était à son comble et les vols faciles à découvrir. La cour des comptes en fut frappée, et mit de nombreuses dépenses irrégulières au compte de l'administrateur, directeur des travaux. Vauban était cet administrateur, ce directeur, et par conséquent responsable.

La somme à rembourser au trésor égalait la fortune de Vauban. C'était donc pour lui la ruine complète. Mais que lui importait ce malheur, à côté de la perte de sa réputation! Son honneur lui était bien autrement précieux que les richesses. Il fut accablé en se croyant condamné par l'opinion publique, par les officiers de l'armée, par les soldats qu'il conduisait au feu.

Tout semblait se réunir pour l'accabler. L'intendant, proche parent du ministre Colbert, présentait à la cour des comptes des états de dépenses ordonnées par Vauban; or les dépenses n'étaient pas justifiées, l'argent avait disparu. Des monceaux de pièces falsifiées venaient de tous côtés, et le malheureux Vauban en demeurait aveuglé.

A l'accablement succéda l'indignation. Les intendants étaient institués pour arrêter les désordres financiers provoqués par les officiers de l'armée qui en profitaient. Comment donc les ministres et le public pourraient-ils admettre qu'en cette circonstance l'officier était un honnête homme, et l'intendant le complice et le protecteur d'un misérable faussaire et fripon ?

Nous devons avouer que la réputation de Vauban reçut une profonde atteinte, et qu'il fallut de longues années pour effacer le cruel souvenir de ce malheur.

Cependant il était innocent, et ses juges n'en doutèrent pas un seul instant.

Ceux qui connaissent le train du monde ne savent-ils pas que l'honnête homme est plus vulnérable que tout autre ? D'abord il ne se méfie pas, et considère ceux qui l'entourent comme des amis ou des indifférents. Ignorant que des pièges sont tendus sous ses pas, il marche hardiment, parfois même avec une sorte de défi. Sa probité lui semble une armure impénétrable aux traits les plus aigus; il ne sait pas que la calomnie est sans respect et que le passé le plus pur n'a pas la puissance de l'arrêter.

Moins honnête homme, Vauban eût évité ce grand scandale, d'abord en dénonçant dès le premier jour les vols dont il était témoin, ensuite en demeurant à son poste d'ingénieur au lieu de s'éloigner pour remplir des missions ou commander sa compagnie.

Un long procès fut la conséquence de l'accusation portée contre Vauban. Toutes les pièces de ce procès ont disparu, et il n'en reste pas trace au dépôt de la guerre, si riche en documents relatifs à cette époque. Ou Louvois, par amitié pour Vauban, qu'il estimait comme le plus honnête homme de France, aura-t-il détruit les rapports et les comptes pour faire disparaître jusqu'au souvenir de la calomnie; ou peut-être est-ce le ministre Colbert qui n'aura pas voulu que son nom fût conservé en si méchante affaire.

Nous venons d'écrire le nom de Louvois, qui reviendra souvent dans ce livre. Le ministre secrétaire d'État à la guerre, le Tellier, avait obtenu pour son fils, le marquis de Louvois, la survivance de sa charge au mois de décembre 1655. Louvois était donc ministre de la guerre, chef direct de Vauban, lorsque eut lieu le procès. Mieux que personne, ce ministre si sévère et protecteur des intendants dut connaître la vérité. Or Louvois soutint constamment et publiquement la cause de Vauban. Le ministre Colbert lui-même se fit le défenseur de Vauban, et tous les deux, Louvois et Colbert, ne cessèrent pendant toute leur vie de donner à Vauban des témoignages éclatants de leur estime.

VI

Revenons à l'année 1667. Vauban avait dirigé les sièges de Tournay et de Douai, lorsqu'une opération plus difficile et de plus haute importance lui fut confiée. Nous voulons parler de la conquête de Lille. Les lignes de contrevallation et de circonvallation furent établies du 10 au 17 août, et la tranchée ouverte le 18.

Le roi assistait au siège, encourageant par sa présence les soldats commandés par Turenne. Ils voyaient chaque jour Louis XIV visiter les tranchées, accompagné du maréchal de Turenne, du marquis de Louvois, son ministre, et de Vauban, l'ingénieur directeur des travaux.

Ce fut à ce siège que le roi et le ministre purent apprécier la valeur de Vauban.

Dans la nuit du 26 au 27 août, les mousquetaires et les gardes françaises firent une double attaque, qui répandit la terreur parmi la bourgeoisie de Lille. Cette bourgeoisie ameutée somma le gouverneur de capituler.

Celui-ci se rendit donc le 28, et le roi fit son entrée solennelle dans la place.

Le siège de Lille n'avait duré que dix-huit jours, tant les dispositions prises par Vauban étaient habiles. Louvois, témoin des éloges unanimes donnés à l'ingénieur, demanda pour lui au roi une lieutenance aux gardes, que Sa Majesté s'empressa d'accorder, en y joignant une pension de deux mille quatre cents livres.

Nous devons ajouter, pour l'intelligence de l'histoire, que la prise de Lille fut antérieure au procès relatif aux fortifications de Brisach.

Lorsque Lille fut au pouvoir de Louis XIV, Vauban fut chargé de reconstruire les défenses de la place, quoique le chevalier de Clerville fût directeur général des fortifications. Louvois accorda à Vauban une indemnité de cinq cents livres par mois et des rations de fourrage pour ses chevaux dans toutes les places.

Outre ses fonctions d'ingénieur, Vauban faisait son service de lieutenant aux gardes, comme le prouve cette lettre à Louvois pour expliquer un retard : « Les officiers sont au moins tous les trois jours de garde; si vous vouliez bien avoir la bonté de m'envoyer un ordre pour n'en point monter pendant la grande presse des travaux, je vous en serais obligé et ne m'en servirais que quand je ne pourrais faire autrement. »

Vauban fut chargé de tracer le plan de la citadelle d'Arras. En même temps Louvois lui confia l'inspection des places frontières et lui écrivit pendant cette mission, le 17 novembre 1668 : « Je voudrais qu'à votre premier jour de loisir vous allassiez faire une course à Lille, que vous allassiez faire un tour dans les places du Hainaut, et que vous vous en vinssiez à Paris en poste (ce dont le roi vous dédommagerait), à Pignerol et à Perpignan par la même voie, afin qu'étant de retour ici au 1ᵉʳ janvier, vous puissiez retourner en Flandre. »

Ces longs et pénibles voyages se faisaient presque toujours à cheval. Suivi d'un valet également à cheval qui conduisait une mule portant les valises, l'ingénieur allait de ville en ville par les froids les plus rigoureux. Il consacrait chaque jour une heure ou deux au travail, étudiant les pays qu'il traversait au double point de vue administratif et militaire, écrivant à Louvois, qui ne cessait de l'interroger ; sans en avoir le titre, Vauban était en réalité le directeur général des fortifications.

Ces travaux et ces voyages ne l'empêchaient pas de paraître souvent à son régiment pour y reprendre son service. De 1668 à 1673, il fit de fréquents séjours au régiment des gardes, s'instruisant des règles du service et des manœuvres. Il y devint habile, mais sa supériorité d'ingénieur fait oublier tout le reste.

Au moment de la guerre contre la Hollande, en 1672, Louis XIV, dans tout l'éclat de la jeunesse, de la gloire et de la puissance, pouvait considérer la France avec orgueil : non qu'il fût obéi sans effort; mais les résistances même prouvaient sa supériorité. Près du roi, deux grands ministres veillaient : Louvois et Colbert. Le premier organisait les armées; le second développait l'industrie et augmentait les ressources. Le roi gouvernait.

Sans doute il espéra réaliser les pensées d'unité que Charles-Quint et son fils avaient poursuivies vainement.

Charles II, roi d'Angleterre, s'était dessaisi à prix d'or de Dunkerque, cédé à la France. Louis XIV, protecteur de l'Empire contre les musulmans, voulut proclamer sa suprématie en humiliant les Provinces-Unies.

C'était provoquer une coalition contre la France, coalition qui, dans la pensée des souverains, existait depuis Philippe-Auguste, et que le traité de Westphalie n'avait pu faire oublier.

Dans cette guerre contre la Hollande, Louis le Grand eut pour alliés l'électeur de Cologne, l'évêque de Munster et l'Angleterre, dont la marine était puissante.

Une armée de cent dix mille hommes fut réunie sur la Sambre et la Meuse, tandis que plus de cent voiles, sous les ordres du duc d'York, se préparaient à forcer l'entrée des bouches de l'Escaut.

La Fronde n'était plus qu'un souvenir ridicule et si-
nistre; les parlements humiliés revenaient à leurs fonctions judiciaires; la noblesse entourait le trône d'un respect silencieux et craintif, et la royauté, si longtemps
outragée, pouvait commander à son tour et se faire obéir.

Corneille, Molière, la Fontaine, les grands génies lit-
téraires, faisaient l'admiration de l'Europe, et la monarchie française brillait d'un éclat sans pareil.

Louis XIV eut trois grandes guerres à soutenir.

La première commença en 1672 et ne se termina qu'en
1678, par la paix de Nimègue. Cette guerre donna lieu
à une coalition générale, lorsque les armées françaises
envahirent la Hollande.

La seconde guerre fut suscitée par la ligue d'Augsbourg, et se compliqua de la révolution d'Angleterre.
Cette guerre dura jusqu'en 1698, et se termina par le
traité de Ryswick.

Enfin la troisième guerre, qui eut pour cause la succession d'Espagne, dura depuis 1701 jusqu'aux traités
d'Utrecht et de Rastadt, en 1713 et 1714.

Vauban, qui avait pris une large part aux deux premières guerres, mourut pendant la troisième.

Quels furent les moyens militaires du roi de France?
En d'autres termes, qu'était l'armée au XVIIᵉ siècle?

Le roi, chef suprême des armées de terre et de mer,
avait sous ses ordres les maréchaux de France. Les
princes exerçaient des commandements, non en vertu
d'un grade, mais par commission royale.

La grande charge de connétable avait été supprimée
en 1627, et celle de colonel général de l'infanterie
en 1661.

Turenne était le seul maréchal général. Au-dessous
des maréchaux de France se trouvaient les lieutenants
généraux, qui n'eurent d'abord qu'une charge tempo-
raire. Le grade de lieutenant général ne remonte qu'à
1633.

Les maréchaux de camp, créés en 1534, reçoivent en
1661 de nouvelles attributions.

L'unité de force au milieu du XVIIe siècle était la brigade, commandée par le brigadier. La brigade se composait de six ou de huit bataillons, et dans la cavalerie du même nombre d'escadrons.

Le bataillon comptait treize ou seize compagnies, et l'escadron quatre compagnies de vingt-cinq à cinquante cavaliers.

Le régiment avait pour chef un colonel, et la cavalerie légère un mestre de camp.

Le régiment d'infanterie est d'un à quatre bataillons, et le régiment de cavalerie de deux à quatre escadrons.

Un lieutenant-colonel, ou un major, seconde le colonel dans son commandement; le bataillon est commandé par le plus ancien capitaine. Les compagnies, outre leur chef, ont chacune un lieutenant et un sous-lieutenant.

Nous voulons donner une idée générale de la composition de l'armée, sans entrer dans les détails.

L'infanterie comptait, en 1672, cinquante-deux régiments; en 1701, cent trente-huit régiments; en 1702, cent soixante-seize; en 1705, deux cent trente-cinq; en 1706, deux cent cinquante-neuf; en 1709, deux cent soixante. Chaque bataillon a pour tête de colonne une compagnie de grenadiers.

La cavalerie se divise en grosse cavalerie, en cavalerie légère et en dragons.

La maison du roi forme la réserve de l'armée.

Ce rapide coup d'œil permettra de comparer les résultats obtenus avec les moyens employés. Le goût du roi pour la guerre de sièges retarda sa marche et permit au génie de Vauban de briller du plus grand éclat. Mais si, au lieu de s'arrêter complaisamment devant les places, Louis XIV eût fait la guerre de marche, comme l'entendit plus tard Frédéric II, nous ne mettons pas en doute que Vauban n'y eût eu la supériorité qu'il acquit dans l'attaque et la défense des places.

Ce grand homme avait, en effet, les principales qualités du commandement suprême : le calme du calculateur et la bravoure du capitaine. Il eut souvent les soudaines illuminations de Condé, et dans toutes les circonstances sut montrer qu'il savait méditer comme Turenne.

Sans doute la nature l'avait créé officier du génie, et dans cet art il n'a pas eu de rival; mais aussi bien Vauban était-il propre à diriger l'administration d'une province ou d'un État, à gouverner les finances ou à commander les armées. Tout en lui était grand, l'esprit autant que le cœur. A ces dons précieux, il joignait la passion du travail et l'amour du bien. En un temps où chacun cherchait à plaire au maître par la flatterie et les complaisances, il sut se faire aimer du roi et du ministre, sans jamais baisser le front plus qu'il ne fallait.

Quoiqu'il fût gentilhomme et d'une extrême bravoure, Vauban demeura toujours modeste et simple; on ne le vit pas, comme tant d'autres, rechercher les prouesses et demander aux sublimes folies des combats une réputation mondaine et des succès de cour. S'il faisait plus que son devoir, s'il prodiguait sa vie, ce n'était pas pour briller, mais pour servir.

Les impressions de son enfance et de sa jeunese ne s'effacèrent jamais complètement. On retrouvait, sous l'uniforme d'officier général et de maréchal de France, le villageois songeur, ami du menu peuple et coudoyant familièrement la misère. Même lorsque la fortune fut venue, Vauban ne connut pas le luxe, encore moins le jeu et la table. Sobre, simple en sa mise et en ses meubles, il possédait des châteaux et des terres sans vanité et seulement pour se conformer à son rang.

Quelques contemporains de Vauban l'ont accusé d'obéir trop souvent à un instinct fâcheux qui le portait à la critique, et de se considérer comme un réformateur en toutes choses. Ce reproche est injuste. Vauban, qui avait la passion du bien, était plus qu'un autre frappé des imperfections. Cherchant le remède au mal, il arrivait à une solution qu'il n'avait pas toujours la prudence de taire. Nous aurons l'occasion de citer un grand nombre de ses lettres et de ses mémoires qui prouveront tous avec

quelle bonne foi, quelle douceur, quelles formes bien-
veillantes, il indiquait le mal et le remède.

Vauban était un sage, dans l'antique acception du mot,
mais non pas un misanthrope. Il avait pris de la vie militaire son côté peu cérémonieux et ses allures sans façon.
Spirituel, il souriait volontiers à un bon mot, et savait à
l'occasion lancer un trait à la sottise; mais il se piquait
peu de ce genre d'esprit et ne discutait guère.

Jusqu'au XVIIe siècle, les armées ne renfermaient que
des gens d'épée, peu soucieux de l'instruction. Quelques
règles de savoir-vivre et le courage à toute épreuve suf-
fisaient presque toujours. Depuis Louis XIV, ou, pour
dire plus vrai, depuis Turenne, la plume a pris place près
de l'épée. Les écrivains militaires se sont fait une large
place dans les lettres et les sciences. Vauban est le premier de cette race.

C'est à tort que l'on ne voit en lui que l'ingénieur. Il
fut plus et mieux qu'un spécialiste enfermé dans la partie matérielle de l'art de la guerre.

VII

Le caractère ferme de Vauban s'accommodait peu des
discussions inutiles. Il écrivait à Louvois, en septembre
1668 : « S'il faut que toutes les fois que j'aurai le dos
tourné on change ce que j'aurai réglé, il vaudrait autant pour moi, et bien mieux de ne m'en point mêler;
car cela ne me fait que décréditer parmi les ouvriers et
ceux sur qui j'ai commandement. » Louvois répondit trois
jours après : « J'ai mandé à tous ceux qui m'ont écrit
que, le roi s'étant remis absolument à vous de toutes les
fortifications des places de mon département, je les
priais de ne pas souffrir que vos subalternes raisonnas-
sent en votre absence sur les choses que vous aviez une
fois réglées. Ma réponse a été si sèche que je suis persuadé que ce sera la dernière fois que l'on m'écrira de
pareilles affaires. »

Quoique Louvois eût coutume de dire en plaisantant que Vauban n'était que le « diacre de M. de Clerville », celui-ci perdait tout crédit.

Si le caractère de Vauban ne se prêtait pas volontiers aux critiques dirigées contre ses travaux, il ne faut pas croire que comme ingénieur il fût insoumis à l'autorité. Loin de là, Vauban cherchait à expliquer sa franchise, comme le prouve cette lettre à Louvois : « 23 novembre 1688. Je vous supplie très humblement d'avoir un peu de créance à un homme qui est tout à vous, et de ne point vous fâcher si, dans celles que j'ai l'honneur de vous écrire, je préfère la vérité, quoique mal polie, à une lâche complaisance qui ne serait bonne qu'à vous tromper, si vous en étiez capable, et à me déshonorer. Je suis sur les lieux, je vois les choses avec application, et c'est mon métier que de les connaître ; je fais mon devoir, aux règles duquel je m'attache inviolablement, mais encore plus que j'ai l'honneur d'être votre créature, que je vous dois tout ce que je suis, et que je n'espère que par vous ; ce qui, étant de la sorte, et n'ayant pour but que très humble et très parfaite reconnaissance, ce serait bien y manquer et me rendre indigne de vos bonnes grâces, si, crainte d'une rebuffade ou par l'appréhension de la peine, je manquais à vous proposer les véritables expédients qui peuvent faciliter le ménage et ménagement de cet ouvrage-ci (fortification d'Ath), et de tous ceux que vous me ferez l'honneur de me commettre. Trouvez donc bon, s'il vous plaît, qu'avec le respect que je vous dois je vous dise librement mes sentiments dans cette matière. Vous savez mieux que moi qu'il n'y a que des gens qui en usent de la sorte qui soient capables de servir un maître comme il faut. »

Louvois s'empressa de répondre : « Je ne comprends pas ce que veut dire la fin de votre lettre, par laquelle il semble que vous vous excusiez de me dire la vérité avec trop de franchise. Je ne pense point vous avoir jamais témoigné désirer autre chose que de la savoir, et je vous répète présentement que, si j'ai à espérer quelque reconnaissance de vous avoir donné occasion de faire votre fortune, ce ne sera jamais d'autre chose que d'être informé, à point nommé, de ce qui se passe et de ce que vous croyez que l'on doit faire, quand même vous auriez connu par mes lettres que cela est contre mon sens. »

Ces deux lettres honorent Vauban et Louvois. Le premier pourrait sembler un peu trop subalterne ; mais, à cette époque, la politesse prenait souvent les formes de l'humilité.

Avant d'entreprendre la campagne de 1673, Louis XIV consulta Turenne, Condé et Vauban. Les deux premiers ne furent pas entièrement du même avis, et Vauban se montra presque d'accord avec M. le prince.

Louvois avait organisé une armée considérable, qui se composait de près de cent mille hommes d'infanterie et de trente mille chevaux. Mais comment disposer de ces forces ?

Louvois pensait qu'il fallait huit mille hommes pour le Roussillon, mille pour Pignerol, sept mille pour la Lorraine et cent à cent dix mille pour la Hollande, l'Allemagne et les Pays-Bas espagnols.

Turenne voulait cinquante-cinq mille hommes en Hollande, et deux armées de vingt-cinq à trente mille hommes chacune sur les frontières de Flandre et sur les bords du Rhin.

Condé demandait quarante mille hommes contre les Allemands, et le reste de l'armée moitié contre la Hollande, moitié contre les Pays-Bas. Le prince insistait pour opposer cinquante mille hommes à la Flandre, qui, à ses yeux, était le nœud de cette guerre.

Quant à Vauban, il répondait à Louvois par cette lettre originale et spirituelle : « Après ce que j'ai eu l'honneur de vous proposer pour les fortifications de Guise et de Saint-Quentin, il m'est entré depuis dans l'esprit un moyen très excellent pour les mieux fortifier, dont il faut que je vous fasse part, qui est d'en aller tracer les fortifications alentour de Mons, Saint-Guillain, Condé et Ypres (places espagnoles). C'est un moyen sûr pour les bien assurer, et plus de vingt autres avec. Sérieusement, Monseigneur, le roi devrait un peu songer à faire son *pré carré*. Cette confusion de places amies et ennemies, *pêle-mêlées* les unes parmi les autres, ne me plaît point. Vous êtes obligé d'en entretenir trois pour une, vos peuples en sont tourmentés, vos dépenses de beaucoup augmentées, et vos forces de beaucoup diminuées; et j'ajoute qu'il est presque impossible que vous les puissiez toutes mettre en bon état et les bien munir. Je dis de plus que si, dans les démêlés que nous avons si souvent avec nos voisins, nous venions à jouer un peu de malheur, ou (ce qu'à Dieu ne plaise!) à tomber dans une minorité, la plupart s'en iraient comme elles sont venues. C'est pourquoi, soit par traité, ou par une bonne guerre, si vous m'en croyez, Monseigneur, prêchez toujours la *quadrature*, non pas *du cercle*, mais *du pré;* c'est une belle et bonne chose que de pouvoir tenir son faix des deux mains. »

Louvois répondit à cette lettre du 19 janvier 1673, le 24 du même mois : « Tout ce que votre lettre contient me paraît fort bon, mais il ne peut pas s'exécuter aussi promptement que l'on voudrait bien. Il faut donc se donner patience et espérer toujours que, avec un peu de temps, vos avis pourront être exécutés. »

Vauban, si honnête, si loyal, éprouvait de profonds dégoûts à voir comment la France combattait la Hollande. M. de Luxembourg commettait des cruautés; un certain Stoppa, créature de Louvois, publiait des libelles par ordre du ministre, qui lui disait, en lui envoyant le texte d'infâmes calomnies : « Il faut coucher cela de manière que l'on ne puisse point croire que cet écrit soit fait par des Français, et, au contraire, affecter de dire bien du mal de la France. » Pendant ce temps, l'intendant Robert, parent de Louvois, pille les maisons, vend les meubles, ordonne des impositions et ruine le pays.

Le prince d'Orange, afin d'affaiblir la France, forme le projet de remanier la carte d'Europe. Il fait le partage de la Pologne, il donne nos places fortes à ses alliés, ce qui met en gaieté le marquis de Louvois. Alors il écrit à Stoppa, le 14 mars 1673 : « Le prince d'Orange a sans doute ouï dire qu'Alexandre disposait ainsi des royaumes ; et, quoiqu'il n'ait ni sa bravoure, ni son bon sens, ni ses armées, il a cru qu'il serait l'Alexandre de ce siècle-ci, s'il pouvait l'imiter en cette distribution, quelque imaginaire qu'elle fût. Si j'avais assez de temps pour lire l'histoire de don Quichotte, je pourrais finir cette lettre par une comparaison qui ressemble assez à celui dont je parle ; mais comme je n'en ai que ouï parler, consultez sur cela M. de Luxembourg, lequel, ayant lu les bons livres, vous donnera assurément de quoi achever votre ouvrage. »

Luxembourg, dont la littérature était fort bornée, prit le parti d'écrire son pamphlet : *Réflexions d'un Hollandais réfugié à Hambourg, adressées à un ami.* Louvois goûta fort la prose du grand seigneur, et lui demanda de nouveaux libelles ; mais Luxembourg, qui en avait dit assez, répondit : « Pour moi, que je fasse une pièce d'écriture, je vous l'ai déjà dit, Monsieur, je n'en ai pas la hardiesse, et, en mille ans, je ne ferais pas une page. Si un autre n'est le maître écrivain, je ne trouverais pas quatre mots à dire. Si vous saviez la vie qu'on mène ici, vous jugeriez bien que ce ne sont pas les divertissements, mais l'incapacité et la honte qui me retiennent, que je ne suis pas capable de surmonter ; car, dès que je penserais que quelque chose partirait de moi pour le public, je ne pourrais pas faire une panse d'a. »

M. de Luxembourg disait publiquement : « Il y a de grands coquins parmi nous. » Ces grands coquins n'étaient pas les pillards, mais ceux qui écrivaient à la cour pour avertir le roi des infamies qui se commettaient en son nom. L'évêque d'Utrecht, après avoir été se plaindre à Louis XIV, disait en revenant de Versailles à M. de Luxembourg : « L'on parle librement en France, et chacun exprime son avis. » Luxembourg répondait au prélat : « Pour moi, j'avoue que je ne sais ce que je ne serais point capable de faire contre telle canaille. »

Cette disposition des esprits ne promettait pas à la

France de grands succès. Le noble cœur de Vauban s'en affligeait; il continuait son service de lieutenant, poursuivait les projets de fortification et se tenait à l'écart des intrigues qui se croisaient autour de lui.

VIII

Turenne écrivait à Louvois, le 25 avril 1673 : « Il me paraît que, quelques troupes qu'il y ait dans Maestricht, il faut l'assiéger, la raison que le roi avait l'année passée de marcher promptement en Hollande ne subsistant plus. »

Au mois de mai, Turenne insistait encore : « Je pense que le roi commandera qu'il marche plus d'infanterie de cette armée pour le siège de Maestricht, étant raisonnable à mon avis qu'il n'y ait que cette entreprise-là qui se fasse en ce temps-là. »

Louis XIV fut de l'avis de Turenne; dans la campagne de 1672, les places avaient faiblement résisté, et le roi désirait quelque grande difficulté à vaincre. Il savait qu'avec Vauban nulle place n'était imprenable.

Maestricht n'appartenait pas à la Hollande, mais à l'électorat de Cologne, quoique la garnison fût hollandaise. L'électeur, après avoir protesté, pria Louis XIV de lui rendre sa ville. Le roi de France consentit à assiéger la place à condition de la garder jusqu'à la paix définitive.

L'évêché de Liège, qui était annexé à l'électorat de Cologne, fut donc soumis à une rude épreuve, et l'électeur dut accepter l'onéreuse protection du roi de France. Louvois écrivit à l'évêque de Strasbourg : « Si monsieur l'électeur désire que le roi prenne Maestricht pendant cette campagne, il faut qu'il se résolve à consentir que le roi le garde après la paix aux mêmes conditions que les Hollandais le possèdent présentement; et Sa Majesté rendra la ville, à la fin de la guerre, sans prétendre de monsieur l'électeur les quarante mille écus que Sa Majesté lui a prêtés. Si monsieur l'électeur ne veut pas consentir à cette proposition, Sa Majesté ne l'attaquera point, et songera à faire des conquêtes qui lui puissent demeurer par la paix, sans blesser les traités qu'elle a avec Son Altesse électorale. »

Pendant qu'il écrivait cette lettre, le 27 mai 1673, Louvois, se souciant peu de la réponse, faisait marcher les troupes destinées au siège de Maestricht.

L'armée ennemie, commandée par le comte de Monterey, cherchait vainement à deviner les projets de la France.

Le 1er mai 1673, Louis XIV avait quitté Saint-Germain pour faire en personne le siège de Maestricht. Le roi, accompagné de sa cour, ayant près de lui la reine, traversa majestueusement ses provinces et s'arrêta le 15 à Courtrai. Vauban vint l'y rejoindre. Pendant une semaine, il mit sous les yeux du roi son plan d'attaque, discutant les chances probables de succès et de revers, et démontrant enfin que le roi s'emparerait de la place en quelques jours.

Le 23 mai, la reine, qui devait assister d'une distance raisonnable au grand spectacle du siège, se rendit à Tournai, tandis que l'armée française opérait un mouvement pour se rapprocher de Maestricht. L'investissement se fit le 6 et le 7 juin.

La garnison était de sept mille hommes commandés par un excellent officier d'origine française, nommé Fariaux.

Lorsqu'il arriva devant Maestricht, le 10 juin, Louis XIV, après quelques heures de repos, voulut reconnaître lui-même l'état de la place; il monta à cheval, ayant à sa droite Vauban, que Sa Majesté ne cessait d'interroger. Celui-ci fit remarquer au roi que l'enceinte bastionnée formant le corps de place n'était pas bien redoutable, mais qu'une triple enceinte d'ouvrages avancés méritait une sérieuse attention.

Pendant cette reconnaissance, le plan d'attaque fut décidé. Les lignes de circonvallation et de contrevallation ne tardèrent pas à sortir de terre, et des ponts de bateaux établis sur la Meuse mirent en communication les corps séparés par les eaux.

Aux mesures adoptées par les assiégés, Vauban jugea que la garnison était excellente.

Les assiégeants étaient au nombre de quarante-cinq mille hommes, dont vingt-six mille fantassins et dix-neuf mille chevaux; l'artillerie comptait cinquante-huit pièces, et les magasins pouvaient approvisionner l'armée de vivres et de munitions pendant près de deux mois.

Contrairement à l'usage et aux règlements militaires, Louis XIV, qui commandait en personne son armée, décida que Vauban dirigerait le siège, en ne prenant que ses ordres. Jamais jusqu'alors un ingénieur n'avait exercé une si grande autorité et joui d'un tel honneur; aussi Vauban se surpassa-t-il.

Si nous écrivions un traité scientifique, ce serait l'occasion de rappeler les progrès que, pendant le siège, Vauban fit faire à l'attaque des places : l'élargissement des tranchées, les parallèles habilement combinées, et cette foule de détails qui excitaient l'admiration des assiégés. Louis XIV exprimait hautement ses sentiments, tandis que Vauban, toujours modeste, gardait le silence, se contentant de sourire aux éloges du roi.

Louis XIV dit dans ses œuvres (tome III, page 349) : « La façon dont la tranchée était conduite empêchait les assiégés de rien tenter; car on allait vers la place quasi en bataille, avec de grandes lignes parallèles qui étaient larges et spacieuses; de sorte que, par le moyen de banquettes qu'il y avait, on pouvait aller aux ennemis avec un fort grand front. Le gouverneur et les officiers qui étaient dedans n'avaient encore jamais rien vu de semblable, quoique Fariaux se fût trouvé en cinq ou six places assiégées, mais où l'on n'avait été que par des boyaux si étroits qu'il n'était pas possible de tenir dedans à la moindre sortie. Les ennemis, étonnés de nous voir aller à eux avec tant de troupes et une telle disposition, prirent le parti de ne rien tenter tant que nous avancerions avec tant de précautions. »

Un officier des mousquetaires, M. le comte d'Aligny, qui était parmi les assiégeants, a porté ce jugement dans ses *Mémoires inédits :* « Les premiers jours de tranchée ne coûtèrent pas beaucoup ; M. de Vauban, en ce siège comme en quantité d'autres, a sauvé bien du monde par son savoir-faire. Du temps passé, c'était une boucherie que les tranchées ; c'est ainsi qu'on en parlait ; maintenant il les fait d'une manière qu'on y est en sûreté comme si on était chez soi. »

L'une des principales qualités de Vauban était d'être ménager de la vie du soldat ; il blâmait hautement ces charmantes imprudences, ces belles folies, qui entraînaient officiers et soldats bien au delà des bornes du devoir ; il a écrit dans son journal du siège de Maestricht : « Je ne sais si on doit appeler ostentation, vanité ou paresse, la facilité que nous avons de nous montrer mal à propos, et de nous mettre à découvert hors de la tranchée sans nécessité ; mais je sais bien que cette négligence ou cette vanité, comme on voudra l'appeler, a coûté plus de cent hommes pendant le siège, qui se sont fait tuer ou blesser mal à propos et sans aucune raison. Ceci est un péché originel dont les Français ne se corrigeront jamais, si Dieu, qui est tout-puissant, n'en réforme toute l'espèce. »

Cet excès de courage, cet instinct qui porte à braver le péril, à rechercher la gloire sous toutes ses formes, est « un péché originel dont les Français ne se corrigeront jamais », suivant les expressions de Vauban. Louis XIV lui-même n'en était pas exempt. M. le prince écrivait à Louvois à propos des imprudences héroïques du roi : « Il me semble que cela est présentement au-dessous de lui, et qu'il fait de si grandes choses qu'il devrait mépriser les bagatelles. Vous lui direz sur cela ce que vous jugerez à propos, de ma part, ou ne lui direz rien, si vous jugez que cela puisse déplaire. »

Parlant des ingénieurs placés sous ses ordres et dont beaucoup étaient tués, Vauban écrit à Louvois : « ... Je prie Dieu qu'il les conserve, car c'est bien le plus joli troupeau qu'il est possible d'imaginer. »

Une vigoureuse attaque se fit dans la nuit du 24 au 25 juin, et causa d'immenses pertes aux assiégeants. D'Artagnan, le célèbre capitaine des mousquetaires, fut tué. La place capitula le 30, et la garnison sortit le 2 juillet avec les honneurs de la guerre.

La conquête de Maestricht combla Louis XIV de gloire. Pour perpétuer le souvenir de ce siège, le roi écrivit à Colbert de lui envoyer le grand peintre Van der Meulen; « car je crois, disait Sa Majesté, qu'il y aura quelque chose de beau à voir. »

Dès le lendemain de la prise de Maestricht, Vauban se mit en devoir de réparer les fortifications et de les compléter. Il y travailla avec son zèle accoutumé et se rendit ensuite en Alsace. Louvois lui écrivit le 2 août : « Il faudra aller à Brisach et à Philippsbourg, du soin desquels on me vient de charger, quoi que j'aie pu faire pour m'en exempter. » Vauban répondit : « Je ne saurais, Monseigneur, me réjouir de vous voir encore chargé des fortifications de Brisach et de Philippsbourg ; j'y prévois tant de soins pour vous et tant de peine et de fâcheux voyages pour moi, que cela me fait peur. Si vous me voulez faire l'honneur de m'en croire, nous nous vengerons de ceux qui nous ont procuré cet emploi en proposant au roi une dépense de 4 ou 500,000 écus, moyennant quoi vous ferez la meilleure place du monde de Brisach. »

Louis XIV alla visiter cette place et donna les plus grands éloges aux projets de Vauban. En passant près de Colmar, le roi fit savoir aux habitants qu'il désirait leur faire l'honneur d'une visite. Très flattés de cette attention, les bourgeois reçurent Sa Majesté, qui eut soin de se faire escorter par les gardes-françaises et les gardes-suisses. Ces troupes se formèrent en bataille sur les principales places de la ville ; puis, à un signal donné, elles s'emparèrent des portes, de l'artillerie, et désarmèrent les citoyens. Maîtres de Colmar, les gardes détruisirent les remparts.

Les autres villes de l'Alsace eurent le même sort et sans plus de façons.

Le roi, craignant que la guerre ne devînt maritime, chargea Vauban de fortifier l'île de Ré. Pendant qu'il s'acquittait de ce soin, Louvois lui écrivit pour le rappeler : « Nous nous en allons en Franche-Comté ; nous commencerons par mettre garnison dans la ville de Besançon, qui n'est point en état de tenir; l'on bloquera la citadelle avec trois ou quatre escadrons de cavalerie ; l'on ira ensuite à Salins, dont les forts ne peuvent tenir plus d'un jour; de là on s'en reviendra à Dôle, qui n'est point non plus en état de défense, n'y ayant ni canon, ni dehors, ni fossé; et après qu'on s'en sera saisi, l'on délibérera si l'on attaquera la citadelle de Besançon, ou si, laissant une forte garnison dans la ville et beaucoup de cavalerie dans les villages des environs, l'on y laissera la garnison mourir de faim. »

Peu de jours après, Vauban avait rejoint Louvois. Ils firent une reconnaissance autour de Besançon, et l'ingénieur démontra au ministre que la ville n'était pas, comme on le croyait, à l'abri du canon. En effet, lorsque le siège eut lieu, un régiment suisse transporta l'artillerie sur le mont Chaudané, considéré jusqu'alors comme inaccessible.

Ce siège de Besançon n'eut rien de remarquable, malgré la présence du roi. Comme toujours, Vauban se fit admirer par les inépuisables ressources de son esprit et le calme de son courage.

La tranchée avait été ouverte par les gardes-françaises dans la nuit du 6 au 7 mai 1674; après une sortie furieuse, la garnison capitula le 14. Mais une partie des troupes, refusant de se soumettre à cette capitulation, se précipita sur les gardes-françaises pour s'ouvrir un passage; il y eut là un véritable massacre.

Malgré la prise de la ville, la citadelle tenait toujours; Vauban dut entreprendre un nouveau siège, qu'il termina en peu de jours; il partit après la reddition pour aller s'emparer de Dôle et de Salins.

On ne serait pas loin de la vérité en disant que Vauban fit la conquête de la Franche-Comté. Non seulement il prenait les villes, mais il éclairait le ministère, en composant des mémoires sur les ressources de la province, les moyens de communication, les positions importantes et l'esprit des habitants.

Le prince de Condé, placé sur un autre théâtre, remportait la victoire de Senef. On crut d'abord que cette victoire était décisive, et les plus grands politiques s'y trompèrent, même Louvois. Des *Te Deum* furent chantés dans les églises, tandis que la cour et la ville témoignaient de leur joie par des fêtes et des réjouissances.

Seul Vauban ne partagea pas l'enthousiasme : il vit dans cette victoire du prince de Condé une éclatante journée, mais sans lendemain. Il y eut à cette occasion un échange de lettres entre Louvois et Vauban, lettres qui mettent en relief le génie de ce dernier.

Vauban écrit à Louvois le 23 août : « Je vous rends de bon cœur le compliment qu'il vous a plu de me faire sur la défaite des ennemis, que je voudrais être si grande qu'on en pût trouver le dernier. Mais il n'est pas encore temps de s'en épanouir la rate ; prenez garde qu'ils ne vous prennent Arras, Doullens, ou quelque autre place aussi importante, ou qu'ils ne ravagent dans la Picardie, car enfin cela se peut encore, et je ne doute pas qu'ils n'y pensent et n'en aient bonne envie. »

Louvois, indigné de ce langage, s'empresse de répondre à Vauban : « J'ai vu avec une surprise inconcevable qu'on se soit mis dans l'esprit, à Tournai, que les ennemis songeaient à l'attaquer. Comme rien au monde n'est plus éloigné de la vraisemblance, le roi n'aurait guère pu avoir une bonne opinion des gens qui auraient été capables de prendre une alarme aussi mal fondée que celle-là ; et il faut, s'il vous plaît, cesser tous les préparatifs pour un siège qui, étant impossible aux ennemis en l'état où ils sont, pourrait couvrir de honte ceux qui leur feraient l'honneur de les croire capables de l'entreprendre. »

Cette réponse presque cruelle put affliger Vauban, mais ne modifia pas son opinion ; les événements se chargèrent de le venger en prouvant à Louvois et à Louis XIV que les ennemis n'étaient pas tellement accablés qu'on pût les dédaigner. Condé lui-même écrivit à Louvois qu'il se voyait contraint de se tenir sur la défensive, malgré sa victoire de Senef.

Louvois ne tarde pas à reconnaître que Vauban a bien jugé la situation. Il lui écrit sur un ton moins superbe, en glissant même une caresse, comme pour se faire pardonner la méchante humeur de la première lettre : « 5 septembre. Les ennemis font toutes les grimaces de gens qui veulent faire quelque chose; mais ils auront beaucoup de peine à bien choisir, et la saison où nous sommes ne leur étant pas favorable, ils courent risque de faire une entreprise aussi peu heureuse que leur a été l'approche de leur armée auprès de Mgr le prince. Vous pouvez compter que Sa Majesté sera bien en repos sur la place qu'ils attaqueront, pourvu que vous soyez dedans. »

A la grande surprise de chacun, excepté de Vauban, on apprend tout à coup que l'ennemi va assiéger Oudenarde; mais Vauban a eu le temps de se jeter dans la place pour la défendre.

La plupart des historiens disent que la place ne fut même pas assiégée, et qu'à l'approche de l'armée du prince de Condé l'ennemi se retira pendant la nuit.

Oudenarde fut assiégée, et les détails ne manquent pas dans les ouvrages spéciaux. On ouvrit la tranchée le 16 septembre. Vauban fit une sortie vigoureuse, détruisit les ouvrages, et ramena bon nombre de prisonniers. Le lendemain, il inonda les abords de la place, au moyen du canal de Tournai, dont il avait retenu les eaux; dès lors les tranchées devinrent impossibles. Ces opérations avaient augmenté les difficultés du siège, lorsque le prince d'Orange battit en retraite à l'approche de Condé.

Outre le témoignage des écrivains spéciaux sur ce siège, nous trouvons au dépôt de la guerre cette lettre de Louvois à Vauban : « Au même temps que M. le prince a rendu compte au roi de la levée du siège d'Oudenarde,

Son Altesse lui a fait savoir que vous y aviez très utilement servi, et Sa Majesté a été très fortement persuadée; je vous assure qu'elle est bien contente, et, en particulier, je m'en réjouis de tout mon cœur avec vous. »

Nous n'insisterions pas sur le siège d'Oudenarde, qui ajoute peu à la réputation de Vauban; mais, comme dans sa longue carrière il n'a jamais défendu d'autre place, on peut, par ce seul siège, juger de ce qu'il aurait fait en des circonstances plus importantes. Lui qui a créé la supériorité de l'attaque, il aurait peut-être élevé la défense à la même hauteur.

IX

Quoique notre époque se proclame fort habile en histoire, nous admettons une foule de préjugés qui deviennent de sérieuses accusations contre les lois et les mœurs des monarchies passées.

On répète à l'envi que nul n'obtenait le grade d'officier dans l'armée s'il n'appartenait à la noblesse, et que le soldat, quels que fussent ses services, ne pouvait sortir de sa condition.

Nous voyons cependant qu'au siège de Grave, en 1674, un sergent nommé Lafleur, envoyé par M. de Chamilly pour reconnaître l'ennemi, fit des prodiges de valeur et obtint le grade de lieutenant.

Ce bas officier avait surpris un poste et fait des prisonniers qu'il ramenait dans la place assiégée, lorsque deux cents Hollandais l'attaquèrent. Lafleur n'avait que vingt et un hommes sous ses ordres. Il bat en retraite vers une maison en ruines, s'y fortifie, et soutient un véritable siège pendant une heure. Les Français font un feu nourri et mettent hors de combat une quarantaine de Hollandais. Ceux-ci, découragés, disparaissent, et le sergent Lafleur parvient à rentrer dans Grave avec ses prisonniers; il n'avait perdu que deux hommes.

Sur le rapport qu'il reçut de Chamilly, Louvois demande au roi une récompense pour le sergent. Chamilly avait dit au ministre : « Tout le régiment de Dampierre dit mille biens de ce sergent-là, qui est d'ailleurs fort honnête homme, et l'on ne saurait jamais mieux faire que de l'avancer. »

Louvois répond : « Le roi a fort estimé l'action du sergent du régiment de Dampierre, et Sa Majesté désire qu'il soit fait lieutenant; s'il y a une de ces charges vacante dans ledit régiment, vous l'y recevrez, et cependant vous lui ferez donner cinq cents livres par gratification. »

Lafleur devint capitaine et jouit de l'estime de ses camarades les gentilshommes.

Des historiens modernes se plaisent, pour flatter la fibre populaire, à répéter que la bravoure, dans l'ancienne monarchie, était une vertu presque inconnue au soldat; ils ne cessent de répéter que le courage a gagné tous les rangs lorsque la loi de recrutement a remplacé l'ancien mode, fort vicieux, il faut le reconnaître.

Ces hommes, enrôlés par les sergents recruteurs, pouvaient, en général, manquer de patriotisme, mais ils se battaient fort bien. La campagne de 1673 et le siège de Maestricht le prouveraient au besoin.

Le roi ayant donné le signal de l'assaut dans la nuit du 24 au 25 juin, les mousquetaires s'élancèrent avec des cris de joie; à leur tête marchait d'Artagnan, leur brave capitaine. Les ouvrages avancés furent rapidement enlevés, et les mousquetaires s'établirent solidement dans leur nouvelle position. L'ennemi, revenu de sa surprise, veut reprendre l'ouvrage. Un combat acharné se livre; les mousquetaires, moins nombreux, attaqués de tous côtés, font des prodiges de valeur, mais sont forcés à la retraite, laissant le terrain couvert de leurs morts et de leurs blessés; d'Artagnan, la poitrine traversée d'une balle, termine là sa brillante carrière. « La mêlée avait été si acharnée, dit Pellisson dans ses *Lettres historiques,* que tous les mousquetaires qui rentrèrent au camp avaient leur épée faussée et sanglante jusqu'à la garde. »

Louis XIV avait tout vu d'une hauteur sur laquelle il s'était placé. Contrarié de cet échec, le roi ordonne une nouvelle attaque contre la demi-lune. Les gardes du corps marchent en tête; ils sont soutenus par la maison du roi. Ces braves cavaliers mettent pied à terre et, laissant l'épée au fourreau, ils s'arment de pertuisanes, sortes de hallebardes; l'attaque est terrible. L'ennemi, bien commandé, fait des prodiges. Trois fois les Français s'emparent de la demi-lune, et trois fois ils sont chassés après un sanglant combat, qui dura quatre heures. Les Français demeurèrent maîtres de la place; mais à quel prix! Quatre-vingts officiers, cent vingt mousquetaires, sept cents soldats tombèrent morts dans un espace si resserré.

C'est pendant ce siège qu'un sergent des gardes-françaises, blessé mortellement, s'écriait: « Ce n'est rien, le régiment s'est bien montré! » L'esprit de corps existait donc déjà.

Un soldat, en marchant à l'assaut de la demi-lune, aperçoit un jeune volontaire, le marquis de Saint-Maurice, dangereusement blessé, et près d'être foulé aux pieds. Il lui tend la main droite pour l'aider à se relever; mais à peine a-t-il saisi le blessé qu'une balle vient briser le bras du soldat; il tend la main gauche, et continue de marcher à l'assaut.

L'histoire n'est pas toujours conforme à la vérité, elle est souvent injuste. Tel homme de grand mérite est méconnu par la postérité, tel autre obtient une haute réputation qu'il était loin de mériter. Parmi ceux trop oubliés se trouve Chamilly, le défenseur de Grave, qui soutint un siège pendant quatre-vingt jours et ne se rendit au prince d'Orange que par ordre du roi.

Après avoir comblé d'éloges la garnison, Louis XIV dit à Chamilly: « Demandez-moi telle grâce, telle faveur que vous voudrez, je vous les accorde d'avance. — Sire, répondit le brave officier, je vous demande la grâce de mon ancien colonel, enfermé à la Bastille. »

Chamilly fut nommé maréchal de France en 1703;

mais il est presque oublié, quoique Saint-Simon ait dit de lui : « C'était un gros et grand homme, le meilleur, le plus brave et le plus rempli d'honneur. »

La campagne de 1674 allait se terminer, lorsque Vauban fut envoyé à Bergues par le prince de Condé, qui croyait à tort que la place allait être assiégée. Il n'en fut rien ; mais, en exécutant l'ordre qu'il avait reçu, Vauban courut les plus grands dangers. Il marchait sous la protection d'une faible escorte, lorsqu'un parti ennemi le surprit ; un combat s'engagea, qui obligea Vauban de mettre l'épée à la main ; son neveu fut blessé, son secrétaire fait prisonnier, et plusieurs cavaliers tués ou pris.

Nommé brigadier des armées du roi, grade supérieur à celui de colonel, Vauban, qu'aucun siège n'appelait, se rendit dans sa province pour y goûter quelque repos.

Il avait acheté le château de Basoches, ancienne propriété de sa famille, et faisait sortir de ses ruines l'antique manoir qui lui rappelait la grandeur de sa maison.

L'ingénieur devenait architecte ; on le voyait, dès que paraissait le jour, au milieu des ouvriers, qu'il dirigeait comme un contremaître, montant aux échelles, s'armant des outils, portant sur ses épaules de lourds fardeaux, mettant habit bas, et donnant l'exemple du travail assidu et bien réglé. Le soir venu, il s'enfermait dans sa bibliothèque et rédigeait des instructions pour les ingénieurs militaires ; il écrivait à Louvois sur la défense des frontières, composait des mémoires et passait une partie des nuits à veiller sur les cartes.

Un grand nombre des mémoires de Vauban sont inspirés par l'intérêt du soldat. Il s'occupe de son bien-être : nourriture, logement, habillement, armement, hygiène et emploi ; il veut ménager la troupe, qu'il aime et dont il connaît la valeur.

Vauban ne se contente pas de combiner les divers ouvrages qui composent une place de guerre, il invente une science que nous pourrions nommer la tactique des sièges. Cette science, trop souvent mise en oubli, tend à disparaître pour faire place au bombardement désastreux pour l'habitant, et qui amène des capitulations lorsque les remparts sont encore en état de défense.

Un grand nombre de manuscrits de Vauban n'ont pas été publiés. Ils sont dans la famille de Rosambo. Le marquis de Rosambo, qui périt sur l'échafaud, était gendre de Malesherbes et descendait de Vauban. Son petit-fils conserve de précieux manuscrits.

CHAPITRE II

DE 1675 A 1684

I

La campagne de 1674, glorieuse pour la France, avait
affaibli son armée; car, il faut le reconnaître, la désertion
faisait perdre plus d'hommes que les batailles. Le grand

3*

bienfait de la loi qui appelle les citoyens à la défense de leur patrie a été de rendre la désertion fort rare. Henri IV ne pouvait poursuivre ses succès parce qu'après chaque victoire les gentilshommes, qui avaient bravement combattu, abandonnaient les étendards pour retourner dans leurs terres, en attendant de nouvelles batailles. Chaque homme aime sa terre; qu'elle soit grande ou petite, il est attiré vers elle par une force invincible, par un amour que Dieu a mis en son cœur. Le soldat moderne n'oublie jamais son champ, sa chaumière, son village; il y veut retourner tôt ou tard, et la désertion détruirait tous ses espoirs en le privant de sa patrie. Vauban avait deviné ce sentiment naturel. Aussi proposa-t-il à Louvois un système de recrutement assez semblable à la conscription. Mais les milices qui appelaient aux armes les citoyens, l'arrière-ban qui convoquait la noblesse, avaient donné des résultats trop déplorables pour que le ministre consentît à prêter l'oreille aux projets de Vauban.

Louvois augmenta l'armée par des primes en argent. Il détermina le nombre de recrues pour chaque compagnie et chaque escadron. Une lettre du roi à Turenne, datée du 1er juin 1675, ordonne que les officiers qui n'auront pas atteint l'effectif seront cassés si les manquants sont considérables; dans les cas moins graves, chaque fantassin manquant sera payé par le capitaine une pistole, le dragon soixante-quinze livres, et cent livres le cavalier.

Les officiers composèrent leurs troupes en embauchant les hommes des compagnies de garnison. Vauban, fort mécontent, écrivit à Louvois : « Cela va toujours de mal en pis et me fait trembler, car je vois des places gardées par des garnisons composées de compagnies d'enfants et de pauvres petits misérables qu'on enlève violemment de chez eux, ou qu'on escamote en cent différentes manières, qui sont commandés par des officiers la plus grande part aussi misérables qu'eux ; en vérité j'appréhende pour la monarchie; d'autant plus qu'il

n'y a que peu ou point de fondement à faire sur eux... »
Cette lettre, du 11 janvier 1675, montre les misères
cachées de cette époque si brillante.

Les mémoires du temps nous dévoilent même de honteuses entreprises. Des commandants de place, et même
des gouverneurs, recrutaient de jeunes soldats pour
quelques écus, puis les faisaient instruire par les sergents et les revendaient fort cher, comme prêts pour la
guerre.

L'arrière-ban avait été appelé pour la campagne
de 1674 ; mais l'indiscipline et l'ignorance obligèrent
Louvois à renvoyer ces gentilshommes. Grande fut donc
la surprise de voir des lettres patentes du roi appeler
cet arrière-ban pour le 1er avril 1675. L'étonnement
ne fut pas de longue durée, et l'on apprit que cet appel
n'était qu'une mesure fiscale. En effet, tout gentilhomme put s'exempter du service à prix d'argent. C'est
ainsi que le remplacement s'introduisit dans l'armée.

La taxe fixée pour le rachat était de quarante livres
pour un revenu de trois cents livres, de quatre-vingts
livres pour un revenu de trois cents à six cents, de cent
pour un revenu de neuf cents à quinze cents ; au-dessus
de deux mille livres de revenu, on se rachetait pour
trois cents livres.

Ces détails ont leur intérêt. Ils prouvent que déjà
sous le grand règne d'un monarque militaire, lorsque la
noblesse semblait être dans tout son éclat, les gentilshommes de province, pauvres pour la plupart, perdaient
le sentiment du sacrifice, et renonçaient totalement à
leurs droits en oubliant leurs devoirs.

On pourrait supposer que Vauban, chargé de toutes les
fortifications, cherchait avec habileté à étendre le cercle
de ses attributions en augmentant le nombre des places
fortes. Loin de là, l'honnête homme chez lui fait taire
les intérêts de l'ingénieur. Après avoir inspecté toutes
les frontières au nord et à l'est, Vauban écrit à Louvois,
le 21 septembre et le 14 octobre 1675, pour conseiller
au roi de réduire le nombre des forteresses : « Il me

semble que le roi n'a que trop de places avancées; s'il
en avait moins de cinq ou six que je connais bien, il en
serait plus fort de douze à quatorze mille hommes, et
les ennemis plus faibles au moins de six à sept mille;
et, si cela était, on serait en état de les chasser d'Alsace
et de les empêcher aisément de rien entreprendre en
Flandre. Si nous voulons longtemps durer contre tant
d'ennemis, il faut songer à se resserrer; vous ne le pouvez bien faire que par la prise de Condé, qui nous assu-
rera celle de Bouchain; et l'une et l'autre faciliteront
tellement celles de Valenciennes et de Cambrai, qu'il est
presque impossible qu'elles en puissent échapper. Si le roi
était maître de ces places, il épargnerait je ne sais combien de garnisons dans ses derrières; enfin leur prise assu-
rerait vos conquêtes et ferait ce *pré carré*, tant désirable,
sans quoi le roi ne pourra jamais rien faire de considérable ni de solide, et que vingt années de guerre ne pourraient pas lui arracher, attendu la liaison que toutes ces
places auraient les unes avec les autres, les rivières, le
pays et la facilité de les secourir et de rendre inutiles tous
les desseins des ennemis. Il n'y aurait que Charleroi et
Oudenarde qui seraient un peu écartées; je suis sûr qu'il
n'y a point d'armée qui ose assiéger Oudenarde quand
il y aura mille hommes dedans avec la quantité de munitions qui lui sont nécessaires; qu'un pareil corps mettrait Charleroi en état de ne craindre rien. Moyennant
cela, une armée de vingt mille hommes garderait le
reste, pendant qu'on en pourrait jeter de plus grandes
en *Allemagne, qui est le côté le plus faible et celui par où
vous avez le plus à craindre.* Enfin, Monseigneur, je suis
persuadé qu'on ne saurait trop penser à la prise de Condé,
et qu'il est de la dernière importance de se mettre en
état d'en pouvoir faire le siège à la première occasion
favorable qui s'en présentera; et plût à Dieu qu'au lieu
de s'être amusé à toutes les bicoques de liège, on eût
songé sérieusement à s'accommoder de cette place; on
aurait eu lieu de se consoler de la perte de Maestricht et
de ses environs, que je considère comme des pièces qui

vous sont plutôt à charge qu'utiles en quoi que ce soit. »

Après avoir lu cette lettre, on comprend que le génie de Vauban était trop vaste pour s'enfermer dans les murs d'une place forte. Peut-être même faudrait-il regretter que ce génie n'ait pas pu se déployer dans les grandes combinaisons de la guerre ou de la politique.

Malgré son orgueil et son égoïsme, Louvois était trop supérieur lui-même pour ne pas reconnaître la supériorité de Vauban. Il profita des avis donnés dans la lettre que nous venons de rappeler, et qui servirent dans la campagne de 1676. Louis XIV, renonçant aux conquêtes lointaines, voulut se concentrer. Il rapprocha des frontières le théâtre de la guerre, sans abandonner brusquement ses conquêtes. Suivant les conseils de Vauban, on s'établissait solidement au lieu de passer sans s'arrêter.

Avant d'entreprendre la campagne de 1675, Louvois demanda un mémoire à Vauban sur la question des sièges. Le conseil du roi, après avoir pris connaissance du travail de l'ingénieur, adopta son projet, qui consistait à s'emparer avant tout de la place de Condé.

Le plan fut dressé par Vauban jusque dans ses moindres détails. Les fortifications étant entourées de marais, les assiégés pouvaient inonder les abords de la place, et rendre l'attaque très difficile. Vauban proposa la construction de bateaux armés et d'une redoute flottante. Le plus grand secret fut gardé par Louvois, qui fit construire les bateaux à Oudenarde et la redoute à Versailles. Le roi, accompagné de son ministre, se rendait dans l'atelier où nul ne pénétrait, et suivait avec le plus vif intérêt la construction de la redoute, que Vauban avait dessinée dans ses moindres détails. Enfin, le 13 novembre, Louvois écrivit à Vauban : « Ce mot est pour vous dire que j'ai vu hier l'épreuve de la redoute flottante. Elle n'avait que douze pieds de large sur vingt de long; il y avait cinq pièces de canon dessus, sur des affûts marins, dont trois de deux livres et deux d'une livre, et pour le moins quarante-cinq hommes, sans qu'elle prît plus de cinq pouces d'eau ; il en restait encore quatre hors de l'eau ; et toute cette machine ne pesait pas plus de seize cents livres ; c'est-à-dire qu'il n'y a pas de charrette qui ne la voiture partout ; et pour la mettre à l'eau et en état de porter le canon, il ne faut pas plus de temps que pour écrire ce billet. J'y ajouterai une autre petite perfection : c'est qu'un coup de canon qui la percerait tout au travers ne la ferait pas couler à fond. Devinez, s'il vous plaît, après cela, si vous pouvez, comme quoi elle est faite. Je crois vous pouvoir encore assurer qu'avec cette même machine nous ferons un pont de deux cents toises de long sur quatre pieds de large, que vingt-cinq chariots porteront partout. »

Jusqu'alors, les artilleurs eux-mêmes considéraient le tir comme impossible dans les conditions où Vauban le croyait facile. Il eut raison.

Notre but est moins de faire connaître les travaux d'un grand ingénieur que de peindre une belle figure. L'histoire de l'attaque et de la défense des places est pleine du nom de Vauban. Chaque siège fait briller une de ses qualités particulières. Tantôt prudent, tantôt audacieux, il tient compte de tout, et ne voit pas seulement la fortification. Il connaît l'esprit des assiégés, leurs moindres ressources, la valeur de leur général. Il sait d'où les secours peuvent venir et embrasse d'un vaste coup d'œil l'ensemble de la guerre.

Chaque siège offre donc un intérêt particulier, et cependant nous passerons rapidement sur la plupart, parce que les détails techniques ne serviraient qu'indirectement à éclairer la physionomie de Vauban. Comme ingénieur il ne se discute pas, sa place est faite depuis deux siècles. Mais l'homme est moins bien jugé ; ses écrits ont semblé passionnés ; on l'a accusé de trop de sévérité pour la monarchie ; on a même été jusqu'à dire que Vauban était un réformateur montrant la route aux révolutionnaires.

Nous étudierons les écrits de Vauban, non pas toujours pour le louer, mais afin de montrer que si l'homme de bien s'est trompé quelquefois, ce n'a jamais été qu'en cherchant la vérité. Il aimait la justice, il aimait le peuple, et chez lui l'amour de la vérité était une passion. Elle peut l'entraîner au delà des bornes de la prudence, elle peut lui faire oublier les nécessités de la politique ; mais sa passion pour le bien fut telle, qu'il lui sacrifia tout, même la faveur d'un roi vénéré, même son repos et sa vie.

II

La campagne de 1675 est tellement brillante pour Turenne, que Vauban demeure presque dans l'ombre. Cette campagne est attristée par la mort de Turenne, qui fut pour les Impériaux plus qu'une victoire.

Le roi de France s'était résigné à se tenir sur la défensive ; aussi n'obtint-il d'autre résultat que de préserver ses frontières.

A la fin de cette campagne, Condé quitta la cour et l'armée pour se retirer à Chantilly, où il passa les onze dernières années de sa vie. Louis XIV perdit donc presque en même temps Turenne et Condé.

D'après le conseil de Vauban, le siège de la place de Condé fut résolu. Louis XIV décida qu'il assisterait à la prise de la place. En conséquence, les travaux se ralentirent pour que le roi ne perdît rien des opérations. Vauban s'en plaignit à Louvois, qui prit les ordres de Sa Majesté. Louis XIV répondit, le 6 avril : « Je n'approuve pas seulement, mais j'ordonne que l'on travaille à toutes les batteries et logements que Vauban jugera utiles et nécessaires pour avancer la prise de la place. »

Jamais le roi de France n'avait déployé un luxe militaire aussi éclatant que pour la campagne de 1676. Sans doute la prise de Condé devait influer sur toutes les opérations de la campagne ; mais les préparatifs prirent de telles proportions qu'il y faut chercher autre chose qu'une pensée militaire. Le roi voulut effrayer l'Europe, l'éblouir par un éclat sans pareil. Il est permis de croire qu'avec Turenne et Condé la cour se fût montrée plus modérée.

L'armée royale était composée de cinq corps sous les ordres du maréchal de Rochefort. Le roi commandait en personne l'armée de Flandre, secondé par Monsieur et les maréchaux de Créqui, de Schomberg, d'Humières, de la Feuillade et de Lorges.

Le maréchal de Créqui investit Condé le 17 avril, et le lendemain Vauban, à la tête de neuf mille travailleurs, commença les travaux de circonvallation. Louis XIV prit le 21 le commandement des troupes, et la place capitula le 26 avril.

Pendant ce temps, Monsieur, frère du roi, mettait le siège devant Bouchain et appelait Vauban à son aide. A peine la capitulation de Condé était-elle signée, que Vauban courait aux remparts de Bouchain. Il ouvrit la tranchée dans la nuit du 6 au 7 mai, et la place fut vivement attaquée par neuf mille coups de canon tirés en quatre jours.

Dans la matinée du 11, Vauban écrivit à Louvois : « Nous sommes absolument maîtres de tous les dehors. De quelque manière que la chose tourne, j'espère, Dieu aidant, qu'avant qu'il soit vingt-quatre heures Bouchain sera au roi, ou que du moins nous aurons trois ou quatre mineurs attachés sur le corps de la place. Réjouissez-vous, Monseigneur, puisque tout va le mieux du monde, et surtout empêchez que le roi ne combatte. J'ai cinq ou six ingénieurs blessés ; ils ont tous fait des merveilles, et il ne se peut rien voir de plus vigoureux que tous ces gens-là. La lassitude et l'abattement où je suis m'empêchent de vous en dire davantage. Le régiment des fusiliers est le plus brave régiment du monde, à compter depuis le dernier soldat jusqu'au premier officier. »

Le soir du même jour, Bouchain capitula. Louis XIV adressa de vives félicitations à Vauban, qui fit observer à Sa Majesté combien il importait de remettre la place en état de défense, afin d'éviter un retour offensif de l'ennemi. Vauban eut le courage d'ajouter que les travailleurs seraient flattés si le roi daignait les encourager par sa présence ; que les sièges étaient glorieux sans doute, mais que le travail aussi avait sa gloire.

Le roi suspendit son départ, et ne s'éloigna de la place de Bouchain que lorsque les défenses furent relevées. Pendant huit jours on vit Louis XIV, accompagné de Vauban, suivre les travaux, encourager les ouvriers, s'arrêter longtemps dans les ateliers, adresser la parole aux maçons, et rentrer à son camp couvert de poussière. « C'est aussi métier de roi, » disait Vauban.

Sans prendre un jour de repos, il courut à Aire pour en diriger le siège, et fut grièvement blessé. Louvois, qui était dans le camp des assiégeants, écrivait chaque jour au roi, et ne manquait jamais de donner des nouvelles de Vauban et surtout son opinion sur le siège.

Ce fut devant Aire que commença le bombardement. Louvois écrivait à Louis XIV : « ... Je crois que Votre Majesté ne peut mieux faire que d'avoir deux compagnies de bombardiers, parce que si ces vingt mortiers pouvaient être servis continuellement, on détruirait assurément une ville en trois jours, et l'on obligerait une bourgeoisie à se révolter. »

Vauban était loin de partager de telles idées. Il pensait alors qu'il fallait détruire les défenses, attaquer les soldats, mais respecter les maisons et les habitants.

La place d'Aire se rendit le 31 juillet. Condé, Bouchain, Aire, étaient les trois places qu'avait désirées Vauban ; mais il voulait aussi Valenciennes pour former ce *pré carré,* indispensable selon lui.

Un conseil de guerre décida que le siège de Valenciennes devait être remis à la campagne suivante.

Le coup de feu qu'avait reçu Vauban au siège d'Aire exigeait des soins et un repos absolu ; mais il voulut se remettre au travail et demanda ses instructions. Louvois retarda sa réponse, et Vauban impatienté écrivit au ministre le 6 janvier 1676 : « Comme il pourrait bien arriver que vous me donniez un rôle dans la comédie que vous préparez, faites du moins que je le sache de bonne heure afin que j'aie le temps de l'étudier. Les petites pièces sont jouées; vous n'en avez plus que de grandes; c'est pourquoi il est bon que les principaux acteurs se soient de longue main préparés. »

A cette lettre Louvois ne répond pas clairement. Vauban croit, à tort sans doute, qu'il existe des secrets que le ministre ne veut pas lui confier; sa dignité en souffre, et quelque méchante humeur lui fait écrire cette lettre à Louvois : « Il ne faut pas s'attendre de me voir à Paris devant le 17 ou le 18 de ce mois de février, quelque effort que je puisse faire. Au reste, ce sera un très grand agrément pour moi d'arriver au camp avec des chevaux sur les dents et moi n'en pouvant plus, dans le temps qu'il faut entrer dans les fatigues horribles d'un siège. C'est une chose assez curieuse de voir que tout le monde sait ce que vous voulez faire, et qu'il n'y a qu'à moi qu'on en fasse un secret; apparemment que j'y dois faire un personnage inutile, et que mes avis doivent être comptés pour rien. Dieu en soit loué ! Je ferai mon devoir, mais je me donnerai bien de garde de prendre sur moi ce que j'ai fait aux autres sièges; de cela je vous en réponds. »

Vauban avait-il complètement tort d'écrire cette lettre? La forme en est rude; mais le vaillant homme qui la traçait d'une main ferme ne sentait-il pas que sa modestie était trop bien prise à la lettre? Tandis qu'autour de lui chacun cherchait à se montrer, Vauban demeurait dans l'ombre. La situation qu'il s'était faite était sans précédents; on ne pouvait pas invoquer la tradition. Il aurait donc été utile et nécessaire que Vauban, le prenant de haut avec les ministres, se fît une position très élevée, bien tranchée, et hors de toute atteinte.

Dans la vie privée, la modestie est sans inconvénient, mais l'homme public ne s'appartient pas.

On trouve dans les lettres de Louvois à Vauban une profonde estime, des sentiments affectueux, une confiance suffisante, mais cette familiarité bienveillante du supérieur pour l'inférieur. Lorsque Vauban écrit à Louvois, c'est plus que le respect; il y a une nuance d'humilité qui sied mal à un homme d'épée.

III

Comme il l'avait annoncé, Vauban se rendit à Paris vers le milieu du mois de février. Il eut de longs entretiens avec Louvois, mais ne parut pas à la cour, qui était à Saint-Germain. Les fêtes succédaient aux fêtes, et les plaisirs semblaient avoir fait oublier la guerre.

L'année 1677 ne devait cependant pas être pacifique. La campagne de 1676 avait été conçue par Louvois et Vauban. Celle de 1677 fut le développement des idées de Vauban : « conquérir en Flandre, se maintenir partout ailleurs. »

Le 6 janvier 1677, le grand ingénieur écrit de Nancy au grand ministre : « Je vous envoie une espèce de petit chiffre pour pouvoir parler un peu plus couvertement des pays que vous savez; j'attends qu'il vous plaise commencer discours là-dessus. »

Une correspondance secrète s'établit donc entre Louvois et Vauban. Le siège de Valenciennes fut décidé. Le roi, se dérobant aux plaisirs, voulut assister à l'investissement, qui était fixé au 1ᵉʳ mars. Louvois écrivit à Louis XIV : « Il fait le plus effroyable temps qu'on puisse voir, et je crains bien que Votre Majesté ne puisse faire les journées qu'elle s'est proposées. »

Malgré ce temps effroyable, le roi se mit en route, accompagné de Monsieur, des maréchaux d'Humières, de la Feuillade, de Schomberg, de Lorges et de Luxembourg. Les courtisans suivaient dans des voitures, qui demeurèrent embourbées sur les chemins. Le roi dut coucher dans son carrosse.

L'armée comptait cinquante-trois bataillons et cent trente escadrons. La ligne de circonvallation exigea neuf jours de marches et de contremarches. Vauban était heureux à la vue de cette forte place que le roi lui avait ordonné de prendre.

Le 9 mars 1677, la tranchée fut ouverte aux cris mille
fois répétés de : *Vive le roi !* Une neige épaisse obscurcis-
sait tous les horizons. Elle tombait depuis douze heures,
voltigeant dans l'air et troublant la vue. Louis XIV, enveloppé d'un manteau, marchait dans cette neige, accompagné de Vauban ; derrière eux un groupe d'officiers
suivait en silence. Le roi s'arrêtait souvent, et de sa canne
indiquait des points à l'attention de Vauban.

C'était un noble spectacle que celui de ce puissant monarque préférant les périls de la guerre aux fêtes de la
cour. C'est ainsi que la France était grande.

La place de Valenciennes était digne de l'honneur
que lui accordait Louis XIV. Le roi sourit lorsque Vauban lui dit : « Sire, il faudra donner trois assauts successifs. »

Enfin, Vauban déclara qu'il était temps d'attaquer
l'ouvrage couronné, quoiqu'il ne fût pas maître de la
contrescarpe. Contrairement à l'usage, Vauban demanda
que l'attaque se fît le jour. Les maréchaux et principaux
officiers furent d'un avis contraire, et soutinrent qu'il
fallait, en cette circonstance, n'agir que la nuit. « Mais,
s'écriait Vauban, vous préparez un effroyable désordre,
si vous lancez quatre mille hommes dans l'obscurité. »

Le roi adopta l'opinion de l'ingénieur, quoiqu'elle fût
contraire à celle des généraux.

Lorsque la vieillesse eut atteint Louis XIV, il se plai-
sait à dire que l'un des beaux jours de sa vie avait été
le 16 mars 1677.

Ce fut, en effet, une royale journée. La neige ne tombait plus, mais la terre en était couverte. Vers minuit,
Sa Majesté sortit de sa tente, et, malgré le vent glacial,
se dirigea vers une colline qui permettait d'embrasser
d'un coup d'œil une partie des fortifications et de la
ville. Les parallèles les plus rapprochées se voyaient
également.

Des colonnes d'infanterie se dirigeaient aux extrémités
de la parallèle, et se groupaient au nombre de quatre
mille hommes. A la tête des colonnes étaient les mous-

quetaires de la garde et la compagnie des grenadiers de
la maison du roi. Le privilège de ces braves gens consistait à marcher aux postes les plus périlleux.

Vers une heure du matin, le roi, ayant été salué par
ses soldats, se retira pour goûter quelque repos. Vauban
demeura toute la nuit sur pied, donnant ses instructions
et surveillant les préparatifs. Il mesurait toutes les difficultés de l'entreprise. Valenciennes était une place très
forte, dont Louvois donne la description dans une lettre
écrite le 18 mars à Courtin : « Je veux vous expliquer
quelles étaient les fortifications de la ville. L'ouvrage
couronné, que j'avais vu autrefois fort méchant et quasi
sans fossé, en a un profond de vingt-quatre pieds, une
grosse palissade dans le milieu de son fossé, et une sur
la berme que le canon ne pouvait voir. Il y avait, vis-à-
vis des deux courtines dudit ouvrage couronné, deux
demi-lunes de chacune vingt-cinq toises de face, bien
revêtues; au-devant de cela, une contrescarpe dont les
palissades avaient été déchirées du canon ; et, à tous les
angles, quantité de fourneaux. Derrière cet ouvrage couronné, il y avait une demi-lune revêtue, de plus de quarante-cinq toises de face, qui avait un fossé sec de trente
pieds de profondeur et de dix toises de large ; et ladite
demi-lune était comme enveloppée des branches de l'ouvrage couronné, en sorte que le canon ne l'avait pu en-
dommager. Derrière cela, un pâté, grand comme un
bastion raisonnable, qui avait un fossé de six à sept
toises de large, dans lequel, en rompant un batardeau,
ils pouvaient faire passer l'eau de toute leur inondation;
et entre le pâté et les remparts de la ville une écluse
qu'ils appelaient le *secret,* par laquelle on pouvait faire
passer tout le courant de l'Escaut. Le pâté est revêtu et
le rempart aussi. »

Cette description, faite par le premier ministre au moment où la place tombait au pouvoir du roi de France,
peint à merveille les mœurs de l'époque. Le goût du roi
pour les sièges et les fortifications devenait une mode
qu'encourageaient les dames de la cour. Chacun se croyait

plus ou moins ingénieur, et Vauban ne cessait d'exprimer sa méchante humeur d'entendre les financiers et les marchands parler demi-lunes et contrescarpes.

Le 17 mars, un peu avant le jour, Vauban s'assura que les deux colonnes d'assaut étaient prêtes à s'élancer. Le feu des mortiers cessa peu à peu, et le canon lui-même se tut. Les assiégés, trompés par cette immobilité, ce repos apparent, ralentirent leur surveillance.

Vauban se rendit chez le roi, afin de prendre ses derniers ordres. Sa Majesté venait de s'éveiller, et demanda son cheval favori.

Louis XIV s'arrêta sur une hauteur lorsque neuf heures sonnaient aux horloges de la ville. Puis il leva la main droite pour donner un signal. Neuf coups de canon retentirent; au neuvième, quatre mille hommes se précipitent hors des parallèles, et, escaladant le premier ouvrage, renversent tout devant eux, et font disparaître les défenseurs surpris de cet élan. La fumée est tellement épaisse, que le roi ne peut plus distinguer ce qui se passe. Un bruit formidable arrive jusqu'à lui, et les nuages de fumée ne s'élèvent plus ni du premier, ni du second, ni du troisième ouvrage, mais des remparts de la ville. Vauban, surpris lui-même, n'en croit pas ses yeux. Louis XIV reconnaît l'uniforme des mousquetaires sur les remparts; ils courent, ils volent, chassant devant eux l'ennemi affolé. « Ils sont perdus! s'écrie le roi. — Non, Sire, dit Vauban, ils prennent Valenciennes. »

« Voici, dit l'historien de Louvois, M. Camille Rousset, ce qui s'était passé. Après l'assaut, les mousquetaires, jeunes et ardents gentishommes, avaient dédaigneusement laissé aux troupes qui les suivaient le soin vulgaire de faire le logement dans l'ouvrage conquis; pour eux, ils s'étaient jetés à la poursuite des fuyards. Les grenadiers de la maison du roi, vieux soldats, ne voulurent pas abandonner ces vaillants étourdis; et les uns et les autres criant : *Tue! tue!* pointant de l'épée dans la masse confuse qui roulait devant eux, allaient au hasard à travers les accidents des fortifications, pa-

lissades, fossés, traverses, descendant, montant, tour-
nant, escaladant les ouvrages et toujours poussant au
milieu d'une foule éperdue qui grossissait à mesure,
mais sans résistance, et qui les aurait écrasés rien qu'en
se refermant sur eux; jusqu'à ce qu'enfin, ayant traversé sur des corps amoncelés un étroit et obscur passage,
ils se trouvèrent tout à coup dans la ville. »

Chargés par la cavalerie des assiégés, les mousquetaires se jetèrent dans les maisons, d'où ils firent un feu
nourri par les fenêtres; puis, profitant du désordre, ils
élevèrent des barricades au moyen de voitures renversées.
Les grenadiers chassèrent vigoureusement des remparts
les défenseurs épouvantés, et, dirigeant les canons sur
la ville, effrayèrent les habitants par un feu bien nourri.

Secourus par le maréchal de Luxembourg, qui enfonça
les portes abandonnées, les mousquetaires s'emparèrent
de tous les corps de garde.

La garnison se rendit, et les bourgeois vinrent implo-
rer la protection de Louvois; celui-ci accourut, au nom
du roi, défendre le pillage, qui, à cette époque, était un
droit acquis au soldat.

Ceci est une des pages de l'histoire de la monarchie
française. Le caractère national s'y donne carrière; il y a
là esprit et bravoure, folie peut-être, mais sublime folie.

Le visage du roi respirait le bonheur. « Oh ! dit-il, je
suis heureux de la prise de la ville, mais plus heureux
encore de voir ces braves gens. »

Vauban ne cessait de répéter : « Les mousquetaires ont
fait en une heure ce que le plus habile ingénieur n'aurait pu terminer en plusieurs mois de travaux, de calculs et de morts. » Et il ajoutait : « J'avais raison de
vouloir donner l'assaut en plein jour; la nuit nous aurions tout au plus enlevé le premier ouvrage. »

C'est depuis la prise de Valenciennes que l'assaut se
donne le jour.

Louis XIV, qui prenait ordinairement ses repas seul,
voulut avoir à sa table un mousquetaire en tenue d'assaut. A l'heure du dîner de Sa Majesté, on vit arriver

M. de Moissac, cornette à la première compagnie, qui avait pris la porte d'Anzin en traversant la ville, suivi de trois compagnons seulement. Le gentilhomme prit place près de Louis XIV, les habits déchirés, la cravate et les manchettes en lambeaux et la coiffure fort en désordre.

IV

Ce qui prouverait qu'à la guerre les audaces l'emportent parfois sur les calculs, c'est que les mousquetaires ne perdirent que trois hommes, et l'infanterie quarante.

La prise de Valenciennes augmenta le goût de Louis XIV pour les sièges. La place était tombée en son pouvoir le 17 mars. Le 22, il entourait Cambrai de ses troupes et envoyait Monsieur assiéger Saint-Omer. Il est inutile d'ajouter que le roi avait conservé près de lui Vauban, son intime conseiller en fait d'attaques.

Dans une lettre de Louvois à l'ambassadeur de France à Londres, il faut remarquer ceci : « Ayant eu à parler à Sa Majesté, je l'allai chercher... à la nuit fermée...; on me dit que le roi était sur la contrevallation, qui est, en cet endroit, fort proche de la place... J'appris que Sa Majesté était avec Vauban, à cheval, à la tête des travailleurs, où je ne jugeai pas à propos de l'aller trouver. »

On voit que la grandeur du roi ne le retenait pas au rivage ; il était à la tête des travailleurs, à la nuit fermée, en compagnie de Vauban, dont le courage ressemblait fort à la témérité.

Cambrai capitula le 3 avril. Pendant ce temps, Monsieur poursuivait le siège de Saint-Omer. Ce prince avait auprès de lui pour le conseiller, le maréchal d'Humières, auquel Louvois avait écrit : « Lorsque vous croirez qu'il sera du service du roi que Monsieur prenne quelque parti sur les choses qui se présenteront, Sa Majesté s'attend que vous le lui conseilliez avec fermeté et sans avoir aucune complaisance pour les gens qui ont l'honneur de l'approcher, qui pourraient être d'un autre avis. Je vous supplie de brûler cette lettre, et de ne témoigner à personne ce que j'ai eu ordre de vous mander à cet égard. »

Le roi, qui connaissait le caractère ombrageux, susceptible de son frère, et partant sa jalousie, se montrait cependant d'une extrême bienveillance pour Monsieur. « Les gens » qui avaient l'honneur d'approcher Monsieur, et dont Louvois se méfiait avec raison, étaient le marquis d'Effiat et le chevalier de Lorraine, qui entretenaient la mésintelligence entre le roi et Monsieur.

Le prince d'Orange, qui était en Hollande, accourut à la tête d'une nombreuse armée pour secourir les places assiégées; mais déjà Valenciennes et Cambrai étaient au pouvoir des Français. Alors le prince d'Orange prit le parti d'attaquer Monsieur devant Saint-Omer. Le roi envoya Vauban auprès de son frère, dont les conseillers ne savaient plus que faire.

L'avis de Vauban fut de laisser un certain nombre de troupes devant la place, de marcher au-devant de l'ennemi et de lui livrer bataille. Ce conseil fut suivi. La victoire de Cassel jeta sur la personne de Monsieur une certaine réputation guerrière; jamais, depuis, ce prince n'eut le commandement d'une armée. Louis XIV était-il jaloux à son tour ?

La place de Saint-Omer se rendit le 19 avril. Le 20, les troupes prenaient leurs quartiers d'hiver, tandis que le roi visitait ses places de Flandre et d'Artois.

Étant à Dunkerque, Vauban écrivait à Louvois, le 18 juillet : « Si dans très peu de temps je ne fais pas approfondir le chenal à y faire entrer des vaisseaux de quatre à cinq cents tonneaux, je veux que le roi me fasse mettre la tête sur une des balises du Havre; mais il faut, dès l'instant même, travailler aux fascinades, et que le roi fasse état d'y dépenser cent mille livres quatre ou cinq ans durant, tant pour les entretiens que pour achever ce port dans la perfection tant de fois vantée, et, en un mot, s'en assurer et l'approfondir tout à fait, aussi bien

que le canal de la fosse. Le port est d'une telle conséquence que Dunkerque, qui le doit être plus au roi
qu'une province entière, ne l'est nullement sans lui,
qui n'est rien du tout présentement. En un mot, je
suis persuadé que Sa Majesté doit tout mettre en usage
pour le faire accommoder, en dût-il prendre le fonds sur
ses menus plaisirs, voire en retrancher sa propre table.
Quant à moi, j'offre de bon cœur mes soins et un voyage
exprès s'il le faut, eussé-je la mort entre les dents. Pour
rendre un tel service, il n'est rien qu'on ne doive faire. »

Cette lettre de Vauban respire le plus pur patriotisme.
Elle est même empreinte d'une sorte de hardiesse, puisqu'il y met en question les menus plaisirs et la table du
roi.

Pendant qu'il était à Dunkerque, Vauban reçut de
Louvois l'ordre de se mettre à la disposition du maréchal
d'Humières, qui assiégeait Saint-Ghislain. Le maréchal
reçut à cette occasion cette lettre du ministre : « Sa Majesté trouve bon que vous ayez M. de Vauban avec vous ;
mais elle vous recommande fort sa conservation, et de
ne point souffrir qu'il se charge de la conduite de la tranchée, laquelle Sa Majesté désire que le chevalier de Mont-
givrault conduise avec les ingénieurs que M. de Vauban
nommera pour servir sous lui. Vous savez assez le déplaisir que Sa Majesté aurait s'il arrivait quelque inconvénient à mondit sieur de Vauban, pour qu'il soit inutile
que je vous recommande sa conservation, et de vous servir de votre autorité pour empêcher qu'il ne se commette. »

L'indiscipline était grande dans l'armée française. Pendant le siège de Saint-Ghislain, vingt-cinq cavaliers et
dix-sept dragons désertèrent en une seule journée ; le
régiment Dauphin perdit cinquante hommes en deux se-
maines. On fut obligé de faire déposer les armes, chaque
soir, dans la tente du capitaine, ce qui était un grave
péril en cas d'attaque de nuit. Toutes les armées, quoique
bien nourries, se livraient au pillage. M. de Luxembourg écrivait à Louvois : « ... Je ne sais quel esprit
s'est mis parmi les troupes, et si les cavaliers et les sol-

dats se sont imaginé qu'ils pouvaient tout faire impuné-
ment; mais, quoi qu'il en soit..., ils ont pillé des endroits où il y avait des sauvegardes, et ont ramené force
vaches et moutons dans le camp. Le prévôt a arrêté trois
cavaliers qui portaient de la viande, que j'ai fait pendre
sur-le-champ; et je ferai retenir la valeur de ce qui a
été pris sur la paye de tous les officiers de l'armée, tant
de cavalerie que d'infanterie, parce que je crois que chacun y a eu part. Voilà sept ou huit prisonniers qu'on ra-
mène de Bruxelles; ils disent qu'ils ont trouvé aujourd'hui
plus de soixante déserteurs de cavalerie et d'infanterie.
Les uns ont dit : « Nous avons été pour gagner quelque
« chose, et on est venu pour nous prendre; nous allons
« nous mettre en sûreté. » Des cavaliers de Locmaria ont
tenu un autre langage; ils ont dit : « Nous avons fait la
« guerre toute la campagne passée; nous l'avons faite
« encore tout l'hiver; le roi voudra prendre Mons le prin-
« temps prochain comme il a pris Valenciennes; nous
« aurons de la peine comme des chiens, et nous n'au-
« rons pas d'argent; nous aimons mieux en aller cher-
« cher ailleurs. » Ce dernier discours m'a déplu; j'ai
glissé quelques paroles pour le détruire, mais voilà ce
que les prisonniers m'ont rapporté. Quant à la désertion,
il vient comme cela des temps où elle est violente...; on
ne s'étonne point de ces boutades-là. »

Le prévôt chargé de la police de l'armée passant un
jour devant le front du camp, des cavaliers avaient fait
feu sur lui, et Louvois écrivait : « Il faut, s'il vous plaît,
trouver moyen d'empêcher que cela n'arrive plus »

M. d'Estrades écrivait de Nimègue qu'il était passé
deux mille déserteurs français avec plusieurs sergents et
même dix-sept officiers, lieutenants et sous-lieutenants,
« qui assuraient que le roi payait fort bien, mais que les
capitaines retenaient l'argent et rouaient de coups de bâton les soldats qui en demandaient. »

Vauban était indigné de ces désordres, qui comprome-
taient les plus sages mesures.

Le siège de Saint-Ghislain commença le 2 décembre.

Vauban écrivit le 5 à Louvois : « Le froid est horrible et nous transit tous; mais encore vaut-il mieux que la pluie, et s'il continue, je ne désespère pas de faire prendre la place d'assaut quatre jours plus tôt que nous ne ferions de toutes autres façons. »

Ces soldats si prompts à la désertion et au pillage, ces soldats que les capitaines ne payaient pas et qu'ils rouaient de coups, se battaient à merveille et supportaient les rigueurs de la saison sans se plaindre. Il est à remarquer qu'ils se conduisaient mieux dans les sièges que dans les marches en campagne. Peut-être faut-il attribuer à la présence du roi cette différence dans l'attitude des hommes; mais on peut penser aussi que le caractère de Vauban contribuait puissamment au maintien de la discipline. Toujours juste quoique ferme, veillant au bien-être de la troupe, au payement régulier de la solde, à la sage distribution du travail et du repos, aux soins hygiéniques, il était autant aimé que respecté par les soldats. Dans tous les sièges que dirigea Vauban, les pertes furent moins grandes que lorsqu'il était absent. Les gentilshommes, qui se battaient fort bravement, ne comprenaient pas tous ce que le commandement militaire a de sacré. Malgré les conseils et même les ordres de Turenne, de Vauban et de quelques autres chefs, l'officier oubliait trop souvent qu'il était, avant tout, le protecteur du soldat. Lorsque, au temps de la féodalité, le seigneur conduisait ses vassaux à la guerre, ce seigneur se montrait presque toujours humain; il n'en fut plus ainsi lorsque les mercenaires composèrent les armées, lorsque le soldat, raccolé par le sergent recruteur au prix de quelques écus, était placé sous les ordres des officiers du roi qui ne l'estimaient pas. Ce soldat ne portait pas même son nom et prenait, en arrivant sous les drapeaux, un nom de guerre : Francœur, la Grenade, Sans-Quartier...; il changeait de nom en changeant de corps, et n'avait pas d'état civil régulier.

Vauban composa plusieurs mémoires sur le recrutement. Ces travaux, extrêmement remarquables, touchent aux questions sociales et embrassent un ensemble de vues que les hommes politiques repoussaient comme dangereuses pour l'autorité royale. Les idées de Vauban se sont réalisées, mais à la suite de violentes secousses.

V

La place de Saint-Ghislain capitula le 10 décembre, et Catinat en fut nommé gouverneur. Comme Vauban, Catinat était un homme de bien. Une lettre que lui écrit Louvois, le 16 décembre, prouve que le ministre ne comptait pas sur la probité de tous les officiers. On remit à Catinat une forte somme d'argent destinée à débaucher les soldats de la garnison de Mons, et Louvois accompagne l'argent de cette lettre : « Je ne vous dis point que Sa Majesté ne confierait pas son argent à un autre que vous, étant fort persuadée que vous l'administrerez de manière qu'elle aura tout sujet de s'en louer ; je lui en répondrais bien, s'il en était besoin. Je ne vous fais point de compliment sur l'établissement que Sa Majesté vient de faire pour vous, parce que, apparemment, vous ne doutez pas que je prenne une très grande part à ce qui vous touche. »

Au commencement de l'année 1678, Louis XIV avait une armée de près de trois cent mille hommes plus forte qu'elle n'avait jamais été. Depuis 1672, la lutte était reprise pour la septième fois, et l'Europe, surprise des ressources de la France, les croyait inépuisables. Il s'en fallait cependant ; la misère était grande, et le recrutement des armées ne se faisait qu'à grand'peine.

Afin de laisser l'ennemi dans l'indécision sur ses projets, Louis XIV fit investir en même temps Ypres, Mons et Namur. Ses adversaires, pour porter secours à ces places, se divisèrent comme Vauban l'avait prévu. Pendant ce temps, le gros de l'armée française se portait sur la place de Gand, où Vauban l'avait précédé. Depuis la fin du mois de février 1678, il vivait obscurément dans un village peu éloigné de la ville, et passait ses jours à en étudier les moyens d'attaque et de défense, l'état de la garnison et l'esprit des habitants.

Lorsque le roi arriva, Vauban lui dit : « Votre Majesté n'aura pas à tirer l'épée du fourreau ; l'affaire sera simple et courte. »

En effet, la tranchée ayant été ouverte le 5 mars, la place capitula le 10.

Le récit en est bref dans les écrivains qui tracent la grande histoire ; mais le côté intime serait long à décrire, si l'on ne se bornait au principal.

Pour aller de la cour au camp, Louis XIV eut à supporter de rudes fatigues. Les carrosses ne se tiraient pas sans difficulté des profondes ornières du chemin. Les dames et les courtisans qui suivaient se plaignaient des mauvais gîtes et des repas mal servis. On allait sans savoir où. Vainement s'interrogeait-on, le soir, dans le salon improvisé de Mme de Montespan, salon où le roi venait lire ses courriers. Le voyage dura depuis le 9 février jusqu'au 4 mars. Le 27 février, le roi, étant à Stenay, se sépara des dames et monta à cheval pour terminer sa course en homme de guerre. Le 28, le roi fit d'une seule traite quatorze lieues, et se fatigua plus qu'en aucun jour de sa vie.

Lorsque Louis XIV arriva devant la place de Gand, il avait sous ses ordres Vauban d'abord, puis les maréchaux de France d'Humières, de Luxembourg, de Schomberg et de Lorges. Il est inutile de dire que tout fut fait par Vauban, et si bien fait que la prise de Gand ne coûta pas la vie à quarante hommes, et que les blessés s'élevèrent à peine à cent vingt.

La prise de Gand fait le plus grand honneur à Vauban, et cependant les historiens accordent leurs louanges au génie administratif de Louvois, qui avait tout prévu, à la grandeur de Louis XIV, devant lequel s'évanouissaient les obstacles.

Il ne faudrait cependant pas enlever à Vauban le mérite de ses conceptions. Il ne recevait d'ordres que du roi, et non des maréchaux. Nous pouvons donc supposer qu'il n'agit que d'après ses propres inspirations.

Toute l'Europe éprouva une surprise extrême, mêlée d'une crainte respectueuse, en apprenant que la place de Gand, si importante à tous les points de vue, avait été conquise en si peu de jours.

Pour mettre le comble à la surprise universelle, le roi ne fit que traverser la ville de Gand et se rendit à Ypres, qu'il investit. Vauban accompagna Sa Majesté, et déclara tout d'abord que la prise d'Ypres serait autrement difficile que celle de Gand.

Depuis le 18 mars jusqu'au 25, l'armée française eut beaucoup à souffrir pour les travaux d'approche. Le 26, les attaques de vive force commencèrent et furent couronnées d'un plein succès. La compagnie des grenadiers à cheval connue sous le nom des Riotors, du nom de son capitaine, y perdit le tiers de son effectif, et M. de Riotor lui-même fut tué un des premiers. Les mousquetaires se distinguèrent aussi, car la maison du roi tenait à ses privilèges, qui consistaient à monter à l'assaut en avant des autres corps.

Le 25, au point du jour, la garnison capitula et le défilé se fit devant le roi, qui salua les six cents blessés, auxquels Vauban fit distribuer des vivres et des secours.

Il n'était pas d'usage, à cette époque, de faire les garnisons prisonnières. Vauban pensait qu'en leur laissant la liberté on les disposait aux capitulations; mais, d'un autre côté, les soldats, après avoir défendu une place, se jetaient dans une autre et capitulaient plusieurs fois en une seule campagne.

Quoique la prise d'Ypres eût été plus difficile que celle de Gand, l'Europe en fut moins étonnée. Mais ces deux conquêtes si promptes jetèrent la consternation parmi les ennemis de la France, qui comprirent que toute lutte devenait impossible avec Louis XIV.

Satisfait de ses succès, le roi retourna à Saint-Germain, après avoir confié le commandement de l'armée au maréchal de Luxembourg. Louvois, accompagné de

Vauban, alla visiter Gand, Oudenarde, Condé, Saint-Ghislain, Valenciennes et Cambrai.

Réunis à Nimègue, les diplomates songeaient à la paix, dont les conditions n'étaient pas faciles à établir. Elle se fit cependant, mais Louis XIV dut rendre un certain nombre de places : Courtrai, Oudenarde, Ath, Charleroi, Binch, Saint-Ghislain, Gand, Leuw, Limbourg.

La France conservait Saint-Omer, Cassel, Aire, Bailleul, Ypres, Werwick, Cambrai, Bouchain, Valenciennes, Condé, Bavay, Maubeuge et la Franche-Comté.

Avant de rendre certaines places, Louvois eut la pensée de les ruiner. Il donna aux gouverneurs des places, mais fort secrètement, l'ordre de détruire les fortifications, et il écrivit à Vauban, le 27 juin : « Voir comment l'on pourrait dégrader et détériorer les plus essentielles fortifications de Courtrai, Oudenarde et Ath, sans que l'on puisse se plaindre que l'on rase ces places. Sa Majesté croirait que, pour cet effet, il faudrait gâter les batardeaux de Courtrai, ceux d'Oudenarde et les radiers; on ferait ensuite jouer de manière à ce que les eaux les achevassent de ruiner. Sa Majesté estimerait que la même chose se pourrait faire à Ath. Mais vous jugerez bien que tout cela se doit faire assez délicatement pour que l'on ne puisse point en avoir de reproches bien fondés. C'est ce qu'elle se promet de votre industrie, et sur quoi elle attend de vos nouvelles, après que vous aurez passé dans chacune de ces places. »

La probité de Vauban, son honneur personnel, ne lui permirent pas de s'associer à une telle mesure. Il répondit : « Ce que j'ai fait de mieux est d'avoir reconnu les endroits par où nous pourrons rentrer dans ces places, en faisant de bons plans et des mémoires de leur attaque qui, étant un jour bien suivis, vaudront moitié besogne faite, et nous conduiront à leur prise en toute sûreté. C'est de quoi vous aurez amples copies quand elles seront faites, mais qu'il faudra garder comme la prunelle de l'œil et comme un trésor inestimable. » Cette lettre du 26 juillet prouve non seulement la délicatesse des sentiments de Vauban, mais aussi l'importance qu'il attachait à ces fortifications, œuvres de son génie.

Au reste, ce qu'avait proposé Louvois était dans les
mœurs de cette époque; car ceux auxquels le roi de
France livrait ces places, que les gouverneurs mutilèrent
par ordre du ministre, ne présentèrent aucune observation.

La paix de Nimègue fut signée le 10 août 1678, avec
la Hollande, et le 17 septembre de la même année avec
l'Espagne, qui céda la Franche-Comté et partie de la
Flandre.

Pendant cette même année 1678, le chevalier de Clerville, commissaire général des fortifications, mourut
presque oublié, et Vauban fut nommé à cette charge importante, dont il remplissait les fonctions. Cette charge
était fort lucrative; le traitement, de quinze mille six
cents livres, auquel s'ajoutaient les frais de tournée de
huit mille à vingt-quatre mille livres, représentait une
somme que peu de fonctionnaires touchent de nos jours.
Il faut reconnaître que le travail de Vauban était incessant. Aux études du cabinet succédaient de longs et pénibles voyages, sans compter les fatigues des sièges.

L'attention de Vauban s'était portée sur trois places
qu'il voulait fortifier d'une façon particulière : Metz, Toul
et Verdun. La première de ces places surtout le préoccupait depuis deux ans, et il y fit plusieurs voyages. Les
mémoires présentés au roi par Colbert obtinrent l'approbation de Sa Majesté, qui accorda les trois cent mille
livres demandées pour Metz, cent mille pour Toul et cinquante mille pour Verdun. Ces sommes furent bientôt
augmentées de quatre cent six mille quatre cent vingt
livres pour Metz, trois cent soixante-dix-huit mille trois
cent dix pour Verdun, et cent quarante-six mille six cent
soixante-dix pour Toul.

Le chevalier de Clerville avait présenté un plan pour
la reconstruction de l'arsenal et des fortifications de
Toulon. Ce plan parut mesquin à Colbert, qui dit : « Nous
ne sommes pas en un règne de petites choses, et il est
impossible d'imaginer rien de trop grand... »

4*

Après la mort du chevalier de Clerville, Vauban eut l'ordre de se rendre à Toulon et d'y étudier un nouveau projet. Il est frappé de l'importance de Toulon et s'empresse d'écrire à Colbert : « Il ne faut pas, Monseigneur, que la grandeur de l'entreprise ni la dépense de l'ouvrage vous rebutent, puisqu'il s'agit du plus beau port de l'Europe, situé dans la meilleure rade, d'autant qu'il ne contient en soi rien de difficile ni d'embrouillé, et, à l'égard de la dépense, je pourrais vous dire, et peut-être bien prouver, que c'est mettre de l'argent à intérêt et rien de plus. Et, après tout, quelle satisfaction ne sera-ce point au roi de pouvoir serrer tous ses vaisseaux dans un port sous la clef, et les y charger et décharger à plaisir, sans être réduit à toutes les longues manœuvres qu'on est obligé d'y faire présentement ! J'espère même y ajouter quelque chose d'excellent de plus, et trouver moyen d'y faire des quais contre lesquels le *Royal-Louis* viendra toucher du côté, moyennant quoi les canons, câbles, ancres, etc., pourront se charger et décharger de la première main, avec un cran, sans passer par les pontons, etc... »

Après avoir lu le rapport de Vauban, le ministre Colbert écrivit à l'intendant de la marine à Toulon : « ... Sa Majesté approuve tout ce que le sieur de Vauban propose pour la nouvelle enceinte. Elle n'a encore rien vu de mieux pensé sur ce sujet, ni qui l'ait si fort satisfaite. »

Vauban se mit à l'œuvre, et le port de Toulon, tel qu'il est aujourd'hui, est sorti des mains du commissaire général des fortifications.

Quoiqu'il eût fixé sa résidence à Toulon pour suivre jour par jour les travaux confiés à l'ingénieur Niquet, Vauban entreprenait souvent des voyages. C'est ainsi qu'il se rendit à Strasbourg, dont la France s'était emparée en 1681. Cette conquête, on le sait, se fit par surprise ; mais, dans le cas où un siège eût été nécessaire, Vauban devait le diriger. Il existe au dépôt de la guerre un précieux autographe de Louis XIV, qui est une lettre à Vauban pour l'engager à se rendre secrètement à Strasbourg : « 10 septembre 1681. Ce mot est pour vous dire qu'il n'y a rien de changé au projet qui vous a été confié, et vous recommander surtout de régler de manière, ce que vous direz chez vous en partant, que l'on ne puisse point mander ici que vous ayez pris la route que vous devez suivre véritablement. Il se fait assez publiquement des préparatifs en Dauphiné pour une entreprise en Italie : vous pourrez dire que vous allez gagner Lyon. Comme il suffit que vous arriviez le 4 du mois prochain au lieu que vous savez, partez plus tard que vous pourrez, et réglez votre marche de manière que vous ne passiez pas dans les grandes villes, et que vous ne passiez et logiez que dans des lieux peu fréquentés. Je vous envoie une carte qui pourra servir à diriger votre chemin selon ce qui est marqué ci-dessus, et les communautés d'Alsace vous fourniront des chevaux de relais où vous leur en demanderez, moyennant quoi, arrivant à Belfort le 1er ou le 2 du mois d'octobre, vous ne sauriez manquer de vous rendre en deux petits jours au lieu que vous savez. »

Lorsque Strasbourg appartint à la France, Vauban s'y rendit pour augmenter les défenses de la place et y créer les établissements nécessaires. Un mémoire très étendu fut envoyé par Vauban. Ce mémoire, approuvé par Louis XIV, contient près de deux cents articles. Ce que conseillait Vauban fut exécuté en partie.

Il traversait la France à cheval, allant de Toulon à Strasbourg, marchant à petites journées, écrivant jusqu'à minuit. Il s'écartait de sa route pour visiter les places ; c'est ainsi que, dans un de ses voyages, il se rendit à Casal pour améliorer les fortifications. Le célèbre ingénieur emportait dans cette ville un plan qu'avait tracé Catinat, qui n'était pas encore lieutenant général. Ces deux hommes, dignes de se comprendre, éprouvaient l'un pour l'autre une vive sympathie. Catinat avait accompagné l'envoi de son plan de ce simple billet : « S'il entre du sens réprouvé dans mes plans, faites-moi une correction en maître, et, par charité pour votre disciple, supprimez tout ce papier barbouillé. »

Le plan de Catinat fut presque entièrement approuvé par Vauban.

Ce fut l'époque où la France devint forte, et nul n'y contribua autant que notre grand ingénieur. Il construisit Landau et Huningue, pour fermer l'Alsace; Bitche et Phalsbourg, pour défendre les défilés des Vosges; Sarrelouis, pour protéger les passages de la Sarre. Il entoura Metz, Lille, Valenciennes et autres places, de fortifications et de citadelles formidables. Il coordonna entre elles ces places qui, au nord, formaient autour du royaume une triple ligne de murailles. Il détermina la force de chaque garnison, construisit de vastes casernes et des arsenaux. En même temps il creusait ou perfectionnait les ports de Toulon, de Brest et de Rochefort.

Les travaux de Dunkerque furent repris en 1671, et le roi vint, accompagné de Vauban, visiter les trente mille hommes employés à ces gigantesques travaux. Cette nombreuse armée d'ouvriers obéissait à Vauban, qui y entretenait un ordre parfait. La discipline était sévère, mais paternelle.

« A quatre heures du matin, dit Georges Michel, le meilleur historien de Vauban, un coup de canon annonçait le réveil; à ce signal, dix mille hommes prenaient les armes, marchaient en ordre de bataille jusqu'aux chantiers, où ils posaient leurs armes pour prendre des outils. A neuf heures, un autre coup de canon leur faisait quitter le travail pour retourner au camp; dix mille autres revenaient dans le même ordre et quittaient à un troisième coup de canon, vers les quatre heures de l'après-midi; les dix mille restant travaillaient jusqu'à huit heures du soir. Ainsi, ces trente mille hommes, dirigés par leurs officiers et animés par la présence du roi, qui montait à cheval régulièrement deux fois par jour, travaillèrent avec tant de diligence dans le courant de l'été que les travaux furent portés à un point d'avancement bien supérieur à celui que l'on pouvait espérer. »

Cependant, huit ans après, les travaux n'étaient pas encore terminés, tant l'entreprise était gigantesque.

On trouve dans la correspondance de Colbert une lettre adressée à Vauban au mois de mai 1678, et renfermant ce passage : « ... Dans le temps que vous serez à Dunkerque ou prêt à en partir, j'estime qu'il serait bien nécessaire que vous fissiez un voyage à Calais, pour voir si vos dessins et vos mémoires sont bien exécutés, si les travaux sont solides et les prix d'ouvrages raisonnables.

« Je vous prie aussi, toutes les fois que vous vous trouverez dans des villes maritimes, d'examiner les moyens de bonifier leurs ports et d'en faire de nouveaux, capables de recevoir de plus grands vaisseaux que ceux qui y rentrent d'ordinaire ; et, comme vous êtes informé que le roi n'a presque aucun port dans la Manche pour y recevoir des vaisseaux, vous jugerez facilement l'avantage que vous procurerez à son service et à sa gloire de lui en donner quelques-uns. »

On ignore assez généralement la part que prit Vauban à la construction ou à l'amélioration des ports.

Mais ce que l'on ignore surtout, est le grand service que rendit Vauban lorsqu'il détruisit un préjugé déplorable. Avant lui, le travail des terres et des constructions était considéré comme dégradant. Les généraux devaient prendre des paysans chèrement payés pour creuser le moindre fossé. Les soldats eussent cru se déshonorer en maniant une pioche ; les officiers entretenaient cette croyance avec le plus grand soin dans l'intérêt de leur repos. Vauban eut la force et le courage de détruire ce préjugé, il parvint à mettre le travail manuel en honneur. Depuis cette époque, combien de grandes œuvres n'ont-elles pas été accomplies par les armées !

Vauban n'eut pas à rappeler les légions romaines, mais à donner l'exemple, à payer largement et à conduire souvent le roi au milieu des travailleurs.

VI

Un officier du génie des plus distingués, le colonel Allent, a fait un relevé des principaux travaux de Vauban ; mais ce relevé est encore incomplet, car il passe sous silence une grande quantité de mémoires formant de véritables volumes et rédigés par Vauban après de minutieuses recherches.

Contentons-nous cependant de ce qu'a dit le colonel Allent.

Sièges. Guerre de Trente ans. — Siège de Sainte-Menehould par les Espagnols, en 1652 ; siège de Sainte-Menehould par les Français, en 1653 ; de Stenay et de Clermont, en 1654 ; de Landrecies, de Condé et de Saint-Ghislain, en 1655 ; de Valenciennes, en 1656 ; de Montmédy, en 1657 ; de Gravelines, d'Oudenarde et d'Ypres, en 1658. Vauban fut blessé à Stenay et à Valenciennes, et reçut trois blessures à Montmédy. Le siège de Gravelines est le premier qu'il ait conduit en chef.

Guerre de 1667. — Sièges de Lille et de Douai, en 1667 ; il fut blessé à Douai.

Aucun document ne prouve que Vauban fut employé aux sièges de Tournai, d'Oudenarde et d'Alost. Cependant il faisait partie de l'armée du roi, ce qui doit faire supposer qu'il ne demeura pas dans les rangs de son régiment.

Guerre de 1672. — Sièges d'Orsoy, Rhinberg, Nimègue et autres places de Hollande, en 1672 ; de Maestricht et de Trèves, en 1673 ; de Besançon et d'autres places de Franche-Comté, en 1674 ; de Dinan, Huy et Limbourg, en 1675 ; de Condé, Bouchain et Aire, en 1676 ; de Valenciennes, Cambrai et Saint-Ghislain, en 1677 ; de Gand et d'Ypres, en 1678. Vauban fut de nouveau blessé à Aire. A Maestricht, il fit pour la première fois usage des parallèles, qui n'étaient pas employées dans l'armée française.

Défense d'Oudenarde, en 1674. C'est la seule place défendue par Vauban. La résistance fut admirable, et donna à Condé le temps de faire lever le siège.

Guerre de 1683. — Siège de Courtrai, en 1683; de Luxembourg, en 1684. A ce siège, Vauban perfectionna les sapes et toutes les approches.

Guerre de 1688. — Sièges de Philippsbourg, Manheim, Frankenthal, en 1688; de Mons, en 1691; de Namur, en 1692; de Charleroi, en 1693; d'Ath, en 1697. Vauban invente le ricochet à Philippsbourg; il perfectionne toutes les nouvelles méthodes devant Ath. Il est blessé de nouveau.

Guerre de la Succession. — Siège de Brisach, en 1703.

Places neuves. — Paix des Pyrénées. — Citadelle et forts extérieurs. Dunkerque fut l'ouvrage de la vie entière de Vauban ; il y travailla un an avant sa mort. Les travaux, commencés en 1661, embrassèrent les fortifications, le port, les forts extérieurs et le camp retranché construit par Vauban, en 1706.

Paix d'Aix-la-Chapelle. — Charleroi, Ath, la citadelle de Lille, la citadelle d'Arras, le fort de Kenoque, la citadelle de Turin, l'agrandissement de cette place, Verrue et Verceil presque entiers.

Ces dernières places furent construites sur les dessins donnés par Vauban au duc de Savoie, dans le voyage qu'il fit en Piémont avec Louvois. Le duc de Savoie, pour témoigner sa reconnaissance à Vauban, lui donna son portrait enrichi de diamants.

Paix de Nimègue. — Maubeuge, Longwy, Sarrelouis, Phalsbourg, citadelle de Strasbourg, Kehl, ville neuve de Brisach (qu'il ne faut pas confondre avec Neuf-Brisach, construit après la paix de Ryswick), forts de Fribourg, Belfort, Huningue, port de Toulon, citadelle de Perpignan, Mont-Louis, Port-Vendre, fort d'Andaye, Saint-Martin-de-Ré, port de Rochefort, port de Brest, citadelle de Belle-Isle, fort Nieulais de Calais.

Paix de Ratisbonne. — Mont-Royal, Landau, Fort-Louis du Rhin.

Paix de Ryswick. — Mont-Dauphin, Briançon, les Givets, Neuf-Brisach.

Les places des Alpes furent projetées pendant la guerre, après l'invasion de 1692.

Nous avons anticipé sur les événements principaux de la vie de Vauban ; mais il fallait présenter l'ensemble de ses travaux pour faire connaître ce grand homme. Après deux siècles, on ne peut voyager en France sans trouver chaque jour une œuvre de Vauban. On ne comprend pas sans peine comment une vie d'homme a pu suffire à de tels travaux ; mais ce qui est plus surprenant encore, c'est de voir nos modernes ingénieurs suivre exactement les règles tracées par Vauban. Il avait donc atteint la perfection ; ou bien, depuis sa mort, les progrès ont cessé.

Vauban n'était pas seulement l'architecte militaire par excellence, le preneur de villes infaillible, mais il se préoccupait de l'organisation de l'armée, de son recrutement, de son armement. Il ne se bornait pas à créer des retranchements, mais il voulait qu'ils fussent défendus ou attaqués dans les meilleures conditions possibles. En un mot, Vauban n'était pas seulement ingénieur, mais capitaine.

Il contribua plus que personne à remplacer le mousquet par le fusil, la pique par la baïonnette. Ce ne fut pas sans peine, car Louvois tenait au mousquet et repoussait le fusil. Quelques capitaines ayant adopté cette dernière arme, plus légère, plus meurtrière et d'un usage plus facile, Louvois écrivit au marquis de Pradel : « Le roi ne veut point que, sous quelque prétexte que ce puisse être, l'on paye un soldat qui ne sera pas armé d'un mousquet ou d'une pique, c'est-à-dire que l'intention de Sa Majesté est d'abolir entièrement l'usage des fusils. »

Vauban, qui avait reconnu les inconvénients du mousquet en usage dans les troupes, inventa, en 1671, un mousquet à double platine. Présentée au roi, cette arme dut être mise en essai, mais l'administration ne s'occupa même point de l'invention, qui était un perfectionnement.

Sans se décourager d'une aussi regrettable indifférence, Vauban fit confectionner en 1686 un mousquet-fusil, que Louvois ne voulut pas adopter la veille d'une entrée en campagne.

A la bataille de Steinkerque, les soldats français jetèrent leurs mousquets pour s'armer des fusils de l'ennemi. Cette circonstance attira l'attention du roi, qui écrivit au maréchal de Luxembourg, le 12 août 1692, cette lettre, conservée dans les mémoires de Louis XIV :

« Le comte de Luxe m'a parlé longtemps sur les mousquets et sur les fusils de mes troupes, et m'a assuré que le feu ne s'est soutenu que par les fusiliers, et que les nouveaux soldats ne pouvaient quasi se servir de mousquets. Le gros feu des ennemis pourrait bien venir de ce qu'ils ont beaucoup plus de fusils que de mousquets ; examinez ce que vous croyez qui serait le plus utile pour le bien de mon service, ou de faire que mon infanterie soit toute armée de fusils, ou de la laisser comme elle est. Parlez-en aux vieux officiers et me dites ce qu'ils croiront qui serait le plus utile.

« Le comte de Luxe m'a dit aussi que la plupart des piquiers ont jeté leurs piques et pris des fusils des ennemis. Si vous croyez qu'il soit bon d'en donner à mon infanterie, mandez-le-moi, et j'ordonnerai aussitôt qu'on en distribue la quantité que vous en demanderez. »

Louis XIV était donc disposé à remplacer le mousquet et la pique par le fusil. Cependant douze années s'écoulèrent avant l'adoption du fusil. Vingt-cinq ans suffirent à peine pour que la pique fût remplacée par la baïonnette.

Il existe au dépôt de la guerre une lettre de Louvois à Vauban, dans laquelle le ministre demande à l'ingénieur son avis sur la pique. Vauban pense qu'il faut remplacer la pique par la baïonnette, et lui-même invente la baïonnette à douille, c'est-à-dire celle qui se place, non dans le canon, mais à son extrémité, en s'enroulant sans empêcher le tir. Cette baïonnette est encore en usage dans toutes les armées de l'Europe.

VII

La suspension des hostilités cessait au mois d'août 1683.
Dès le mois suivant, le maréchal d'Humières, à la tête de
quarante mille hommes, envahit la Flandre et le Bra-
bant. Vauban eut l'ordre de se rendre auprès du maréchal d'Humières, qui mit le siège devant Courtrai. La
place se rendit deux jours après, et la citadelle ne tint
que pendant quelques heures.

Le roi, en envoyant Vauban auprès de M. d'Humières,
avait fait écrire au maréchal que Vauban lui était particulièrement recommandé, et qu'il devait veiller sans cesse à
sa conservation. Le maréchal d'Humières répondit à Louvois le 5 novembre : « Je n'ai jamais pu empêcher M. de
Vauban d'aller dans la ville (pendant l'attaque de la citadelle); il m'a promis positivement qu'il ne bougerait de
son logis, où il se ferait rendre compte par ses ingénieurs
de ce qui se passerait. J'ai même chargé M. le marquis
d'Huxelles de ne le point quitter et de l'empêcher d'approcher de la citadelle. Nous avons pensé nous brouiller
là-dessus ; vous savez qu'on ne le gouverne pas comme
on voudrait ; et si quelqu'un mérite d'être grondé, je
vous assure que ce n'est pas moi. »

Avant d'entreprendre la campagne de 1684, Louvois
voulait intimider les Espagnols en bombardant quelques
villes flamandes. Il demanda l'avis de Vauban, qui, d'a-
près sa propre expression, n'aimait pas la *bombarderie*. Il
l'avait même désapprouvée l'année précédente, lorsque
Duquesne avait bombardé Alger. Dans un siège il admettait la bombe éclatant dans les ouvrages au milieu des
défenseurs ; mais il pensait que l'humanité s'opposait à
ce que l'on détruisît les monuments et les maisons d'une
ville en tuant les habitants paisibles, les femmes et les
enfants. « Ces sortes d'expéditions, disait-il à Louvois,
que je n'approuve pas autrement, à cause des retours
qu'elles peuvent avoir, ne sont bien praticables que dans

les saisons qu'on peut tenir la campagne et quand on peut les exécuter comme en passant; non qu'il y ait de l'impossibilité à le pouvoir faire présentement, mais c'est que le dommage en surpassera tellement le profit que je ne vois pas de raison qui nous doive obliger de les tenter. »

Vauban préserva pour quelques mois les villes de Flandre menacées de bombardement. Mais le maréchal d'Humières, le marquis de Boufflers et M. de Montal mirent le plat pays au pillage jusqu'aux portes de Bruxelles. Louvois n'abandonna pas son projet de bombardement, et donna au maréchal de Créqui l'ordre de brûler la ville de Luxembourg. Du 22 au 26 décembre, trois à quatre mille bombes tombèrent dans la ville.

Avant de commencer la campagne de 1684, le roi de France ne savait quels ennemis il aurait à combattre. Il prit enfin la résolution d'assiéger Luxembourg, et réunit sous ses murs une armée formidable, commandée par le maréchal de Créqui. Cette armée se composait de trente-quatre bataillons d'infanterie, huit mille cavaliers, un parc considérable d'artillerie et de tous les approvisionnements nécessaires. Vauban dirigeait le siège, ayant sous ses ordres soixante ingénieurs. Louvois adressa le 1er avril 1684 les instructions du roi à Créqui : « Sa Majesté recommande audit sieur maréchal de donner au sieur de Vauban tout le temps nécessaire pour la conduite des travaux qui seront à faire pour la réduction de cette place, en sorte qu'elle se puisse faire avec le moins de perte qu'il se pourra. Elle recommande aussi audit sieur maréchal de donner de tels ordres que l'on empêche que le sieur de Vauban ne s'expose inutilement. »

La conservation des jours de Vauban est la principale préoccupation de Louis XIV et de Louvois. Le roi et le ministre pensent que la mort de Vauban mettrait un terme fatal aux succès de cette guerre de sièges.

Cependant Vauban avait formé de grands ingénieurs, parmi lesquels il faut citer Niquet, de Choisy, Lapara, Jacques de Mégrigny, Louis Filley, Ferry, Delacour, Lozière-Dastien, tous fort capables, et qui construisaient des places et dirigeaient des sièges. Mais Vauban, leur maître, les dominait par son génie créateur.

On pourrait dire que l'on naît général et que l'on devient ingénieur. C'est ce qui explique pourquoi Turenne n'a pas formé d'élèves, tandis que Vauban en a fait un grand nombre, qui, à leur tour, sont devenus des maîtres. L'influence de Vauban se fit sentir quelques années encore après sa mort; mais peu à peu les inventions cessèrent, et les ingénieurs se bornèrent à imiter les œuvres du maître.

Les célèbres ingénieurs du règne de Louis XIV sortaient tous des troupes. Officiers d'infanterie ou de cavalerie, ils étaient, en quelque sorte, entraînés par leur génie particulier vers l'architecture militaire. Depuis, un corps spécial a été formé, et quel qu'ait été le mérite des officiers du génie, ils ne se sont pas élevés à la hauteur des élèves de Vauban. Dira-t-on que ce grand homme avait atteint la perfection, et qu'après lui il n'y avait plus de progrès possibles?

Cependant la tactique, la stratégie, l'armement, ont fait d'immenses progrès, tandis que les fortifications permanentes et passagères demeuraient stationnaires. Metz et Strasbourg étaient sorties des mains de Vauban aussi formidables, sinon plus, qu'à l'heure où elles ont disparu de la carte de France.

Vauban était né général d'armée. Lorsqu'il assiégeait une place, son regard n'embrassait pas seulement les ouvrages en pierre ou en terre; il étudiait la force relative de la garnison assiégée et des troupes assiégeantes; il combinait les mouvements tactiques avec les ouvrages, connaissait la résistance de ceux-ci et la puissance de ceux-là, s'inquiétait des armées de secours, était le maître absolu de l'artillerie, et non son auxiliaire ou son rival. Il fallait une supériorité réelle pour ne pas froisser l'amour-propre du général en chef, pour laisser à Louvois toutes les apparences du commandement, pour ordonner en ayant l'air d'obéir, enfin pour se faire aimer et admirer de Louis XIV sans être son courtisan.

Le roi de France avait dans ses armées deux hommes de génie, Turenne et Vauban.

Le premier, grand stratégiste, tacticien sans pareil, remportait de glorieuses victoires; le second, grand ingénieur, s'emparait des villes assiégées. Louis XIV, qui voulait contribuer de sa personne à la grandeur de son royaume, ne se plaça point près de Turenne, mais de Vauban. On ne vit point le roi sur les champs de bataille; il préféra les sièges, et honora de sa présence les tranchées et les assauts.

Ce fut peut-être un malheur. Les campagnes de guerre eussent élargi les frontières de la France, tandis que la prise d'une place n'était qu'un pas en avant, suivi d'une halte et souvent même de deux pas en arrière.

Le roi, dit-on, aimait les pompes théâtrales que permettent les sièges. Il conduisait sa cour non loin des remparts et lui faisait admirer la puissance de son épée. Cette raison n'est pas la vraie. Louis XIV, esprit calculateur et positif, avait appris les règles d'un siège; il n'eût pu apprendre la grande guerre, qui ne s'apprend pas. Près de Vauban, il donnait son avis; près de Turenne, il eût fallu garder le silence. Le roi était assez grand pour mesurer l'immensité d'une campagne de guerre, et savoir que les soudaines illuminations sont rares, même pour les têtes couronnées. En ne prenant pas le commandement de ses armées en campagne, Louis XIV donna un sage exemple aux souverains. Les sièges lui permirent de prouver son courage, et nul ne le vit au-dessous de sa dignité royale. Si Vauban lui était précieux, c'est qu'il permettait au monarque de figurer glorieusement dans des actions de guerre, en y tenant une place sérieuse, la place d'un véritable officier général.

Le siège de Luxembourg devait attirer les regards de l'Europe, qui considérait cette place comme imprenable. Qu'on s'imagine un immense rocher couvert d'ouvrages parfaitement combinés. Le maréchal de Créqui employa quinze jours pour achever sa ligne de circonvallation. La tranchée fut ouverte le 8 mai 1684, et Vauban écrivit à

Louvois : « J'aurai l'honneur de vous rendre compte tout
le plus souvent que je pourrai, mais non pas tous les
jours, car il m'est impossible de vous faire tous les jours
un plan, quelque mal griffonné qu'il puisse être. D'ailleurs, je vais entrer dans des occupations violentes et
continues qui ne me permettront pas grande écriture. »

La première lettre de Vauban à Louvois est celle-ci :
« 8 mai. Ce soir nous ouvrirons la tranchée par quatre
endroits différents, ce qui, joint à la situation de la garde
de cavalerie, fera une espèce de contrevallation à la place
qui les réduira tout d'un coup à ne pouvoir pas mettre le
nez hors de la contrescarpe. Dans trois ou quatre jours,
j'espère que nous serons maîtres de la ville basse, moyennant quoi il n'y aura plus que les oiseaux du ciel qui
pourront y entrer et sortir ; et tous seront enfermés et
amoncelés dans la ville haute, où nous les écraserons à
plaisir. Toutes les batteries ensemble contiendront trente-
cinq à trente-six pièces de canon, avec lesquelles nous
ferons un terrible ravage. La disposition est la plus belle
que j'aie faite de ma vie ; les ingénieurs sont tous instruits, et les troupes savent ce qu'elles ont à faire... Les
ingénieurs qui sont ici s'attendent que vous aurez la
bonté de leur faire payer le mois d'avril ; de ma part, je
vous supplie très humblement de le faire, parce qu'ils
sont d'une gueuserie qui n'est pas croyable. »

Louvois, impatient comme ceux qui attendent sans travailler aux entreprises, demande à Vauban l'époque de la
conquête définitive. Celui-ci répond : « Quand je verrai
jour à pouvoir vous faire des pronostics sur l'avenir avec
quelque apparence de certitude, je ne manquerai pas de
le faire ; mais trouvez bon que je ne m'érige pas en
mauvais astrologue. Il y a de certains événements dont
Dieu seul sait le succès et le temps qu'ils doivent arriver.
C'est aux hommes à y apporter tout ce qu'ils savent de
mieux pour les faire réussir, comme je ferai, Dieu aidant. »

Suivant son habitude, Vauban s'exposait chaque jour
comme un simple soldat. Le maréchal de Créqui écrivait

à Louvois; « Un de mes principaux objets, c'est de ménager M. de Vauban et de le contenir; mais je ne le fixe pas autant qu'il serait à désirer; il m'a pourtant promis fort sérieusement qu'il ne s'attacherait qu'au nécessaire', retranchant tout le reste. »

De son côté, Louvois adressait à Vauban ces pressantes recommandations : « Conservez-vous mieux que vous n'avez fait par le passé, l'emploi que vous avez vous obligeant assez à vous exposer, sans que vous vous amusiez à carabiner de dessus des cavaliers. »

La place capitula le 3 juin, et Vauban, qui s'était surpassé, écrivit à Louvois : « Voici enfin ce terrible Luxembourg réduit au point que vous désiriez; je m'en réjouis de tout mon cœur, pour le grand bien qui en reviendra au service du roi. C'est la plus belle et glorieuse conquête qu'il ait jamais faite en sa vie, et celle qui lui assure le mieux ses affaires de tous côtés. » Louvois s'empresse de répondre : « J'ai appris, avec toute la joie possible, que Luxembourg soit soumis à l'obéissance du roi et que vous vous portiez bien. Cette conquête me paraît d'un prix inestimable pour la gloire du roi et pour l'avantage de ses sujets; il me paraît que Sa Majesté la connaît telle qu'elle est, et je lui ai vu une joie sensible quand Sa Majesté a appris la fin du siège sans qu'il vous fût arrivé d'accident. La satisfaction que Sa Majesté a du service que vous lui venez de rendre, l'a portée à vous donner trois mille pistoles par gratification... »

Vauban, qui n'était que maréchal de camp, eût préféré le grade de lieutenant général à la récompense pécuniaire. Son ambition n'était pas trop grande; mais, ayant élevé si haut la charge de commissaire général des fortifications, il aurait voulu que le grade fût en rapport avec la fonction, afin surtout de grandir tous les ingénieurs de l'armée.

Au lieu de se plaindre ou de prendre le rôle de solliciteur, Vauban écrivit fort spirituellement au ministre Louvois : « Je ne sais, Monseigneur, comme quoi le monde l'entend; mais je me trouve obligé de vous demander

justice sur une forfanterie que l'on me fait depuis le siège
de Luxembourg, et dont je ne peux arrêter le cours. On
m'écrit de toutes parts pour me féliciter, dit-on, sur ce
que le roi a eu la bonté de me faire lieutenant général ;
même on l'imprime dans les gazettes de Hollande et le
Journal historique de Wœrden ; cependant ceux qui le
doivent mieux savoir n'en mandent rien. Faites donc,
s'il vous plaît, Monseigneur, ou qu'on me rende le port
de quatre-vingts ou cent lettres que j'en ai payé, ou
que tant de gens de bien n'en soient point dédits, en pro-
curant auprès de Sa Majesté que je le sois effectivement.
Vous ne devez point appréhender les conséquences ; je
n'en ferai aucune, et le roi n'en sera pas moins servi à
sa mode. Tout le changement que cela produira est que
j'en renouvellerai de jambes, et toute la suite que j'en
attends est un peu d'encens chez la postérité, et puis c'est
tout. Au reste, si vous doutiez de ce que j'ai l'honneur
de vous mander, je vous enverrais toutes mes lettres, car
il ne m'en manque pas une. »

Louvois fit une réponse évasive, sachant que le roi ne
voulait point nommer Vauban lieutenant général : « ... Je
ne réponds point au surplus de ce que vous m'écrivez,
pour ne vous pas mander quelque chose qui vous déplaise.
Je vous dirai seulement, par l'amitié que j'ai pour vous,
qu'il faut regarder derrière soi, et que, pour peu que vous
y fassiez réflexion, vous aurez sujet d'être content des
grâces que Sa Majesté vous a faites, et que vous devez
attendre avec patience et soumission celles que vous lui
demandez. »

Vauban se soumit respectueusement, et ne parvint au
grade de lieutenant général que quatre ans après, en 1688.

Cependant le roi aimait Vauban et l'estimait autant
qu'il le méritait. Mais il existait encore dans l'armée et
dans le monde un préjugé redoutable. L'architecture était
considérée comme un travail manuel, et l'ingénieur militaire ne jouissait pas de la même considération que l'officier de troupe. Louis XIV obéissait à ce préjugé. Il ne se
décidait pas à donner le grade de lieutenant général à

l'homme qu'il voyait avec les ouvriers maçons ou terras-
siers. Les grands services de Vauban, sa supériorité, ses
nombreuses blessures, semblaient aux yeux du roi parfaitement récompensés par quelques milliers de pistoles.

Dans la suite, le roi modifia ses idées à ce sujet.

VIII

Le goût de Louis XIV pour les sièges n'excluait pas un
goût plus innocent, celui des embellissements. Les jardins
et le parc de Versailles laissaient fort à désirer; le roi les
voulut magnifiques. Il réunit à Versailles et dans les environs les troupes qui venaient de prendre Luxembourg.
Vauban reçut l'ordre de se rendre en poste auprès de Colbert. Ce grand ministre avait confié à Riquet le soin d'approvisionner d'eau la ville de Versailles, ou, pour mieux
dire, la résidence royale.

On connaît Riquet, le créateur du canal de Languedoc.
Réunir les deux mers était une pensée bien ancienne,
puisque Tacite dit que les Romains eurent ce projet vers
l'an 18. Il fut repris sous Charlemagne, sous François Ier,
sous Henri IV et sous Louis XIII; mais il était digne de
Louis XIV d'accomplir cette grande œuvre.

Riquet jouissait donc d'une grande réputation, lorsque
le roi et son conseil résolurent de placer Vauban auprès
de lui. Vingt-deux mille soldats et six mille chevaux
furent mis à la disposition de Vauban et de Riquet.

Voilà donc l'ingénieur militaire transformé en ingénieur
civil. Des savants, Lahire, l'éminent géomètre, Mégrigny,
l'ingénieur renommé, sont mis sous les ordres de Riquet
et de Vauban. On exploite des sources, mais l'eau est insuffisante; Riquet veut conduire à Versailles les eaux de
la Loire, le projet n'est pas admis; enfin Vauban propose
un plan qui fut adopté, c'est la dérivation de l'Eure.

On lit dans le journal de Dangeau à la date du 19 octobre 1684 : « Au lever du roi, on parla fort de la rivière
d'Eure, que Sa Majesté veut faire venir à Versailles. »

5

Peu de temps après, Mme de Maintenon écrivait à son frère : « M. de Louvois revint hier de Maintenon charmé des facilités qu'il trouve pour son aqueduc. Vauban m'a dit qu'il irait plus vite et qu'il coûterait moins qu'il ne l'avait cru, mais qu'il avait été deux mois sans comprendre qu'on pût en venir à bout. »

Cet aqueduc de Maintenon, dont Vauban faisait son œuvre, donna lieu à une longue et minutieuse correspondance entre Louvois et l'ingénieur. Louvois, qui avait remplacé Colbert dans la direction des travaux publics, était loin de posséder les connaissances nécessaires pour son nouvel emploi ; mais, habitué à donner des ordres, il trouvait dans Vauban, non pas un esprit de contradiction, mais une grande indépendance.

Déjà à cette époque les habitants d'une localité grande ou petite se réjouissaient lorsqu'une circonstance quelconque augmentait tout à coup la population. Les denrées triplaient de prix, et l'on ne pouvait se loger qu'en payant dix fois sa valeur le moindre réduit. Or, la modeste ville de Maintenon vit tout à coup sa population se centupler. Tout devint hors de prix ; Vauban reçut les réclamations des officiers et fit parvenir leurs plaintes à Louvois, qui répondit : « Vous devez faire entendre au bailli de Maintenon qu'il doit tenir la main à ce que tous ceux qui auront besoin de logement dans ledit Maintenon en trouvent au prix porté par la taxe ci-jointe, qui est la même que l'on fait observer à Versailles ; et il faut faire entendre à ceux qui en feraient difficulté que l'on les ferait mettre en prison et que l'on logerait du monde chez eux qui ne leur payeraient rien, s'ils étaient assez déraisonnables pour refuser des logements au prix de cette taxe. »

Les travailleurs formaient une véritable armée commandée par le marquis d'Huxelles, Vauban ne pouvant s'occuper que des questions scientifiques et artistiques.

Les Parisiens, les habitants de Versailles et de Chartres allaient sans cesse voir le camp de Maintenon ; le roi passa plusieurs fois la revue des vingt-deux bataillons et des deux escadrons. Malheureusement les travaux, pendant les grandes chaleurs, portèrent une grave atteinte à la santé des troupes. Les hôpitaux de Chartres et celui de l'abbaye de Coulon, près de Nogent-le-Roi, établis exprès pour les travailleurs, contenaient près de seize cents malades. Les officiers, mécontents de leur rôle de contremaîtres, murmuraient ouvertement; enfin les travaux cessèrent en 1688. Riquet était mort en 1680, lorsque le canal de Languedoc aurait eu besoin d'être perfectionné. Vauban fut désigné pour inspecter les travaux du canal et veiller aux améliorations. Il rend compte de cette mission dans un remarquable rapport qui se termine ainsi : « Il manque pourtant une chose, c'est la statue de Riquet. »

Vauban ne se bornait donc pas à construire des forteresses et à prendre les villes assiégées; son esprit embrassait toutes les questions. Il avait même un certain penchant pour les nouveautés.

Peu d'hommes ont traité par écrit autant de sujets divers que le fit Vauban. Il exprimait ses pensées avec une grande facilité, d'un style simple et franc. La poésie lui était complètement étrangère, et il ignorait les charmes d'une œuvre d'imagination. Il ne sortait pas du positif pour s'égarer dans le monde idéal. Cette disposition d'esprit tenait à son éducation toute virile, que n'avaient jamais adoucie les caresses d'une mère. Au sortir de l'enfance, les nécessités de la vie s'étaient fait sentir, et le travail opiniâtre avait éteint les inspirations de l'âme.

Privé tout enfant d'un père et d'une mère, ses premiers regards n'embrassèrent que de sombres objets. Tout était triste autour de lui, depuis la couche où il reposait jusqu'à la table où il prenait place. Grave et silencieux, le père luttait contre les privations, n'adressant à son enfant que de rares paroles.

Chez le vénérable prêtre qui l'éleva, l'enfant était seul, sans compagnon d'enfance. Quelque doux et bienveillant qu'il fût, le curé du village demeurait toujours un maître que son caractère sacré plaçait dans une sphère trop élevée pour qu'un enfant y pût atteindre. Le jeune Vauban apprit là une chose précieuse entre toutes, l'art de travailler. Il apprit aussi l'honnêteté, le respect de soi-même, la probité, et par-dessus tout la religion.

Ailleurs, dans les grandes villes, l'enfant eût trouvé sans doute plus d'instruction littéraire, mais moins d'éducation ; l'esprit fût peut-être devenu plus brillant, mais le caractère n'aurait pas pris cette fermeté, cette droiture, cette délicatesse, dont le ministre des autels semble avoir le secret.

Si aux avantages de la naissance il avait joint la fortune, ses débuts dans l'armée eussent été moins pénibles. Au lieu des nuits au corps de garde en compagnie de soldats, le jeune gentilhomme aurait porté l'épaulette et connu le jeu, les soupers et les joies ; mais l'homme serait-il devenu aussi grand ? Nous ne le pensons pas. Le malheur est comme l'orage, qui mûrit les bons fruits, mais qui aussi fait tomber les mauvais.

La bravoure de Vauban était proverbiale et semblable à celle de Turenne. Ce n'étaient pas ces folles prouesses qui souvent compromettent les succès, mais le vrai courage de l'âme, bien supérieur aux élans de l'enthousiasme.

Observateur profond, humain au milieu du carnage, homme de bien en toutes circonstances, disant la vérité même à la cour, Vauban s'est fait une place à part au milieu des grands hommes du siècle de Louis XIV. Patricien, il comprend que le tiers état étend ses bras puissants, et que l'heure est proche où il ne se contentera pas de mériter une large place, mais aussi de la réclamer hautement. Il voudrait préserver la monarchie d'un assaut par de sages institutions populaires, et les privilégiés l'accusent d'affaiblir le pouvoir. Cependant son amour pour le peuple ne lui fit jamais oublier son respect pour la royauté. Il n'est pas le précurseur des philosophes, car le doute n'a pas troublé son esprit et la puissance royale sera toujours pour lui le salut et la grandeur de la France. La religion telle que l'enseignait le curé de son village suffira non seulement à son âme, mais à sa raison.

Renfermé dans ce qu'il nommait son métier, Vauban traverse avec indifférence ce monde des esprits où Corneille, Molière, Racine, auraient pu le consoler des blessures de la vie; mais cette vie était pour lui tellement remplie qu'il n'en sentait pas les blessures. Une seule le frappa au cœur, et le grand homme en mourut.

Un des traits distinctifs de son caractère était une curiosité passionnée qui l'entraînait vers toutes les questions. S'arrêtait-il dans un hameau, il en parcourait les alentours, étudiant le sol et ses produits, s'informant du prix de la terre et de son revenu. Il interrogeait le paysan à sa charrue et voulait savoir les moindres détails de son existence; dans les villes, il parcourait les rues, comparant entre elles les diverses architectures, prenant des notes sur le commerce et l'industrie. On le vit souvent dans les tranchées, lorsque les balles sifflaient autour de lui, s'enquérir auprès des soldats de leurs moindres intérêts, de leur pays, de leur famille, de leurs projets d'avenir.

Il passait d'un travail à un autre avec une prodigieuse facilité et sans effort, ce qui explique comment il multiplia son temps et ses forces, et ne perdit aucun moment.

D'une simplicité presque monacale, il ignorait complètement le luxe des vêtements ou de la table; ses terres étaient admirablement cultivées, mais ses châteaux demeuraient modestes.

Il lisait peu, mais dix pages d'un bon livre le faisaient méditer longtemps; on le vit quelquefois s'arrêter subitement dans sa lecture, poser le livre et, la tête penchée, songer une heure entière. Une idée de l'auteur avait frappé juste, et, comme l'acier sur la pierre, fait jaillir l'étincelle.

Tout sérieux qu'il était, le sourire et même le rire lui venaient parfois aux lèvres, et les plus fines reparties lui étaient familières, car son esprit était gaulois.

Parmi ses contemporains, les uns lui ont reproché d'être le courtisan des ministres et de donner trop généreusement du *Monseigneur* aux commis insolents et puissants; d'autres ont vu dans Vauban un frondeur perpétuel, toujours prêt au blâme et jamais à l'éloge. Les deux jugements sont aussi faux l'un que l'autre.

Sans doute il était respectueux, mais sans bassesse. La discipline militaire l'avait rompu à des formules qui n'avaient pas alors l'importance qu'elles ont eu depuis. Quant à ses critiques, quelque fondées qu'elles fussent, jamais elles ne prirent une forme acerbe ou hostile.

Des nombreuses questions traitées par Vauban la *Dime royale* est celle qui a le plus d'importance au point de vue social. Sa publication a donné lieu à de nombreuses récriminations contre l'auteur, qui a été accusé de vouloir détruire la noblesse afin d'affaiblir la couronne.

Non, Vauban ne voulait pas anéantir la noblesse, mais la purifier afin de la rendre plus forte. Nous allons le prouver.

IX

Louis XIV nous apparaît dans le lointain historique, entouré des grands hommes qui, de nos jours encore, sont la gloire de la France : Bossuet, Fénelon, Massillon, Corneille, la Fontaine, Boileau, Racine, Molière, Descartes, Pascal, Perrault, Mansard, sans compter les illustres capitaines. On est ébloui d'un tel éclat. Mais sous ces grandeurs les contemporains voyaient les petitesses et les misères. Vauban en fut frappé.

La noblesse, cette grande institution monarchique, tombait dans le mépris, parce qu'elle se vendait à prix d'or. Vauban écrivit un mémoire sur l'*Institution d'une excellente noblesse et les moyens de la distinguer par les générations*.

Voici quelques passages du mémoire :

« Ce qui ferait la juste récompense des grandes actions et du sang versé pendant plusieurs années de service, se donne présentement pour de l'argent. C'est pourquoi les secrétaires des intendants, les trésoriers, commissaires de guerre, receveurs de tailles, élus, gens d'affaires de toute espèce, commis, sous-commis de ministres et secrétaires d'État, même leurs domestiques et autres gens de

pareille étoffe, obtiendront plus facilement la noblesse
que le plus brave et honnête homme du monde qui n'aura
pas de quoi la payer ; car il ne faut que de l'argent, et ces
gens-là n'en manquent pas. Les charges de secrétaire du
roi, qui sont comme d'ordinaire au plus offrant et dernier
enchérisseur, sont des moyens sûrs pour y parvenir ; il n'y
a qu'à en acheter une pour être noble comme le roi, et
quiconque a de l'argent en peut acheter ; il ne faut que
s'y présenter.

« J'ai vu des hommes travailler de leurs bras pour gagner leur vie, qui sont parvenus à être secrétaires du roi ;
et tout homme qui, par son industrie, aura trouvé moyen
d'amasser du bien n'importe comment, trouvera à coup
sûr celui d'anoblir ses larcins par une de ces charges, ou
par obtenir des lettres de noblesse de façon ou d'autre,
s'il s'en veut donner la peine en les payant. Il y a même
je ne sais combien de charges de robe et de finance dans
le royaume qui anoblissent ; mais, comment le dirai-je ?
pas une seule de guerre, pas même, je crois, celle de
maréchal de France ; chose étonnante s'il en fut jamais,
vu les fins pour lesquelles la noblesse a été créée, qui
sont toutes militaires et pour cause de services rendus à
la guerre... »

Vauban déplore, en les mettant à jour, les vices de cette
noblesse vendue et achetée ; il la compare à l'ancienne et
pure noblesse militaire. D'après lui, les services de guerre
doivent servir de base à la noblesse, parce que l'or ne
saurait payer le sang versé, et qu'un homme de cœur ne
se contente pas d'une somme d'argent pour prix de son
dévouement.

On croirait qu'obéissant à ce que l'on nomme le préjugé militaire, Vauban va exclure de la noblesse tout ce
qui ne porte pas l'épée. Loin de là, il ouvre largement la
porte à tous les genres de mérite ; il accorde la noblesse
aux services quels qu'ils soient, mais ne la vend jamais.

« La classe des producteurs ne serait pas oubliée ;
pourquoi, par exemple, la noblesse ne serait-elle pas
accordée :

« Pour avoir trouvé quelque excellente mine d'or ou d'argent dans le royaume, auparavant inconnue, ou quelque chose d'équivalent ?

« Inventé quelque art ou manufacture très utile à l'État, entrepris ou achevé quelque ouvrage de grande utilité et réputation, ou découvert quelque terre auparavant inconnue dont la possession peut être utile à l'État ?

« Un marchand qui, en commerce légitime, aurait gagné deux cent mille écus bien prouvés, à condition de continuer le même commerce sa vie durant ;

« Une action de générosité extraordinaire et bien prouvée, qui peut être de quelque utilité à l'État et glorieuse à la nation ;

« Un homme qui excellerait dans les belles-lettres et qui se serait rendu fameux par quelques excellents ouvrages. »

On est frappé, en lisant cette page, de l'intime rapport qui existe entre ce projet de noblesse et l'institution de la Légion d'honneur. Tout en conservant à la noblesse son caractère militaire, Vauban la rend accessible à tous.

Peut-être, si ce projet eût été adopté, la noblesse française aurait-elle présenté plus de résistance aux heures des cruelles épreuves : peut-être encore le tiers état se fût-il montré moins impitoyable si, au lieu de privilèges, il avait trouvé devant lui une institution populaire.

Toujours est-il que Vauban montra un véritable courage en démasquant les terribles abus de cette noblesse de trafic au profit des commis et des gens d'affaires.

En général, les mémoires composés par Vauban ont pour objet des intérêts matériels; là est sa principale préoccupation. Lorsqu'il s'élève dans les régions morales, comme dans le travail sur la noblesse, il demeure un peu dans le vague, indique sa pensée plus qu'il ne la creuse.

L'un des mémoires est relatif à un *Système de canaux et de voies d'eau reliant toutes les villes de France*. Ce seul mémoire suffirait pour peindre Vauban, qui veut en même temps augmenter les ressources militaires de la France et ajouter à la richesse publique. Des considérations de tout ordre se mélangent; les frontières, les places fortes, les produits des pays divers, l'industrie, le commerce, le présent et l'avenir, sont examinés tour à tour. Il n'est pas de mince ruisseau dont le cours ne soit étudié; enfin il arrive à ce résultat que quatre-vingt-dix rivières sont susceptibles de devenir navigables. Il veut les rendre telles dans l'intérêt du commerce; il demande en même temps l'amélioration des chemins et des routes, et fait des vœux pour que les monnaies, mieux réglées, facilitent les échanges. « Il faudrait faire une assemblée de députés de la part de toutes les principales têtes couronnées de la chrétienté qui ont droit de battre monnaie, de convenir d'un titre et d'une monnaie universelle, et de créer de concert et à même temps toutes les autres. »

Il est peu de progrès, réalisés depuis deux siècles par les économistes politiques, qui n'aient été prévus par Vauban. Sa constante préoccupation est de diminuer les impôts en augmentant les produits du sol; il voulait en même temps l'économie dans l'État.

Ce qui surprend le plus dans Vauban est moins sa vertu et son savoir que le contraste de son caractère avec le temps où il vivait. Ce n'était plus la féodalité avec ses puissants seigneurs; ce n'était pas encore cette société moderne toujours agitée, renversant un jour les idoles de la veille.

« Consacrant tout notre temps à la société, a dit un jeune gentilhomme, aux fêtes, aux plaisirs, aux devoirs peu assujettissants de la cour et des garnisons, nous jouissions à la fois, avec incurie, et des avantages que nous avaient transmis les anciennes institutions, et de la liberté que nous apportaient les nouvelles mœurs... Liberté, royauté, aristocratie, démocratie, préjugés, raison, nouveauté, philosophie, tout se réunissait pour rendre nos jours heureux, et jamais réveil plus terrible ne fut précédé par un sommeil plus doux et par des songes plus séduisants. »

Ce tableau est celui que contemplait Vauban. Il voyait la grandeur de Louis XIV et prévoyait les règnes de ses successeurs. Ses écrits sont, pour ainsi dire, des cris plus ou moins étouffés de sa conscience. Il a pu se tromper, ou nous pouvons nous-même nous tromper en le jugeant; mais ce qui demeure même après les erreurs est une entière bonne foi, un honneur sans tache et un amour pour la France que personne n'a jamais surpassé.

CHAPITRE III

DE 1684 A 1692

Vauban désapprouve la révocation de l'édit de Nantes. — Opinion de Mme de Maintenon. — Opinion de Louis XIV. — Opinion de Louvois. — La ligue d'Augsbourg. — Lettre de Louvois à Vauban. — Le monarque. — La guerre de 1688. — Siège de Philippsbourg. — Lettre de Louis XIV à Vauban. — Siège de Manheim. — Le Dauphin donne à Vauban quatre pièces de canon. — Les châteaux de Vauban. — Vauban dans ses terres. — Lettre admirable de Vauban. — Opinion de Vauban sur les officiers de la milice. — L'arrière-ban. — Les gazettes. — Ses publications. — Mémoire sur l'institution de l'ordre militaire de Saint-Louis. — Vauban recommande Jean Bart. — Maladie de Vauban en 1690. — Campagne de 1691. — Siège de Mons. — Louvois et les gazetiers. — Après le siège de Mons, le roi donne cent mille livres à Vauban. — Le roi fait lui-même le plan de la campagne de 1692. — Siège de Namur. — Le baron de Cohorn. — Système de Cohorn. — La cour devant Namur. — Les quinze grenadiers. — Le grenadier parisien. — Réflexions de Vauban sur le grenadier Desfossés. — Lettres de Racine à Boileau. — Ce qu'admirait Racine. — M. de Maupertuis et le mousquetaire. — Les dames de Namur. — Le grenadier *Sans-Raison*. — Ce temps-là. — Un mémoire de Louis XIV.

I

En ce temps-là, Louis XIV révoqua l'édit de Nantes, et Vauban désapprouva hautement la mesure. L'opinion de cet homme de bien ayant été souvent invoquée, il importe de l'examiner avec soin. Le roi, s'il eut connaissance du mémoire de Vauban, ne fut point irrité comme on l'a dit, et ne retira nullement sa confiance à l'auteur.

Les guerres de religion divisèrent la France en deux partis. Les grands, une partie de la noblesse, un certain nombre de bourgeois étaient protestants; le peuple tout entier, cultivateurs, gens de métier et marchands, demeuraient fidèles au catholicisme.

On s'irrita de part et d'autre et l'on en vint aux mains. Peu s'en fallut que les protestants ne fussent vainqueurs à la bataille de Dreux. Sans nul doute, l'immense majorité de la France voulait fermement conserver la religion de ses pères; mais la cour et les puissants, dans des intérêts divers, proclamaient le protestantisme, si les catholiques faiblissaient.

La guerre civile existait dans les villes et les moindres bourgades; l'irritation était à son comble.

D'après le conseil de Sully, qui était protestant, Henri IV, en montant sur le trône, abjura le calvinisme et reçut l'absolution du pape Clément VIII. Le roi, pour obtenir la paix, rendit l'édit de Nantes en faveur des protestants. Déjà, en 1591, un édit donné à Mantes accordait la liberté de religion sans calmer les calvinistes. Turenne, nouveau duc de Bouillon, se mit à leur tête. Craignant de voir renaître la guerre civile, Henri IV publia un nouvel édit de Saint-Germain-en-Laye, le 15 novembre 1594, plus favorable aux calvinismes que celui de 1591. Ils ne furent cependant pas satisfaits, et le roi, espérant les calmer, donna l'édit de Nantes.

Cet édit, en quatre-vingt-douze articles, était une œuvre longuement méditée et rédigée par Gaspard de Schomberg, l'historien de Thou, le président Jeannin, Dominique de Vic et de Colignon, conseillers d'État. Ces hommes éminents mirent une année à ce travail, qui fut une transaction, car les calvinistes nommèrent des députés pour soutenir leurs intérêts.

Qu'était l'édit de Nantes? Il accordait une amnistie pour le passé, le libre exercice de la religion dite réformée. Tout seigneur de fief, haut justicier, put avoir plein et entier exercice de la religion réformée dans son domicile et dans ses autres maisons, pendant qu'il y demeurerait.

Tout seigneur sans haute justice pouvait admettre trente personnes dans son prêche.

Tous les autres calvinistes avaient l'exercice de leur religion dans les villes et lieux où cet exercice était établi par les précédents édits; ils l'avaient, en outre, dans les faubourgs d'une ville ou d'un village par bailliage.

De ce libre exercice étaient exceptés les résidences du roi, la ville de Paris avec un rayon de cinq lieues à la ronde, et les camps militaires, à la réserve du quartier général d'un commandant protestant. Henri IV modifia en 1606 le rayon autour de Paris, et les calvinistes obtinrent un temple à Charenton. Ce temple devint un ardent foyer de propagande. On y venait de loin, non pour prier, mais pour discuter et s'animer jusqu'au fanatisme.

Les calvinistes pouvaient bâtir des temples, et ceux qui leur avaient été pris étaient rendus.

Ils pouvaient élever leurs enfants dans leur religion, et les prêtres catholiques devaient respecter les droits des pères de famille pour l'éducation de leurs enfants.

Les réformés s'obligeaient à chômer extérieurement (solenniser) les fêtes catholiques.

Leurs livres de piété ne pouvaient être imprimés ou vendus que dans les lieux où ils jouissaient de l'exercice de leur religion.

Ils devaient se soumettre aux lois matrimoniales de l'Église et payer la dîme au clergé catholique.

Ils étaient admissibles à toutes les charges et dignités de l'État.

Pour que la justice civile et criminelle leur fût complètement rendue, des protestants prirent place dans tous les tribunaux, même au parlement de Paris.

Les protestants furent si peu maltraités que le roi nomma ducs et pairs les seigneurs de la Trémoille et de Rosny, qui appartenaient à la religion réformée.

Tel fut l'édit de Nantes. Mais, dix-sept jours après sa promulgation, le 30 avril 1598, le roi abandonna aux protestants, *pour huit années*, les places de sûreté qui leur avaient été accordées précédemment, et s'engagea à leur payer quatre-vingt mille écus par mois pour l'entretien des garnisons.

Les places de sûreté semblèrent aux protestants une suprême garantie, tandis qu'ils auraient dû y voir une cause certaine de révocation à une époque plus ou moins prochaine.

Le parlement de Paris résista longtemps avant de consentir à l'enregistrement de l'édit de Nantes, et il fallut l'intervention directe du roi et toute son habileté pour vaincre les scrupules des conseillers.

Cet édit de Nantes donna aux calvinistes sept cent soixante églises et quatre universités : Montauban, Saumur, Montpellier, Sedan.

Ces concessions ne désarmèrent pas les protestants, qui recommencèrent la guerre civile en 1622 sous les ordres du duc de Rohan. Les hostilités reprirent de nouveau en 1625 et en 1628.

Le protestantisme n'était plus une religion, mais un parti politique fort redoutable.

Richelieu, en prenant la Rochelle, défendue au profit de l'Angleterre par des Français égarés, fit au parti une profonde blessure. Ils perdirent leurs places de sûreté ; ce qui fit dire à Schœll : « Ils rentrèrent dans la classe des citoyens soumis et cessèrent de former un État dans l'État. Ils conservèrent le libre exercice de leur religion sans que leurs temples pussent continuer de retentir de leurs discours séditieux. »

Ni Richelieu, ni Mazarin, princes de l'Église, ni les grands prélats leurs contemporains ne demandèrent au nom de la religion catholique la révocation de l'édit de Nantes. Louis XIV songea moins à extirper l'hérésie qu'à ruiner un parti politique; le roi ne voulut pas détruire le calvinisme en France, mais briser des résistances qui, au nom de la religion, se perpétuaient dans les familles.

Enfin le roi signa la révocation de l'édit de Nantes le 22 octobre 1685.

Aucun traité de paix, aucune déclaration de guerre n'ont pris dans l'histoire une aussi grande place que cette révocation. Les partis politiques s'en sont emparés, ce qui prouverait au besoin qu'il s'agissait plus de la terre que du ciel.

Nous voulons faire connaître l'opinion de Vauban et la discuter au besoin. Le mémoire fut envoyé à Louvois en 1687, mais il avait été composé l'année précédente, pendant un séjour de Vauban dans son château de Bazoches.

II

Le mémoire a trop d'étendue pour que nous le donnions en entier; bornons-nous aux passages principaux :

« Il n'y a pas lieu de douter que le projet de conversions n'eût eu tout le succès que le roi en avait espéré, et Sa Majesté la satisfaction de conduire ce grand ouvrage à une heureuse perfection, si la trêve de Ratisbonne, qui paraissait établie sur des fondements si solides, eût subsisté tout le temps convenu entre les puissances intéressées; et on y serait infailliblement parvenu en douze ou quinze années : attendu que les plus anciens et les plus opiniâtres huguenots seraient morts ou fort diminués dans cet espace de temps; que la plus grande partie de ceux de moyen âge, pressés par la nécessité de leurs affaires, par le désir du repos ou par leur propre ambition, s'y seraient accommodés, et que les jeunes se seraient à la fin laissé persuader. Jamais chose n'eût mieux convenu au royaume que cette uniformité de sentiments tant désirée, s'il avait plu à Dieu d'en bénir le projet. On sait bien que cela ne pouvait s'exécuter d'autorité sans qu'il en coûtât au royaume; mais cette perte, quoique considérable, n'eût pas été comparable au bien qui en aurait réussi, si on eût pu parvenir à l'exécution totale de ce dessein, car ils ne se seraient pas obstinés, à beaucoup près, comme ils ont fait, s'ils n'avaient été flattés de l'espoir des protections étrangères et d'une guerre prochaine qui, étant enfin arrivée plus tôt qu'on ne l'avait prévue, a fait que ce qui était très bon en soi dans les commencements est devenu très mauvais par les suites.

« De sorte que ce projet si pieux, si saint et si juste, dont l'exécution paraissait si possible, loin de produire l'effet qu'on en devait attendre, a causé et peut encore causer une infinité de maux très dommageables à l'État. »

Vauban ne blâme pas, dans ce passage, la révocation de l'édit, mais son inopportunité. Il aurait voulu retarder cette révocation pour donner le temps aux vieux protestants de mourir, aux jeunes d'abjurer, par la nécessité de leurs affaires ou par ambition. Vauban n'a donc pas une grande confiance dans leurs convictions, puisque douze ou quinze années lui semblaient suffisantes pour laisser revenir au catholicisme les plus opiniâtres. S'il a peu de confiance dans la fermeté de leurs convictions, Vauban en accorde moins encore à leur patriotisme. Ces huguenots se flattaient, on l'avoue, de l'espoir des protections étrangères et d'une guerre prochaine.

En effet, après la révocation de l'édit de Nantes, un grand nombre prit les armes contre la France. Les armées et les flottes ennemies devinrent puissantes grâce aux émigrés protestants qui portèrent les armes contre leur patrie.

Vauban examine les maux très dommageables à l'État qui ont été causés par la révocation :

« 1º La désertion de quatre-vingt ou cent mille personnes de toutes conditions, sorties du royaume, qui ont emporté plus de trente millions de livres de l'argent le plus comptant ;

« 2º Nos arts et manufactures particuliers, la plupart inconnus aux étrangers, qui attiraient en France un argent très considérable de toutes les contrées de l'Europe ;

« 3º La ruine la plus considérable du commerce ;

« 4º Elle a grossi les flottes ennemies de huit à neuf mille matelots des meilleurs du royaume ;

« Et 5º leurs armées, de cinq à six cents officiers et de dix à douze mille soldats beaucoup plus aguerris que les leurs, comme ils ne l'ont fait que trop voir dans les occasions qui se sont présentées de s'employer contre nous. »

Vauban ne peut s'empêcher de le reconnaître, ces gens se mettent dans les rangs de l'ennemi; cinq à six cents officiers, c'est-à-dire gentilshommes, conduisent les bandes qui viennent ravager nos provinces.

Après quelques considérations sur les convertis, l'auteur du mémoire ajoute : « Les rois sont bien maîtres des vies et des biens de leurs sujets, mais jamais de leurs opinions, parce que leurs sentiments intérieurs sont hors de leur puissance, et Dieu seul les peut diriger comme il lui plaît... »

Vauban semble oublier que, partout où les huguenots étaient les plus forts, ils employaient la violence pour être maîtres des opinions des catholiques.

Voici un passage du mémoire d'une hardiesse extrême, et dont la lecture aurait pu irriter Louis XIV.

On remarquera que, dans ce passage, les huguenots demeurés en France sont considérés comme disposés à se joindre à l'ennemi s'il franchit la frontière.

« Il est à craindre que la continuation des contraintes n'excite à la fin quelque grand trouble dans le royaume qui pourrait faire de la peine au roi par suite en plusieurs manières, et causer de grands maux à la France, notamment si le prince d'Orange venait à réussir à quelque grande descente, et qu'il y pût prendre pied ; car il est bien certain que la plus grande partie de ce qu'il y a de huguenots cachés irait à lui, grossirait son armée en peu de temps, et l'assisterait de tout ce qui pourrait dépendre d'eux, qui est bien le plus grand péril, le plus prochain, le plus à craindre où la guerre présente puisse exposer cet État ; tous les autres me paraissent jeux d'enfants ou très éloignés en comparaison de celui-ci. »

Cette seule considération justifierait la révocation de l'édit de Nantes. Comment! voilà dans le royaume de France, non pas quelques hommes, mais un parti considérable prêt à livrer la patrie à l'ennemi, et le roi serait assez imprévoyant pour couvrir ce parti d'une protection particulière! Mais ce serait encourager la trahison!

Il ne faut pas craindre de le dire : le protestantisme

n'était pas français ; venu de l'étranger, il n'avait jamais cessé d'être fidèle à son origine. Jusqu'à la révocation de l'édit de Nantes, les ennemis de la France trouvaient dans les huguenots des alliés plus ou moins déclarés. L'histoire le prouve à chaque page, et Vauban lui-même en donne un témoignage éclatant, lorsqu'il dit dans son mémoire à propos des conversions : « Cela fait un très grand nombre d'amis au prince d'Orange, dans le royaume, au moyen desquels il est non seulement informé de tout ce qui s'y fait, mais, de plus, très désiré et très assuré (s'il y peut mettre le pied) d'y trouver des secours très considérables d'hommes et d'argent. »

« ... Il ne faut pas se flatter ; le dedans du royaume est ruiné, tout souffre, tout pâtit et tout gémit ; il n'y a qu'à voir et examiner le fond des provinces, on trouvera encore pis que je ne dis. »

La conclusion de Vauban est que le roi doit rétablir l'édit de Nantes et rappeler en France tous les émigrés, même ceux qui portent les armes contre la patrie.

Après avoir lu le mémoire qui lui était adressé par Vauban, Louvois fit une réponse dédaigneuse : « Je vous renvoie cette lettre (le mémoire) afin que vous puissiez la supprimer, aussi bien que la minute que vous en avez faite. Je vous dirai que si vous n'étiez pas plus habile en fortifications que le contenu de votre mémoire donne lieu de croire que vous l'êtes sur les matières dont il traite, vous ne seriez pas digne de servir le roi de Narsingue, qui, de son vivant, eut un ingénieur qui ne savait ni lire, ni écrire, ni dessiner. S'il m'était permis d'écrire sur une pareille matière, je vous ferais honte d'avoir pensé tout ce que vous avez mis par écrit, et comme je ne vous ai jamais vu vous tromper aussi lourdement qu'il paraît que vous l'avez fait pour ce mémoire, j'ai jugé que l'air de Bazoches vous avait bouché l'esprit et qu'il était fort à propos de ne vous y guère laisser demeurer. »

Malgré cette lettre du ministre tout-puissant et maître de son sort, Vauban adressa son mémoire à Mme de Maintenon, en la priant de le présenter au roi.

Les philosophes du XVIIIe siècle, les encyclopédistes, les huguenots émigrés en Allemagne et en Angleterre, ont singulièrement exagéré les conséquences de la révocation de l'édit de Nantes. Il y avait certes parmi les calvinistes des hommes d'un grand mérite, héritiers des vertus de Duplessis-Mornay et de Sully; mais sous le couvert de la religion, tous les mécontents, les esprits mauvais, les ennemis de l'autorité, les partisans de l'étranger formaient une formidable masse remuante, agitant les villes et les campagnes et toujours prêts à la rébellion. Les ministres protestants attaquaient dans leurs prêches non seulement les lois, mais le pouvoir monarchique. Ils voulaient faire du royaume une république féodale, composée de provinces unies.

Mme de Maintenon a été accusée d'avoir provoqué la révocation de l'édit de Nantes. Or voici ce qu'elle écrivait à son frère : « On m'a porté sur votre compte des plaintes qui ne vous font pas honneur. Vous maltraitez les huguenots, vous en cherchez les moyens, vous en faites naître les occasions; cela n'est pas d'un homme de qualité. Ayez pitié de gens plus malheureux que coupables. Ils sont dans des erreurs où nous avons été nous-mêmes, et dont la violence ne nous aurait jamais tirés. Henri IV a professé la même religion, et plusieurs grands princes; ne les inquiétez donc point. Il faut attirer les hommes par la charité; Jésus-Christ nous en a donné l'exemple, et telle est l'intention du roi. »

En effet, on lit dans les *Mémoires de Louis XIV pour l'instruction du Dauphin* une page intitulée : *Conduite à tenir à l'égard des protestants ; les ramener sans violences.* « Je crois, mon fils, que le meilleur moyen pour réduire peu à peu les huguenots de mon royaume était, en premier lieu, de ne les point presser du tout par aucune rigueur nouvelle contre eux, de faire observer ce qu'ils avaient obtenu de mes prédécesseurs, mais de ne leur rien accorder au delà, et d'en renfermer même l'exécution dans les plus étroites bornes que la justice et la bienséance pouvaient permettre... »

Cette instruction est de 1671. Deux ans après, en 1673, l'intendant de Flandre ayant fait savoir à Louvois que les bourgeois et les paysans s'irritaient de ce que les Suisses du régiment d'Erlach écoutaient publiquement leurs prêches, le ministre répondit : « ... Si les peuples font insulte au ministre, on les punira comme perturbateurs du repos public. »

Le roi et les personnages dont il écoutait les avis étaient donc fort opposés aux violences et ne voulaient point employer les rigueurs; mais, encouragés par l'impunité, les ministres finirent peu à peu par prêcher la révolte.

Ils interprétaient l'édit de Nantes comme un contrat établissant une parfaite égalité entre les deux religions.

Lorsqu'ils menacèrent enfin le repos du royaume, Louis XIV se vit forcé de mettre un terme à des prétentions insensées.

Qui donc obligea le roi à cette réaction? La nation tout entière : le peuple de France, le vrai peuple ennemi des intrigues, le vrai peuple fidèle aux croyances de ses pères, le vrai peuple ami de la monarchie, aimant Dieu et le roi.

Louis XIV fut longtemps, très longtemps, avant de se décider à révoquer l'édit de Nantes. Les conversions des protestants étaient si nombreuses, si faciles, que l'on pouvait espérer la fin des désordres; mais le fanatisme des ministres protestants dépassa toutes les bornes et il fallut agir.

La France n'était pas en 1685 ce qu'elle avait été sous le règne d'Henri IV. Il n'était plus possible d'admettre un État dans l'État, de livrer des villes, sous le nom de places de sûreté, à des adversaires déclarés; d'avoir des cités et des provinces catholiques et d'autres protestantes.

La révocation de l'édit de Nantes ne proscrivait pas les protestants, mais seulement les ministres. L'article 10 défendait même aux réformés de sortir du royaume.

Lorsqu'on lit attentivement le mémoire de Vauban qui désapprouve la révocation de l'édit de Nantes, on est frappé du point de vue où il se place et qu'il n'abandonne pas un seul instant. C'est l'intérêt matériel qui occupe le célèbre ingénieur. Il voit la richesse publique en souffrance, il est frappé de la perte de bons matelots, mais son esprit ne s'élève pas au-dessus de ces considérations. Les périls du trône, le trouble des âmes, le froissement des consciences catholiques, les périls de l'avenir, ne frappent pas son esprit. Il oublie que le souverain ne peut donner des places de sûreté à un parti quelconque que pour un temps très limité, lorsque ce parti peut et veut lui tenir tête. Enfin le regard de Vauban n'est pas frappé du péril auquel est exposé un peuple qui n'a pas sa religion reconnue de tous, et devant laquelle tous s'inclinent.

Que d'autres religions vivent à l'ombre de celle-là, le sage ne s'y opposera pas, mais à la condition que la religion nationale, la religion des pères, celle qui a vu naître et mourir les générations, ne sera pas l'objet de discussions et d'insultes par de nouveaux venus.

Que tout homme de bonne foi lise l'édit de Nantes, et je demande, la main sur la conscience, si cet édit pouvait résister au temps. Il devait tôt ou tard disparaître, parce qu'il était une œuvre de circonstance. On doit seulement regretter que Richelieu, après la prise de la Rochelle, n'ait pas saisi l'occasion de déchirer ce traité. Les huguenots, qui trahissaient la France au profit de l'Angleterre, n'auraient pu se plaindre et calomnier l'Église, la royauté et le peuple français.

Si nous avons insisté sur une question que soulève la vie de Vauban, c'est que son opinion est souvent invoquée, même de nos jours, par les adversaires de la révocation. Les persécutions subies par les catholiques depuis la fin du XVIIe siècle sont justifiées, disent les adversaires de l'Église catholique, par la révocation de l'édit de Nantes.

Vauban se trompa et se laissa égarer par des hommes moins honnêtes qu'il ne l'était.

En résumé, la révocation de l'édit de Nantes était nécessaire au point de vue moral, politique, national ; elle fut peut-être une faute au point de vue matériel.

La question est donc ramenée à ce terme : l'existence d'un grand peuple peut-elle être sacrifiée à la richesse?

III

La lettre par laquelle Louvois désapprouve d'une façon fort cavalière le mémoire de Vauban sur la révocation, est datée de Fontainebleau, le 13 octobre 1687.

Louis XIV dut avoir connaissance de ce mémoire à la fin de l'année 1687 ou au commencement de 1688. Le mémoire était violent et devait blesser le roi ; cependant, peu d'années après, à la création de l'ordre militaire de Saint-Louis, Vauban fut nommé grand-croix, honneur fort recherché, puisqu'il n'y avait que huit grands-croix.

Le roi le nomma maréchal de France au commencement de 1702.

Cette monarchie, que l'on représente comme absolue, si hautaine, si superbe, supportait donc la contradiction ; elle souffrait que ses actes fussent discutés, non seulement par ses adversaires, mais par ses plus intimes et fidèles serviteurs.

La monarchie était alors assez forte pour marquer la limite entre la critique et la révolte.

Citons, pour terminer cette question, la dernière clause de la révocation de l'édit de Nantes : les protestants, en attendant qu'il plût à Dieu de les éclairer, pouvaient vivre paisiblement en France, y continuer leur commerce, y jouir de leurs biens, sans être troublés ni empêchés, à condition de ne faire aucun exercice *public* de leur culte.

La liberté de conscience n'était-elle pas reconnue et proclamée?

Cependant on répète depuis bientôt deux siècles que la révocation de l'édit de Nantes détruisait le protestantisme et portait atteinte à la liberté de conscience.

Cela remet en mémoire le mot de Montesquieu à propos d'Annibal et de son séjour à Capoue : « Il y a des choses que tout le monde dit parce qu'elles ont été dites une fois. »

IV

La ligue d'Augsbourg fut signée le 9 juillet 1686. En écrivant son journal, Dangeau y mit cette note le 31 juillet : « Nous apprenons d'Allemagne que, le 9 de ce mois, l'on signa à Augsbourg une ligue qui paraît faite uniquement contre la France. Ceux qui la composent sont : l'Empereur, les rois d'Espagne et de Suède, pour les États qu'ils ont dans l'Empire, l'électeur de Bavière, les princes de la maison de Saxe, les cercles de Bavière, de Franconie et du Haut-Rhin. Ils disent, dans le traité, qu'il n'est fait que pour la conservation de l'Allemagne et l'exécution des traités de Westphalie, de Nimègue et de la trêve de 1684 ; mais ils y ont inséré des clauses par lesquelles l'Empereur prétendra, quand il voudra, les obliger à déclarer la guerre à la France. Ils s'engagent à entretenir une armée de soixante mille hommes, dont l'Empereur doit fournir seize mille, le roi d'Espagne six mille, l'électeur de Bavière huit mille, le cercle de Bavière deux mille, celui de Franconie et celui du Haut-Rhin chacun quatre mille ; on ne sait pas encore combien la Suède et la maison de Saxe fourniront. Ils ont choisi pour général le prince de Waldeck... Il est aisé de voir que ces princes craignent la puissance du roi et sont jaloux de sa gloire. »

La ligue d'Augsbourg était trop menaçante pour que Louis XIV ne prît pas ses dispositions de défense. Louvois écrivit à Vauban, qui était à Bazoches, de venir à Paris sur-le-champ. Le ministre était préoccupé des fortifications à élever sur la frontière d'Allemagne : « Les ouvrages que le roi a fait faire à Huningue et la construction de Belfort paraissant à Sa Majesté suffisants pour mettre la haute Alsace en sûreté de ce que les villes frontières pouvaient donner ce moyen aux Impériaux d'y entreprendre Fribourg et Strasbourg, et la construction de Phalsbourg

mettant la haute Alsace en toute sûreté, la construction
du fort du Rhin, qui ne peut manquer d'être en une entière défense dans la fin du mois de mai prochain, parera
à la sûreté de Strasbourg et ôtera apparemment à l'ennemi la pensée de passer la forêt d'Haguenau pour s'approcher dudit Strasbourg. Mais la basse Alsace leur demeure en proie, et ils pourront toujours, au moyen de
Philippsbourg, lorsqu'ils seront les plus forts, manger
entièrement ce pays-là, que Sa Majesté voit avec peine
demeurer à leur discrétion, si, par le fait d'une bataille,
on ne s'en délivre pas au commencement d'une campagne. Sa Majesté voudrait mettre sa frontière en état que
les Allemands ne puissent passer au deçà du Rhin sans y
trouver une place qui les empêche de marcher en remontant le Rhin dans la basse Alsace. Il paraît pour cela
qu'il n'y a que trois partis à prendre : le premier, de
fortifier une île dont le nom ne me revient pas présentement, qui est à trois lieues de Philippsbourg et dont le
sieur Tarade a le plan; l'autre, de fortifier Landau. Le
roi désire que vous examiniez la situation de cette île,
l'élévation de son sol, et que vous lui donniez votre avis
sur la fortification que l'on pourrait y faire; que vous
examiniez la possibilité qu'il y a d'y travailler avec diligence, quels sont ses abords des deux côtés du Rhin, si
une garnison raisonnable dans le fort qu'on y ferait construire pourrait y incommoder beaucoup les derrières
d'une armée qui voudrait marcher du côté de la basse
Alsace, et si le terrain qui l'avoisine de l'autre côté du
Rhin serait propre à une nouvelle entrée en Allemagne.
Vous devriez examiner la même chose à l'égard de Guermesheim, s'il y a apparence que l'habitation en soit saine,
et quel serait l'usage que l'on pourrait faire de la rivière
de Queick, qui y tombe dans le Rhin, si la construction
des ouvrages que vous y proposeriez en serait facile et si
les matériaux en seraient abondants.

« Vous examinerez s'il vaut mieux s'en tenir aux places
que le roi a présentement, et faire entièrement raser les
murailles de Guermesheim et de Landau... »

Cette lettre, du 25 août 1687, prouverait au besoin que Louis XIV s'occupait activement des moindres détails intéressant la grandeur du royaume. L'histoire, telle que l'ont défigurée de modernes écrivains, présente les rois de France uniquement préoccupés de leurs plaisirs, n'ayant nul souci des affaires et privés de l'instruction nécessaire pour les comprendre.

Ces méchants écrits, répandus dans les écoles et mis sous les yeux de la jeunesse, propagent les erreurs les plus regrettables. Les monarques, au contraire, ont fondé le grand royaume de France par une longue succession de travaux. Nullement préoccupés de conquérir ou de conserver le pouvoir, indépendants des partis politiques, ils exerçaient une autorité qu'ils tenaient de Dieu, autorité venue du père et qui devait aller au fils. La monarchie représentait une immense famille dont le roi était le chef. Il avait des devoirs à remplir et s'en acquittait, car il n'oubliait pas qu'il représentait une nation.

Voilà un ministre, le marquis de Louvois, qui demeure au pouvoir pendant vingt-cinq ans, occupant le même poste et poursuivant les mêmes pensées, marchant toujours vers un but indiqué par le roi. Le maître et le serviteur travaillant ensemble tous les jours, lorsque ce serviteur a reçu ses instructions, un autre serviteur se rend auprès du maître, qui examine de nouvelles questions. Tout passe sous ses yeux. C'est bien réellement le père de famille veillant au bonheur de ses enfants, soucieux de leur honneur et de leurs intérêts.

Sans nul doute, Louis XIV fut servi par les grands hommes ses contemporains ; mais la supériorité de la forme monarchique n'a-t-elle pas contribué au développement de ces esprits, de ces cœurs, de ces âmes d'élite ? N'était-ce rien pour un homme que de se sentir à la tête de la société chrétienne, d'être l'interprète de l'autorité divine ? Cet homme inspirait à tous une confiance instinctive, et cette confiance il l'avait en lui-même, parce qu'étant l'élu de Dieu il ne redoutait pas les caprices des hommes.

6

Ceux qui ont prononcé de téméraires jugements sur Louis XIV, sans pouvoir s'élever jusqu'à lui, exaltent la liberté de chacun, les droits de l'homme, la souveraineté du peuple, et, sans vouloir bannir Dieu de la conscience humaine, croient devoir se passer de lui et veulent le chasser des institutions et des lois.

L'état monarchique est celui d'une société sage, civilisée, où tout homme respecte son prochain, où la loi est obéie. Tout en rappelant la vie de Vauban, nous rencontrons à chaque pas des hommes qui ont des relations plus ou moins intimes avec l'éminent ingénieur, nous entendons le langage de ces hommes, nous lisons leurs lettres, et nous demeurons surpris de leur zèle pour la chose publique, de leur instruction spéciale, de leur liberté d'appréciations et de leur dévouement à l'État, personnifié par le roi; alors nous comparons, sans le vouloir, ces choses du passé aux choses du présent, et la tristesse nous envahit souvent au spectacle dont nos yeux sont frappés.

Louis XIV ordonnait à Louvois, qui transmettait à Vauban la volonté de Sa Majesté. Vauban se mettait à l'œuvre avec ardeur, passant les nuits à dessiner ou à écrire et les jours à voyager ou à lever des plans. Ainsi fit-il en 1687. Arrivé en poste à Paris, Vauban s'empressa de travailler avec le ministre de la guerre, Louvois, au sujet des villes à rétablir ou à ruiner, aux postes permanents à créer; enfin, à tous les moyens de défense. Lorsque le roi eut approuvé ou modifié les projets, Vauban se rendit à Landau, dont il voulut faire une place de la plus haute importance.

La guerre fut déclarée, et Louis XIV sentit la nécessité d'occuper les villes du Rhin. Le 25 septembre, il adressa un manifeste à l'Allemagne, et le jour même le maréchal d'Humières, à la tête de douze mille hommes, s'avançait entre Sambre et Meuse; le marquis de Boufflers, avec dix bataillons et deux mille chevaux, entrait dans le Palatinat et marchait sur Kaiserslautern, tandis que le marquis d'Uxelles se dirigeait vers Spire. En même temps, des troupes de la garnison de Strasbourg sortaient de la place et passaient sur la rive droite du Rhin. Vauban, qui s'était rendu au Fort-Louis, écrivait le 29 septembre à Louvois : « On a débuté assez grossièrement, avant-hier matin, par vouloir rentrer dans Offenbourg avec un détachement de quatre cents hommes, qui, ayant marché toute la nuit et fait japper et hurler tous les chiens des villages où l'on passa, trouva les habitants sur leurs gardes et les portes fermées qu'on ne leur voulut pas ouvrir, ce qui l'obligea à s'en revenir sans avoir fait autre chose que de fournir matière aux gazettes de faire de beaux discours. Je suis le plus trompé du monde, si le marquis d'Uxelles ne réussit de même à Spire et à Neustadt. Toutes les villes de ce pays-ci, qui sont fermées, ont leurs murailles bien entretenues, et rarement y en a-t-il dont la clôture ne soit double; c'est pourquoi il ne faut jamais s'y présenter sans canon et sans être en état de les forcer. C'est s'abuser que de penser d'en venir à bout autrement. »

Vauban n'eut pas complètement raison, car le marquis d'Uxelles prit Spire sans canon ; Kaiserslautern résista à Boufflers pendant six heures seulement.

L'investissement de Philippsbourg se fit, dans la soirée du 27 septembre 1688, par vingt-cinq escadrons sous les ordres du baron de Montclar. Le gouverneur de la place, M. de Stahrenberg, s'attendait si peu à une attaque, qu'il était parti le matin pour la chasse. Fort surpris au retour de se voir entouré par les Français, il se cacha jusqu'à la nuit dans un marais, et, profitant de l'obscurité, se glissa dans la ville par une poterne. Les jours suivants, les troupes destinées au siège arrivèrent et prirent leur position. Ces troupes se composaient de trente et un bataillons, de six compagnies de bombardiers, quatre de canonniers, une de mineurs, trente-sept escadrons de chevau-légers, trois de gendarmes et douze de dragons. Le commandant en chef devait être le maréchal de Duras, qui arriva le 29 et trouva cette lettre de Louvois : « Sa Majesté s'attend que vous suivrez entièrement les avis de M. de Vauban pour la conduite des tranchées et ce qui regarde le détail des attaques. Comme vous connaissez son expérience et sa capacité, l'intention de Sa Majesté est que vous empêchiez qu'il ne soit contredit. »

Vauban connaissait la place de Philippsbourg, que les Allemands avaient laissée dans le même état depuis 1676 qu'ils la possédaient. Le roi avait confié le commandement de l'armée d'Allemagne au Dauphin ; au moment de son départ, Louis XIV lui dit : « En vous envoyant commander mon armée, je vous donne les occasions de faire connaître votre mérite ; allez le montrer à toute l'Europe, afin que, lorsque je viendrai à mourir, on ne s'aperçoive pas que le roi est mort. »

Monseigneur quitta donc Versailles et arriva le 6 octobre devant Philippsbourg, suivi d'une troupe nombreuse de jeunes volontaires fort indisciplinés et qui déclaraient hautement qu'ils prendraient seuls la ville. Vauban fut effrayé du désordre que pouvaient occasionner les folies probables de ces gentilshommes. Il pria le Dauphin et le maréchal de Duras d'attacher chaque volontaire à l'un des régiments du siège, et d'ordonner que ce volontaire ne marcherait jamais qu'avec son régiment. Cette jeunesse donna lieu à une longue correspondance entre Duras et Louvois. Deux volontaires, ayant été aux tranchées sans le régiment qui leur était assigné, furent envoyés en prison au Fort-Louis et privés de l'honneur de combattre.

Ces menus détails peignent les mœurs de l'époque, où, malgré l'autorité du roi, la jeune noblesse respectait peu les règles de la discipline.

Le marquis de Courtenvaux, fils de Louvois, était aussi parmi les assiégeants. Le père le recommanda à Vauban, qui répondit le 4 octobre : « Je ferai, Monseigneur, pour M. de Courtenvaux ce que M. de Saint-Pouange m'a dit de votre part, avec joie et beaucoup de plaisir. C'est chose que de lui-même il m'avait demandée et que je lui avais promise. »

La pluie ne cessait de tomber et gênait fort Vauban, qui écrivit : « Si le temps qu'il fait venait par malheur à

continuer trois ou quatre jours, je ne sais ce que nous
ferions tous, car ce pays-ci n'est que boues et vases mal
desséchées, que les moindres pluies remettent en leur premier état. » En effet, il devint impossible de transporter
sur des chariots la grosse artillerie, les matériaux d'un
pont et les munitions. Il y avait à parcourir trois lieues
de marécages, et le maréchal se désespérait, lorsque Vauban lui donna le conseil de laisser tout le chargement sur
les bateaux qui l'amenaient de Strasbourg et de descendre
cette petite flotte en longeant les remparts. L'expédition
se fit pendant la nuit du 5 au 6. L'obscurité était profonde
et les bateliers manœuvraient dans le plus grand silence,
les rames entourées de linge. L'ennemi ne vit et n'entendit, rien; mais une sentinelle française du fort cria: *Qui
vive!* et donna l'alarme. Les postes avancés des assiégés
tirèrent au hasard quelques coups de mousquet, et, comme
rien ne bougeait, les soldats, croyant à une fausse alerte,
rentrèrent au corps de garde. Vauban écrivit le lendemain
matin à Louvois : « J'ai passé la nuit sur le bord du Rhin,
à cent pas des ouvrages de la place. La lune était cachée,
la nuit s'est faite fort obscure, et jamais nous n'avons pu
voir un seul de nos bateaux, tous tant que nous étions,
ainsi qu'ont fait nos ennemis... Tout était en silence, si
ce n'est qu'à mesure que les soldats doublèrent le derrière du fort ils firent leur décharge sur le dernier retranchement et leur dirent mille injures. Ce passage avance
nos affaires de deux ou trois jours. Je n'ai rien vu de
mieux que l'ordre avec lequel cette petite armée a
passé. »

Vauban était en quelque sorte responsable du Dauphin
envers le roi, et de Courtenvaux envers Louvois. Il ne
voulait pas exposer leurs vies, mais cherchait les bonnes
occasions pour les mettre en vue. Le fils de Louis XIV
était brave et désirait le prouver à l'armée. Quant au fils
de Louvois, il avait pu se faire connaître. Vauban, qui
pensait à tout, écrivait fort habilement le 9 octobre :
« Monseigneur m'a déjà demandé plusieurs fois à visiter
l'attaque du Bas-Rhin; mais, comme elle a été faite dans

le temps de notre indigence et qu'elle est, par conséquent, mauvaise, et de plus fort canonnée, je m'en suis excusé sur ce qu'il y avait de la boue jusqu'à mi-jambe; car, pour le canon, ce ne serait pas une raison bonne à lui dire. Il en a déjà passé près de lui, et je puis vous assurer qu'il ne s'en met pas en peine; car, dans le temps qu'il était allé voir le pont, on lui tira trois coups de canon qui passèrent fort près de lui et qui firent baisser la tête à bien des gens, sans qu'il fît seulement semblant de s'en être aperçu, et, soit par affectation ou autrement, il acheva de dire ce qu'il voulait; après quoi il passa outre et s'en alla au pas... M. le marquis de Courtenvaux descendit hier au soir la tranchée où il avait commandé seul; je lui ai l'obligation de m'avoir fait faire une très belle place d'armes, dont j'ai aujourd'hui rendu compte à Monseigneur. »

Malgré le zèle de Vauban, Louvois l'accusait de lenteurs, s'impatientait et écrivait aux uns et aux autres pour les inviter à presser Vauban de prendre la place, dût-il négliger quelques-unes des règles. Le chevalier du Tillet, ami de Louvois, qui avait aussi reçu sa lettre, répondit franchement : « M. de Vauban, depuis qu'il attaque des places, n'a jamais eu affaire à un si grand front ni à une situation si difficile par la qualité du terrain. Cependant il ne perd pas de temps, n'ayant pas un moment à pouvoir se tourner. Dieu nous le conserve, Monsieur, car je suis persuadé qu'il n'y a que lui capable d'approcher une place comme celle-ci; avec un autre, vous auriez présentement le quart de votre infanterie tuée ou blessée. Cependant il y a plus de huit mille hommes commandés tous les jours, et sans l'attaque du Rhin les approches de la grande tranchée seraient bien plus difficiles; et s'il y avait là dedans cinq ou six cents hommes de plus, je ne sais pas, Monsieur, s'il ne vous mènerait pas jusqu'à la mauvaise saison. La grandeur du roi paraît encore plus à ce siège qu'elle n'a fait à Luxembourg. Il nous y faudra plus de canon; encore ne sais-je si l'on parviendra à faire taire le leur. Il est certain qu'ils s'en servent comme d'un fusil, mettant les trois ou quatre coups dans le même endroit. »

De son côté, Vauban, pressé par Louvois, répondait : « Si l'on avait beau temps et que l'on pût être servi comme il faut, tout irait le mieux du monde ; mais avoir un front à attaquer d'un quart de lieue d'étendue et très bien fortifié dont les accès sont tous entrecoupés de flaques d'eau et de marais sédentaires, un temps de pluie qui désespère, beaucoup de nouvelles troupes, des munitions qui ne viennent que par pièces et morceaux, je vous assure que ce n'est pas une petite affaire. Cependant espérez-en bien, Monseigneur ; nous en avons surmonté d'autres, et j'espère que nous viendrons à bout de celle-ci. Au reste, je vous demande excuse d'avoir été trois jours sans vous écrire. Je suis si terriblement affairé que, si les jours avaient trente-six heures au lieu de vingt-quatre, je trouverais à les remplir jusqu'à la dernière minute. »

Cette lettre, du 13 octobre, était à peine parvenue au ministre de la guerre que Vauban écrivait le 17 du même mois : « Je suis bien fâché, Monseigneur, de ne pouvoir pas vous rendre compte plus souvent de ce que nous faisons, car je sais que cela vous ferait plaisir, et que de ne le point faire c'est vous très mal faire ma cour. J'en suis au désespoir, mais il n'y a remède ; car je suis, pour ainsi dire, nuit et jour à mon fait, d'une manière qui ne peut souffrir de distraction sans que le service du roi ne pâtisse. La faiblesse de nos équipages d'artillerie, les marais et l'inexpérience de nos officiers d'artillerie me désespèrent ; car il faut des quatre ou cinq jours pour pouvoir changer de batteries ; encore y manque-t-il toujours quelque chose. On peut dire que la plupart de nos artilleurs ne savent pas distinguer une demi-lune d'un bastion. Ceux de la place se servent à merveille de leur canon ; ils en ont dans tous leurs dehors, le placent très bien et si à propos, que jusqu'ici il n'y a pas une de mes sapes qui ait pu marcher de jour, chose qui ne m'est arrivée à aucun siège jusqu'ici. Un rendu d'hier au soir m'assure qu'il y a quatre-vingt-treize pièces de canon sur le rempart, que les munitions de guerre ne manquent point, non plus que les munitions de bouche, hors le vin, dont ils n'ont point une goutte... Nous avons ici trois cruels ennemis à combattre : la saison, qui, en deux ou trois heures de pluie, nous met dans la boue jusqu'au ventre ; la difficulté des accès, qui se réduisent, pour ainsi dire, à un point près de la place ; et la perpétuité des marais, qui ne laissent aucun choix pour les attaques. D'ailleurs, le gouverneur est un homme qui ne fait point de fautes... Cependant, avec toutes ces difficultés, pourvu que le beau temps nous veuille un peu favoriser et *que vous vouliez bien nous laisser faire,* j'espère que nous surmonterons tout, Dieu aidant ; mais il faut se modérer, et, dans les affaires où on reçoit contrariété de toutes parts, on n'en vient à bout qu'avec de la patience. »

Ces lettres mettent en relief les traits de cette belle figure de Vauban. C'est un fidèle serviteur toujours prêt à se sacrifier. Il met sa confiance en Dieu et s'arme de patience. Il reconnaît humblement que les canonniers de l'ennemi traitent les nôtres *de maître à valet.*

Une lettre écrite à Louvois par Vauban fait connaître l'emploi d'une de ses journées : «... Je suis accablé, et il n'est pas possible de visiter deux attaques par jour, où il faut voir et revoir je ne sais combien de choses différentes, raisonner, détailler, ordonner dix fois la même chose, et rendre tous les jours compte à Monseigneur une heure et demie ou deux heures durant, écrire à celui-ci, à celui-là, et mille autres détails dans lesquels il faut entrer, qui font que mon esprit trouve toujours les journées trop courtes ; mais mon corps, en récompense, les trouve bien longues, car si toutes nos tranchées étaient mises au bout l'une de l'autre, elles pourraient composer une ligne droite de six grandes lieues de long, dont je fais tous les jours plus des deux tiers, le plus souvent le pied mouillé, et par-dessus cent milliers de fascines qu'on a employées à paver la tranchée, dont le marcher dessus est à peu près aussi aisé que celui des rondins ; jugez de l'agrément de la promenade. »

Philippsbourg se rendit enfin, et ce fut à cette occasion que le duc de Montausier écrivit au Dauphin, son ancien élève, cette admirable lettre : « Monseigneur, je ne vous fais point de compliment sur la prise de Philippsbourg : vous aviez une bonne armée, des bombes, du canon et Vauban. Je ne vous en fais point aussi sur ce que vous êtes brave : c'est une vertu héréditaire dans votre maison. Mais je me réjouis avec vous de ce que vous êtes libéral, généreux, humain et faisant valoir les services de ceux qui font bien ; voilà sur quoi je vous fais mon compliment. »

Mᵐᵉ de Sévigné écrivit au comte de Bussy : « Voilà donc cette bonne place prise. Monseigneur y a fait des merveilles de fermeté, de capacité, de libéralité, de générosité et d'humanité, jetant l'argent avec choix, disant du bien, rendant de bons offices, demandant des récompenses et écrivant des lettres au roi qui faisaient l'admiration de la cour. Voilà une assez belle campagne... »

Dans une de ses lettres au roi son père, le Dauphin disait : « Nous sommes fort bien, Vauban et moi, parce que je fais tout ce qu'il veut. »

V

La prise de Philippsbourg valut à Vauban une riche gratification en or et cette lettre, écrite de la main de Louis XIV : « Vous savez, il y a longtemps, ce que je pense de vous et la confiance que j'ai en votre savoir et en votre affection. Croyez que je n'oublie pas les services que vous me rendez, et ce que vous avez fait à Philippsbourg m'est fort agréable. Si vous êtes aussi content de mon fils qu'il l'est de vous, je vous crois fort bien ensemble, car il me paraît qu'il vous connaît et vous estime autant que moi. Je ne saurais finir sans vous recommander absolument de vous conserver pour le bien de mon service. »

Le 30 octobre, c'est-à-dire le lendemain même de la

6*

prise de Philippsbourg, Vauban partait pour Manheim, qu'il voulait prendre.

Les troupes arrivèrent et le siège commença. Vauban avait oublié ses fatigues, et, tout joyeux, il écrivait à Louvois, le 8 novembre, cette lettre qui peint les Allemands de cette époque : « Si c'étaient des Français, j'en attendrais une sortie dès le matin; mais, comme la grande bravoure des Allemands ne se fait bien sentir qu'après midi, cela fait que je ne les appréhende pas, parce que la tranchée sera fort bien en état, et que nous aurons dîné aussi bien qu'eux. Ce sont, au fond, de fort braves gens; car, pendant que nous leur coupions cette nuit tout doucement la gorge du côté de la citadelle, ce n'était de leur part que fanfares de trompettes, timbales et hautbois du côté de l'attaque. Il n'y a point de menuets ni d'airs de nos opéras qu'ils n'aient fort bien joués; et cela a duré tout le temps qu'ils ont trouvé le vin bon, c'est-à-dire toute la nuit. Présentement, soit qu'ils se donnent le loisir de cuver leur vin, ou qu'ils se soient aperçus de la supercherie qu'on leur a faite du côté de la citadelle, il me paraît qu'ils sont un peu rentrés en eux-mêmes. Espérez bien, s'il vous plaît du reste, et soyez persuadé que je n'omettrai rien pour me rendre digne de la grâce qu'il a plu au roi de me faire en m'honorant d'une lettre de sa main. »

Vauban avait imaginé à Philippsbourg le tir à ricochet et l'employait à Manheim en cherchant à le perfectionner. La garnison renfermait un grand nombre de soldats de l'électeur palatin, qui, n'étant point payés depuis dix-sept mois, se révoltèrent en obligeant le gouverneur à capituler.

Louvois avait écrit à Vauban le premier jour du siège : « ... Je vous répète ce que je vous ai déjà mandé par commandement exprès du roi, qui est que Sa Majesté vous défend de mettre le pied à la tranchée. » C'est M. de Saint-Pouange qui répond à Louvois, le 16 novembre : « On n'a pas pu empêcher M. de Vauban, quelque ordre qu'on lui ait donné, d'aller à l'ouverture de la tranchée.

Il a un zèle et une application si grands pour le service
du roi, qu'il croit que s'il ne se donnait pas les soins et
les peines qu'il prend, les ordres qu'il donne aux ingénieurs ne seraient pas exécutés aussi bien qu'il le croit
nécessaire... »

Trois jours après la prise de Manheim, Vauban courait
à Frankenthal pour en commencer le siège. Le Dauphin,
encouragé par les succès de Philippsbourg et de Manheim,
ne quittait pas Vauban, qui écrivait à Louvois le 17 novembre : « Monseigneur ne s'ennuie pas du tout, et s'il
ne tenait qu'à lui et à moi, nous ferions fort bien le
siège de Coblentz... » Mme la Dauphine désirait ardemment le retour de Monseigneur, et se plaignait, en sou-
riant, que Vauban enlevait son époux.

Après trois jours d'attaque, Frankenthal capitula.

La campagne de 1688 était terminée. Le Dauphin,
avant de se séparer de Vauban, lui remit une gratification
de mille louis, plus deux mille pistoles au nom du roi ;
puis il ajouta devant les officiers : « Monsieur de Vauban, choisissez parmi les pièces d'artillerie conquises
pendant cette campagne quatre pièces que je vous donne
en souvenir de vos bons services. »

Cette dernière récompense n'étant point dans les habitudes militaires, Vauban voulut obtenir l'agrément du
roi. Il écrivit donc à Louvois : « J'ai cru devoir vous en
donner avis, afin d'avoir l'approbation du roi, sans quoi
je ne toucherai pas aux canons ; mais s'il a la bonté d'a-
gréer qu'un homme qui lui a aidé à lui en faire gagner
plus de deux mille en puisse tenir quelques-uns de sa
libéralité pour marquer aux siens et à la postérité que
ses services lui ont été agréables, je vous supplie de garder ces quatre pièces avec leur attirail, et de vouloir bien
ordonner qu'on m'en fasse quatre en échange de celles-
là, aux armes du roi, avec les miennes au-dessous, et
une inscription portant qu'elles m'ont été données pour
marque perpétuelle d'honneur et de reconnaissance de
mes services. Elles ne serviront qu'à solenniser la santé
de mes bienfaiteurs et à tirer le jour du Saint-Sacrement

pendant la procession. Cependant si, par hasard, vous avez quelque expédition de guerre à faire en Morvan, vous les trouverez là toutes prêtes. »

Le vœu de Vauban fut exaucé. Le roi lui donna quatre pièces de canon fondues exprès pour lui, avec les armes de France et les siennes.

Placés sur la terrasse du château de Bazoches, ces canons faisaient l'admiration de la province. Les révolutionnaires les enlevèrent en 1791, et, après les avoir traînés dans la boue, les firent disparaître.

Comme Vauban, le maréchal de Saxe eut ses canons au château de Chambord. Ceux-là aussi devinrent la proie des misérables sans respect pour la gloire et les services.

L'année 1689 commençait, trouvant M. de Vauban dans son château de Bazoches, qu'il avait racheté au prix de soixante-neuf mille livres. Il possédait en outre le château d'Épiry, qui venait de sa femme. En 1809, l'empereur Napoléon fit graver sur ce château l'inscription suivante : « Ici fut la demeure de Vauban ; il y médita les travaux qui l'ont rendu immortel. La France reconnaissante a déposé le cœur de ce grand homme non loin des restes de Turenne, sous le dôme des Invalides. »

C'est à Bazoches que l'inscription eût dû paraître, car cette résidence était chère à Vauban, qui aimait à y vivre.

Le grand ingénieur possédait un troisième château, celui de Magny, nommé souvent le château de Vauban. Dans les dernières années de sa vie, l'illustre ingénieur avait fondé dans ce château un véritable musée. C'était le plan de toutes les places fortes assiégées pendant le règne de Louis XIV et des mémoires explicatifs rédigés par Vauban. Plusieurs de ces plans étaient en relief. Au début de la révolution, toutes ces richesses furent transportées sur la place publique de Cublize et livrées aux flammes au nom de la liberté. Les plans, sauvés par un ancien commensal du château, devinrent l'occasion d'un échange. Le sauveur troqua tous les plans de Vauban contre deux tonneaux de vin de Beaujolais.

Une visite de Vauban dans son pays natal. (P. 133.)

Lorsque la campagne de 1688 fut terminée, Vauban se rendit donc à Bazoches pour y goûter quelque repos. Là, au milieu de sa famille, il vivait noblement, mais avec simplicité. Le jour, on le voyait passer à cheval, seul et modestement vêtu, traversant les villages d'alentour et s'arrêtant aux portes des chaumières pour y répandre ses bienfaits. La nuit venue, il s'enfermait pour travailler.

On se souvenait encore, il y a peu d'années, par une tradition vague, mais précieuse au villageois, d'une visite de Vauban à Saint-Léger-du-Fougeret après les sièges de Philippsbourg, de Manheim et de Frankenthal ; il arrivait de l'armée couvert de gloire, riche, aimé du roi, admiré de l'Europe. Son nom avait retenti dans ce pauvre village, témoin de son enfance. Ses compagnons d'autrefois cultivaient la terre et ne connaissaient que le sillon creusé par leur charrue. En ce temps-là, les moyens de communication étaient difficiles, la gazette pénétrait à peine dans les riches demeures de la bourgeoisie. Jamais, sous le chaume, une seule ne parvenait. Ce que les habitants de Saint-Léger-du-Fougeret savaient de Vauban était venu par quelque soldat, ami du merveilleux. Vauban avait donc sa légende au pauvre village.

Tous, vieillards et enfants, ménagères et laboureurs, accoururent au-devant du carrosse qui amenait Vauban. Les bannières au vent, les fenêtres garnies d'arbustes verts, le village en fête.

Lui, le sourire aux lèvres, plus heureux qu'à la prise d'une citadelle, descendit de sa voiture et se perdit dans cette foule de bonnes gens, embrassant l'un, serrant les mains de l'autre, appelant chacun par son nom, rappelant quelque bonne histoire d'autrefois. Une vieille femme qui avait souvent partagé avec lui son *époigne* (galette) se trouvant près du grand homme, il la pressa dans ses bras, glissant aux plis de son tablier une bourse pleine d'or.

Vauban aimait à se rappeler cette journée, une des plus belles de sa vie, et dont Louis XIV lui demanda le récit dans son palais de Versailles.

VI

L'humanité de Vauban semblait dominer tous ses qualités. Il avait pour la vie humaine un respect religieux.
Dans son *Mémoire pour servir d'instruction dans la conduite
des sièges*, il exprime ces belles pensées : « L'émulation
qu'il y a entre les officiers généraux fait souvent qu'ils
exposent les soldats mal à propos, leur faisant faire au
delà de leur possible, et ne se souciant pas d'en faire
périr une centaine pour avancer quatre pas plus que leurs
camarades. Ce que je trouve de plus surprenant, c'est
qu'on verra ces messieurs, lorsqu'ils auront été relevés
de tranchée, raconter et se vanter d'un air suffisant et
content qu'ils auront perdu cent ou cent cinquante hommes
pendant leur garde, parmi lesquels il y aura peut-être
huit ou dix officiers. Y a-t-il de quoi se réjouir? Et le
prince n'est-il pas bien obligé à ceux qui font avec la
perte de cent hommes ce qui se pourrait faire parfaitement avec celle de dix, moyennant un peu d'industrie?

« En vérité, si les États ne périssent que faute de bons
hommes pour les défendre, je ne sais pas de châtiments
assez rudes pour ceux qui les font périr mal à propos.
Cependant il n'est rien de si commun parmi nous que
cette brutalité qui dépeuple nos troupes de vieux soldats,
et fait qu'une guerre de dix années épuise tout un
royaume. »

Dans les conseils de guerre, lorsque les généraux et le
roi lui-même insistaient pour donner l'assaut avant l'a-
chèvement complet des travaux, Vauban disait : « ... J'ai-
merais mieux conserver cent soldats à Votre Majesté que
d'en ôter trois mille à l'ennemi. Vous perdrez tel homme,
Sire, qui vaut mieux que le fort assiégé. »

Il existe une lettre de Vauban qui a fait dire à Sainte-
Beuve : « Elle est à encadrer dans un cadre d'or ; elle est
à mettre à côté de telle page de l'Hôpital, de telle allocu-
tion de Gerson, de telle réponse de ces vieux et grands

parlementaires Achille de Harlay ou de la Vacquerie. C'est
l'éloquence du cœur toute pure et toute crue. »

En 1671, des officiers de la garnison d'Arras s'étaient
plaints de fraudes commises, disaient-ils, par les ingénieurs. Vauban demande une enquête à Louvois, et son
indignation lui dicte la lettre dont parle Sainte-Beuve.

Malgré sa longueur nous la reproduisons, car elle est
bien faite pour peindre un homme :

« Il est de la dernière conséquence d'approfondir cette
affaire, tant à l'égard du préjudice que le service du roi
en peut recevoir, si ces messieurs ont dit vrai, que de la
justice que vous devez à ceux qui, pour faire leur devoir
trop exactement, sont injustement calomniés. Recevez
donc, s'il vous plaît, toutes leurs plaintes, Monseigneur,
et les preuves qu'ils offrent de vous donner. Que si vos
grandes affaires vous occupent trop, commettez-y quelque
honnête homme qui examine bien les choses à fond et
qui vous en rende compte après ; car, encore une fois, il
est de la dernière conséquence d'approfondir cette affaire.
Ne craignez point d'abîmer les ingénieurs sous mes ordres,
Mongevrault et Vollant, s'ils sont trouvés coupables. Je
suis sûr qu'ils n'appréhendent rien là-dessus ; mais quand
cela serait, pour un perdu deux recouvrés.

« Quant à moi, qui ne suis pas moins accusé qu'eux,
et qui, peut-être, suis encore plus coupable, je vous supplie et vous conjure, Monseigneur, si vous avez quelque
bonté pour moi, d'écouter tout ce que l'on pourra dire
contre et d'approfondir, afin d'en découvrir la vérité ; et
si je suis trouvé coupable, comme j'ai l'honneur de vous
approcher de plus près que les autres, et que vous m'ho-
norez d'une confiance plus particulière, j'en mérite une
bien plus sévère punition. Cela veut dire que si les autres
méritent le fouet, je mérite du moins la corde ; j'en pro-
nonce moi-même l'arrêt, sur lequel je ne veux ni quartier
ni grâce. Mais aussi, si mes accusateurs ne peuvent pas
prouver ou qu'ils prouvent mal, je prétends que l'on
exerce sur eux la même justice que je demande pour moi.
Et sur cela, Monseigneur, je prendrai la liberté de vous

dire que les affaires sont trop avancés pour en demeurer
là ; car je suis accusé par des gens dont je saurai le nom,
qui ont jeté de très méchants bruits sur moi, si bien qu'il
est nécessaire que j'en sois justifié à toute rigueur. En un
mot, vous jugez bien que, n'approfondissant point cette
affaire, vous ne me sauriez rendre justice, et, ne me la
rendant point, ce serait m'obliger à chercher les moyens
de me la faire moi-même, et d'abandonner pour jamais
la fortification et ses dépendances.

« Examinez donc hardiment et sévèrement, bas toute
tendresse ; car j'ose bien vous dire que sur le fait d'une
probité très exacte et d'une fidélité sincère, je ne crains
ni le roi, ni vous, ni tout le genre humain tout ensemble.
La fortune m'a fait naître le plus pauvre gentilhomme de
France ; mais, en récompense, elle m'a honoré d'un cœur
sincère, si exempt de toutes sortes de friponneries qu'il
n'en peut même souffrir l'imagination sans horreur. »

L'enquête se fit, et prouva d'une éclatante façon la
fausseté des accusations portées contre les ingénieurs.

Aux yeux des officiers, Vauban était la personnification
du siège, chose fort peu agréable pour les gens de cour.
Il fallait vivre de longs jours dans la boue, passer de
froides nuits à veiller, vivre pauvrement et mourir obscurément dans les tranchées. Ces gentilshommes préféraient
une campagne de guerre à ces sièges sans cesse renouvelés. Vauban était l'objet de leurs attaques, reproduites
sous mille formes. Les ministres eux-mêmes, excepté
Louvois, goûtaient peu les façons quelquefois rudes de
Vauban. Il arrivait souvent que ses lettres n'étaient pas
mises sous les yeux de Louis XIV, à cause de leur franchise dépouillée des formes convenues. Il aimait à citer
un proverbe espagnol : *La vérité est verte.*

Il existe au Dépôt des fortifications une lettre de Vauban
écrite le 19 avril 1695 à Lepelletier ; on y lit : « ... Le roi,
de qui j'ai l'honneur d'être connu à fond, est accoutumé
à toutes mes libertés, et dès que je cesserai d'être libre,
il me prendra pour un homme qui devient courtisan et
n'aura plus de créance en moi. Il vaut mieux, s'il vous

plaît, avoir la bonté de lui dire les choses comme je les écris. Sa Majesté, sachant mieux que personne que je n'ai nulle intention, me pardonnera plutôt qu'un autre les grossièretés qui m'échapperont. »

L'expression est forcée, car jamais Vauban n'employa la grossièreté. Il savait même à l'occasion se montrer fort habile et d'une extrême délicatesse pour adoucir l'amertume de certaines vérités peu agréables à entendre.

Parmi de nombreux mémoires, il en est qui touchent à la personne même du roi. Vauban fut le premier à traiter cette question, tant de fois discutée depuis et même de nos jours :

Le souverain doit-il commander en personne ses armées ?

Les hommes étrangers au métier des armes et les amis du prince prétendent qu'en temps de guerre la place du roi est à la tête de ses troupes. Les officiers et les soldats, disent-ils, sont honorés d'obéir au monarque, et sa présence est un encouragement pour tous. On ne saurait douter que la faveur y trouve grand profit ; aussi les familiers encouragent-ils le prince à jouer le beau rôle de général en chef.

Si tous les souverains possédaient les talents militaires d'Henri IV, de Frédéric II, de Gustave-Adolphe ou de Napoléon Ier, la question ne se poserait pas. Nous dirions même que si tous avaient le courage et la haute raison de Louis XIV, le commandement des armées en campagne ne serait pas un péril pour la nation. Ce fut cependant sous le règne de Louis le Grand que Vauban, son conseil dans les sièges, a la loyauté d'écrire un mémoire dont la forme voile fort spirituellement le fond. Ce mémoire fut présenté au roi en 1678, après la paix de Nimègue, lorsque Vauban avait vu si souvent le roi commander en personne.

« Si Sa Majesté veut bien désormais se réduire à faire le personnage d'un grand roi, qui est le seul qui convient à son âge et à sa grandeur, au lieu de celui d'un de ses généraux, ou tout au plus de son connétable, pendant que toutes les parties de son royaume souffrent de son absence dans le temps que sa présence y est plus nécessaire, elle fera un très grand plaisir à sa cour et à tous ses sujets, et épargnera annuellement plus de six cent mille livres.

« Si Sa Majesté voulait encore faire la même chose à l'égard de Monseigneur, elle ferait un véritable plaisir à ses peuples, que le souvenir des maladies de l'État, toujours inséparables des minorités, effraye, et fait qu'ils ne peuvent sans étonnement voir exposer l'héritier présomptif de la couronne comme un simple officier général, et cette frayeur qui se communique aux armées y fait un embarras capable de causer le trouble dans un jour d'occasion par la crainte où tout le monde serait de le perdre. Cet article vaudrait encore une épargne au roi de plus de cent cinquante mille livres. »

Les économies qui semblent préoccuper Vauban ne sont, en réalité, que secondaires dans son esprit; ce qui le préoccupe est le danger pour une armée, pour un pays, de voir le commandement militaire exercé par un homme digne du plus grand respect, mais étranger à la science de la guerre, si haute et si profonde. La stratégie et la tactique exigent une grande expérience, de longues études, un caractère particulier, une certaine tournure d'esprit que ne possèdent pas toujours les monarques les plus remarquables. Or d'une seule campagne, quelquefois d'une seule bataille, d'une seule marche dépendent l'honneur et le salut d'un peuple.

Sans doute le souverain qui se place à la tête de ses armées a près de lui un général qui le guide; mais l'autorité suprême ne s'accommode pas toujours d'une tutelle, et d'ailleurs le conseiller a ses faiblesses, et, pour ne pas encourir les défaveurs, se soumet lorsqu'il faudrait résister.

Vauban avait donc raison de conseiller au souverain de « se réduire à faire le personnage d'un grand roi, qui seul convient à sa grandeur. »

Cette circonstance de la vie de Vauban fait ressortir sa qualité maîtresse, qui était le *bon sens*, chose si rare même avec l'instruction, même avec le génie.

Quelques années après avoir écrit le mémoire dont nous venons de parler, Vauban donna un exemple de bon sens plus remarquable encore, s'il est possible.

Lorsqu'en 1694 les milices bourgeoises de la Bretagne furent organisées, le roi décida que les officiers de ces milices seraient nommés par les soldats. Ce système, mis en pratique à la révolution et depuis, fut loué à la ville et au village. Vauban désapprouva hautement ces élections populaires. Il aimait le peuple sans le flatter; il le voulait heureux, mais non souverain maître. Alors le loyal ingénieur écrit à Pontchartrain : « Je ne sais quelle raison a pu induire le roi à faire des paysans capitaines de paroisse à la nomination de leurs concitoyens; cela me passe. Ce que j'en sais de bien certain, c'est que de tous ceux que j'ai trouvés de tels, il n'y en a pas un seul qui ait la moindre teinture de guerre; ils n'ont ni autorité pour se faire obéir, ni créance, ni savoir, ni dignité, ni rien qui sente le commandement; ce sont des paysans lourds et grossiers qui n'oseraient reprendre aucun de ceux qui sont sous leur commandement; aussi n'en tire-t-on service qui vaille. Je vous en donne avis comme d'une très mauvaise chose qui mérite correction. Il y a des gentilshommes à choisir; le pays en est plein; pourquoi ne pas prendre de ceux-là, puisque naturellement ils ont de l'autorité sur les paysans, et sont faits pour s'en faire obéir, et que, appréhendant plus les reproches, ils sont moins sujets à faillir? Je ne sais qui a pu donner un tel conseil, mais je puis assurer qu'il est tout des plus mauvais, et Dieu me garde d'être jamais obligé à me servir de telles gens pour une action d'honneur. »

Quatre jours après, le 22 octobre 1694, Vauban écrivait : « Je ne puis m'empêcher de prendre la liberté de vous dire encore qu'une des plus ordurières fautes qu'on ait faites en Bretagne, a été la cassation des gentilshommes capitaines de paroisse, pour substituer en leur place des paysans qui n'ont ni bouche ni éperons, ni cœur ni honneur. Il me paraît qu'il est de cela comme de quelqu'un à qui on couperait le bras parce qu'il aurait mal au bout du doigt. Serait-ce là un bon remède ? Non. Il n'y avait qu'à bien châtier ceux qu'on aurait trouvés en faute, sans détruire un établissement naturel qui était raisonnable, et sur qui on pouvait compter pour quelque chose. J'ai ouï dire que c'est M. de Pommereul qui est l'auteur de ce bel avis ; si cela est, il est bien digne de lui. »

C'est toujours l'homme de bon sens qui parle. Il veut que les armées ne soient pas commandées par le roi ; il veut aussi que les milices n'obéissent pas aux paysans nommés capitaines par leurs soldats.

Toutes les questions qui ne sont pas encore résolues de nos jours, les questions qui passionnent les hommes politiques à la fin du XIXe siècle, étaient tranchées par Vauban, il y a deux cents ans. Avec son inaltérable bon sens et sa complète indépendance d'esprit, il allait droit au but, sans se laisser égarer par l'opinion du jour.

En 1695, le roi ordonna une levée générale, et le public applaudit fort en disant qu'une armée composée de toutes les classes de la société serait meilleure que l'armée telle qu'elle avait été jusqu'alors. Appelé à faire connaître son opinion sur ces levées, Vauban répondit : « Ce sont autant de régiments de noblesse composés de plusieurs compagnies, les unes fortes, les autres faibles, les uns à pied par impuissance d'être mieux, et les autres à cheval sur roussins, cavales, chevaux de charrettes et bidets ; ce qui, joint au peu de subordination, fait le plus mauvais composé et, à mon avis, les plus méchantes troupes du monde.

« Il y a des gens de qualité et de courage qui ont de la bonne volonté ; quelques-uns ont du bien, mais en petite quantité ; la plupart sont pauvres et très mal montés ; procureurs, notaires et avocats qui ont de petits fiefs, et plusieurs autres de professions au-dessous de celles-là qui ne dérogent point en ce pays-ci. Il y a encore parmi cela quantité de pauvres gentilshommes qui n'ont rien du tout et qui se présentent à pied aux revues et demandent le lendemain congé, comme gens qui n'ont pas de quoi vivre hors de chez eux. »

Vauban n'est jamais dupe des illusions militaires ; il ne

croit pas plus à la valeur des milices bourgeoises qu'au courage de l'arrière-ban de la noblesse. Il ne connaît qu'un vrai soldat, celui de l'armée permanente, commandé par de vrais officiers, dont l'existence est vouée au métier des armes.

L'esprit laborieux de Vauban ne se bornait pas à étudier les questions militaires, il allait avec une infatigable ardeur vers les sujets les plus étrangers à sa profession. Ainsi, à cette époque où le journalisme faisait à peine entendre sa voix, le grand ingénieur devina non pas la puissance, mais l'influence qu'il devait exercer. Louvois, qui avait un gazetier à sa solde, ne comprenait pas tout le parti qu'il en pouvait tirer. Vauban écrivit au ministre, le 14 juillet 1674 : « Je ne puis plus souffrir la stupidité de votre gazetier ; il faut ou que vous y mettiez bon ordre, ou que vous trouviez bon que je présente un placet au roi, tendant à ce qu'il plaise à Sa Majesté de supprimer la gazette et toutes les ridicules relations qu'on nous imprime tous les jours, ou de donner cet emploi à quelque plume hardie et enjouée ; je veux bien qu'elle soit sincère, mais il n'est pas défendu, en matière de gazette, d'orner une bonne nouvelle, non plus que d'en adoucir une mauvaise ; enfin j'en voudrais un qui fût capable de tourner en ridicule (mais bien à propos) celles de Hollande et de Bruxelles, sur l'infinité d'hyperboles qu'elles nous débitent ; car il est fort honteux à nous qu'il paraisse à toute l'Europe qu'on parle mieux français dans les pays étrangers que chez nous.

« Je sais que vous traitez la *Gazette* de bagatelle ; mais ils n'en font pas de même, et je crois qu'ils ont raison ; car, après tout, elle a pouvoir sur la réputation : et ceux qui ne voient pas ce qui se passe sur les lieux ne peuvent guère juger de nos actions que par là. Vous-même, Monseigneur, la lisez avec application. Pour conclure, l'emploi en est assez bon pour mériter l'occupation d'une plume très délicate ; le royaume en foisonne ; faites-en essayer de toutes façons sans faire semblant de rien, et servez-vous après de celle qui vous accommodera le mieux. »

VII

On composerait plusieurs volumes avec la correspondance de Vauban ; il écrivait à Louvois deux ou trois fois par semaine au moins, et à ses ingénieurs presque chaque jour. Mais il y a peu de lettres de lui aux hommes du monde, aux gens de lettres, même aux savants. Son esprit essentiellement pratique considérait les œuvres d'imagination comme bonnes tout au plus pour la jeunesse.

Nous comprenons difficilement de nos jours la prodigieuse activité des hommes de ce temps. Nos occupations n'ont rien de comparable à leurs labeurs. Il n'est pas un souverain du XIXᵉ siècle travaillant avec autant d'ardeur que Louis XIV, examinant comme lui toutes les questions, les étudiant, les discutant et donnant des solutions profondément méditées. Il n'est pas un ministre laborieux comme Louvois ou Colbert, pas un officier général absorbé par ses devoirs et ses méditations autant que Turenne, Vauban ou Catinat. Autour d'eux une société futile perdait, il est vrai, un temps précieux, mais eux donnaient aux journées plus d'étendue en se levant aux lueurs de la lampe, en se couchant après une veillée laborieuse, en ne perdant pas un temps précieux en courses vaines, en conversations vides, en intrigues passagères.

Vauban ne passait pas un jour sans observer et sans se rendre compte de ce qu'il voyait. Même en voyage, il étudiait non pas la beauté d'un paysage, mais la bonté d'une terre. Ainsi, se rendant à Antibes pour la fortification, il voit la province, et s'empresse d'écrire à M. Lepelletier : « Le soleil de Saint-Paul est le plus beau de la Provence et le pays où croissent les plus belles oranges de toute espèce qui sont là en plein vent, hiver et été, ce qui ne se trouve point ailleurs, hors à Hyères, où elles ont gelé à Saint-Laurent. Ce territoire est couvert de vignes et de figuiers, et dans la même terre on y voit communément de ces trois sortes de plantes disposées par alignement avec des blés entre deux; de sorte que le même héritage porte du blé, du vin, des olives et des figues. Tout cela est cultivé avec beaucoup de soin ; mais le mal est que la sécheresse les désole et rend très souvent leurs travaux inutiles. Une dépense de dix à douze mille écus pourrait leur donner un arrosement qui doublerait les revenus de ce petit pays; c'est une commodité inconnue dans celui où vous êtes, qui ne va pas à moins qu'à doubler le rapport de toutes les terres qu'on peut arroser. Je n'en vois que dans le Dauphiné, la Provence et le Roussillon, qui en font un excellent usage, notamment les Dauphinois de la montagne, qui s'en servent avec une industrie merveilleuse. »

Le dépôt des fortifications et les archives de la guerre renferment beaucoup d'écrits de Vauban qui n'ont pas été publiés. Mais de nombreux ouvrages de lui ont vu le jour. Nous citerons :

L'Importance dont Paris est à la France; traité d'une excellente noblesse ;

Mémoire des dépenses sur lesquelles le roi pourrait faire quelques économies ;

Moyens de rétablir nos colonies de l'Amérique et les accroître en peu de temps ;

Le Canal du Languedoc ;

Plusieurs Maximes sur les bâtiments ;

Traité de la culture des forêts ;

Calcul estimatif pour connaître jusqu'où peut aller la production d'une truie pendant plusieurs années ;

Moyen d'améliorer nos troupes et de faire une infanterie perpétuelle très excellente ;

Attaque et défense des places.

D'autres ouvrages existent encore, qui ne se trouvent que difficilement. Mais il en est un qui a pour titre : *Oisivetés,* et qui est digne d'occuper une belle place dans les bibliothèques.

Parmi les mémoires de Vauban, celui qui mérite une attention particulière est inspiré par la pensée de créer une décoration militaire.

L'illustre ingénieur voulut remplacer les gratifications en argent par une distinction honorifique. Il sembla cette fois entrer dans un ordre d'idées qui d'ordinaire n'attirait pas son attention. Son mémoire commence par des considérations historiques sur les ordres précédents.

Il y en avait eu depuis longtemps. Louis IX institua l'ordre du Navire; puis vinrent les ordres de l'Étoile et celui de Saint-Michel; enfin l'ordre du Saint-Esprit, réservé aux princes du sang et aux grands dignitaires.

Henri IV, comme le dit Vauban, eut la pensée de créer un ordre militaire qui fît connaître d'un coup d'œil les services, les campagnes et les blessures. Tous les gens de guerre, même les simples soldats, pouvaient faire partie de cet ordre, qu'Henri allait fonder lorsqu'il fut assassiné. S'emparant de la pensée du Béarnais, Vauban la modifia, et fit accueillir son projet par Louis XIV.

Jusqu'alors tous les ordres étaient réservés à la noblesse. Vauban donnait au nouvel ordre le nom d'Henri IV, et le rendait accessible à tout officier, quelle que fût sa naissance. Le roi voulut donner pour patron à la nouvelle chevalerie un saint guerrier, et choisit saint Louis.

La croix de Saint-Louis jouit tout d'abord d'une considération et d'une popularité sans exemple jusqu'alors. Le roi portait toujours sur sa poitrine la décoration de simple chevalier.

L'édit de création parut en 1693. L'ordre comprenait trois degrés hiérarchiques : grands-croix, commandeurs ou cordons rouges et chevaliers. Le nombre total des membres était de quatre cent quarante-cinq. La devise : *Virtutis bellicæ præmium*, se lisait sur la décoration.

Tous les souverains de l'Europe imitèrent successivement cette institution militaire.

Aboli à la révolution, rétabli en 1814, aboli de nouveau en 1830, l'ordre de Saint-Louis a cessé d'exister. Profondément regrettée par l'armée française, cette distinction militaire n'était obtenue qu'après vingt-cinq ans de loyaux services, ou pendant la guerre pour un acte de bravoure.

La croix de Saint-Louis n'a jamais été abolie légalement; mais un décret du 28 brumaire an II frappa les chevaliers du titre de *suspects*. En 1830, on déclara que la loi du 6 août 1791 qui prohibait les signes extérieurs avait atteint la décoration de Saint-Louis. Cependant, le 29 septembre et le 16 octobre 1791, le roi Louis XVI confirmait par des décrets l'ordre de Saint-Louis.

Dangeau rapporte que Louis XIV refusait souvent la croix à de braves officiers, en leur disant : « Non, pas encore, mais deux mille écus de pension. »

Ces officiers préféraient un simple ruban à la somme d'argent qui les enrichissait.

Lorsque le premier consul Bonaparte institua la Légion d'honneur, le 19 avril 1802, il s'inspira de la pensée de Vauban, mais en élargissant le cercle, puisque tous les mérites sont des titres à l'admission dans l'ordre.

L'ordonnance de Louis XIV, qui instituait l'ordre royal et militaire de Saint-Louis, proclamait que cet ordre serait la récompense des officiers, et principalement des pauvres gentilshommes.

Le mémoire de Vauban renfermait non seulement des considérations militaires, mais touchait aux questions politiques et sociales; il abaissait, s'il ne les brisait, les barrières qui jusque-là séparaient entre eux les officiers. La naissance, la fortune, le crédit à la cour élevaient tel capitaine aux honneurs et aux distinctions, tandis que tel autre, quoique digne et brave, ne recevait d'autre récompense qu'une modique pension s'il était estropié.

Rien ne releva plus les pauvres gentilshommes des provinces, aux yeux des peuples, que cette décoration de Saint-Louis. Pour la première fois les services personnels furent honorés à l'égal de la naissance.

VIII

On lit dans l'*Histoire du génie,* par le général Allent, un trait qui donne non seulement la mesure du courage de Vauban, mais aussi ce genre de courage qui vient de l'âme plus que de la tête. « Au début du siège de Luxembourg, il n'avait voulu confier à personne le soin de reconnaître les abords de la place. Chaque nuit il s'avançait lui-même jusqu'à la palissade, soutenu par des grenadiers couchés ventre à terre. A l'une de ces reconnaissances il fut découvert par les assiégés; déjà les fusils s'abaissaient prêts à faire feu sur lui. Vauban remarqua ce mouvement, et, avec le plus grand calme, il fit signe de la main aux ennemis de ne pas tirer, et continua de s'avancer vers eux. Les ennemis, le prenant pour un des leurs, relevèrent leurs armes et le laissèrent continuer tranquillement son opération. Vauban atteignit ainsi les palissades du chemin couvert, l'examina, sonda les glacis à plusieurs endroits, et s'en revint tranquillement, sauvé par son sang-froid, sa présence d'esprit et l'excès même de sa témérité. »

Cette sorte de courage est plus rare qu'on ne pense, car il n'est pas excité par cette ivresse du cœur qui inspire souvent les actions d'éclat tout en troublant la raison.

Comme il voyait clairement et froidement au milieu des assauts les plus meurtriers, Vauban connaissait les plus méritants et les signalait au ministre et même au roi. Non content de recommander ceux qui servaient sous ses ordres, il découvrait les bons serviteurs partout où ils étaient, et appelait sur eux l'attention de Sa Majesté. Ainsi, se trouvant à Brest en 1694, il écrit au ministre de la marine : « ... Ayez encore la bonté, s'il vous plaît, Monseigneur, de vous souvenir du sieur Jean Bart, de Dunkerque. C'est un très bon sujet, à qui il est temps que vous fassiez faire un cran. Et puisque je suis après, j'oserai encore prendre la liberté de vous faire souvenir de M. de Fricambault, qui est fort bon officier, et fils d'un homme illustre et de mon pays, qui est une chose bien rare. »

Les travaux sans cesse renouvelés de Vauban épuisèrent sa santé. En revenant d'une tournée à Philippeville et Charlemont, il tomba malade à Lille, et peu de jours après son état devint tellement grave que ses amis conçurent de sérieuses inquiétudes. Louvois, ayant été prévenu, lui écrit le 24 décembre 1689 : « ... Je ne m'attendais pas que, sachant la part que je prends à votre santé, j'aurais de pareilles nouvelles par d'autres que par vous. Le roi ne veut pas que vous pensiez à aller à Ypres, à Dunkerque et Calais ; Sa Majesté désire que vous vous rendiez à Versailles... Vous trouverez ici, à Paris, de plus habiles médecins qu'au lieu où vous êtes. »

Vauban vint donc à Paris, et de là à Bazoches, où il demeura en congé pendant la plus grande partie de l'année 1690, cherchant à rétablir sa santé si fortement ébranlée. Il ne se passait pas de jour qui n'apportât au château une lettre de Louvois. Le ministre adressait des plans et des projets à Vauban, qui les modifiait, les complétait ou les approuvait. Il veillait une partie des nuits, et s'enfermait le jour dans sa bibliothèque, écrivant, dessinant, et remettant aux courriers sa volumineuse correspondance pour le roi ou le ministre.

Mais, lorsqu'il fut averti de l'ouverture de la campagne de 1691, rien ne put retenir Vauban, qui se rendit auprès de Louvois. Quelques jours avant son arrivée, Louis XIV avait exprimé au ministre de la guerre la crainte que l'état de santé de Vauban ne lui permît pas de prendre part à la campagne. La réponse de Louvois à Sa Majesté, quelque intime et familière qu'elle soit, mérite d'être rappelée, parce qu'elle prouve combien le roi s'intéressait à son grand ingénieur. « Monsieur de Vauban se porte bien ; il s'est fait arracher une dent qui lui causait sa fluxion, et la fièvre qu'il a eue ne venait que de là. »

Le jeudi 21 mars 1691, Louis XIV, Monseigneur le Dauphin, Monsieur, et le maréchal de la Feuillade arrivèrent devant Mons, qui allait être assiégé. Les dames n'étaient point du voyage. Le duc de Saint-Simon prétend qu'elles eussent voulu en être, et que Mme de Maintenon, fort mécontente, accusa Louvois de les avoir retenues à Versailles.

Vauban dirigeait ce siège, qui attirait les regards de

toute l'Europe. On s'attendait à voir le prince d'Orange marcher au secours de la place. Une grandé et décisive bataille semblait donc probable, et les gazetiers publiaient cette fois des articles sur la guerre, rendant compte des opérations et désignant les corps qui combattaient, leurs succès et le nombre des morts.

Ces malheureux gazetiers étaient rudement menés par Louvois, qui écrivait à l'un d'eux : « Je vous prie de vouloir mieux vous expliquer quand vous parlez de ce siège-ci ; car, quand vous dites que la tranchée étant à vingt toises de l'ouvrage à corne, on a sapé le demi-bastion dudit ouvrage, ce sont des expressions ridicules. Il n'est point vrai qu'il y ait eu de lieutenant d'artillerie tué. Je vous ai déjà fait dire de ne vous point mêler de nommer les troupes qui sont dans les armées, et je vous prie que ce soit la dernière fois que cela vous arrive. »

Louvois prit le parti de demander des notes à Vauban et de faire composer les articles de journaux par ses secrétaires.

Les généraux, les personnages qui accompagnaient le roi, Sa Majesté elle-même pensaient que le prince d'Orange ne tarderait pas à paraître. Le roi faisait sans cesse avancer de nouvelles troupes : dix-huit bataillons le 1er avril, cent quarante escadrons huit jours après.

Seul, Vauban déclarait hautement que le siège ne serait point troublé par une armée de secours. Il exprimait son opinion un peu rudement dans une lettre à Louvois. Après avoir démontré par des raisons stratégiques que le prince d'Orange ne s'approcherait pas, Vauban ajoutait : « ...Cela se touche au doigt et à l'œil, et se voit aussi clairement qu'une chose de fait. Quelle apparence y avait-il qu'une armée de secours puisse réussir ? Toutes ces réflexions-là sont très communes et ne peuvent manquer de passer par l'esprit d'un homme qui pense sérieusement à secourir une place. Cela étant, serait-il bien possible qu'elles eussent été capables de faire prendre une telle résolution au prince d'Orange ? Pour moi, j'estime que d'avoir une telle pensée de lui serait lui faire plus de tort que de lui prendre Breda. »

Mons fit sa soumission le 8 avril ; le lendemain Dangeau écrivit dans son journal : « Le roi a donné ce matin à Vauban cent mille francs, et l'a prié à dîner ; honneur dont il a été plus touché que de l'argent ; il n'avait jamais eu l'honneur de manger avec le roi. Sa Majesté a donné mille pistoles à Vigny, qui commandait l'artillerie, et deux mille pistoles à M. de Mesgrigny, l'ingénieur. »

La mort de Louvois, le 16 juin 1691, mit un terme à la longue correspondance de Vauban avec ce ministre. Le noble cœur de Vauban conserva un pieux souvenir de reconnaissance pour l'homme qui avait été son bienfaiteur.

Cette mort rendit plus directes les relations de Vauban avec le roi. Les fonctions de Louvois avaient une importance telle que le roi voulut les diviser. Il les partagea donc entre Lepelletier, contrôleur général, son frère de Souzy, Villacerf et Dangeau, Sa Majesté se réservant la haute direction de la guerre, avec Chamlay pour conseiller.

Louis XIV fit lui-même le plan de la campagne de 1692. Il y mit une sorte d'orgueil ; car, depuis trente ans, à l'étranger aussi bien qu'en France, Louvois était considéré comme l'auteur de tous les projets.

Les historiens ont admiré la pensée qu'avait eue le roi de s'emparer de la place de Namur. Louvois aussi avait eu cette pensée, et Vauban en étudiait le projet, comme le prouve une correspondance du mois de juin 1691, conservée aux archives de la guerre.

Quoi qu'il en soit, Louis le Grand s'attribua le mérite et la gloire de cette conquête, comme le démontrent les œuvres de Louis XIV (tome IV, page 389), dans le récit de ce siège mémorable : « Le roi partit de son camp le 3 juillet, pour retourner à petites journées à Versailles, d'autant plus satisfait de sa conquête, que cette grande expédition était uniquement son ouvrage, qu'il l'avait entreprise sur ses seules lumières, et exécutée, pour ainsi dire, par ses propres mains, à la vue de toutes les forces de ses ennemis ; que par l'étendue de sa prévoyance il avait rompu tous leurs desseins et fait subsister ses armées. »

Si les sentiments exprimés dans ces lignes ne sont pas

des témoignages de modestie, il y faut voir cependant quelque chose de grand. Ce roi, que tant d'historiens ne nous présentent qu'entouré d'une cour brillante et futile, est cependant occupé de sérieux travaux. Il combine des plans de guerre, et, pour en assurer l'exécution, il s'éloigne de Versailles, s'expose aux périls de la guerre, et partage les fatigues de son armée. Il est temps de rétablir la vérité historique et de rendre aux princes la justice qu'ils méritent.

Mais revenons au siège de Namur.

La place fut investie le 24 mai 1692, pour ainsi dire, en présence des alliés, qui avaient plus de cent mille hommes dans les Pays-Bas. Il fallut donc pour couvrir l'armée assiégeante une seconde armée française, très nombreuse, sous les ordres du maréchal de Luxembourg.

La garnison de Namur se composait d'Allemands, de Hollandais et d'Espagnols, au nombre de neuf mille hommes.

L'ingénieur chargé de la défense de la place était Cohorn, l'émule de Vauban, et que l'école allemande place même au-dessus de celui-ci.

Menno, baron de Cohorn, né en 1641 dans la Frise, était fils d'un capitaine d'infanterie fort instruit, qui lui enseigna les principes de l'art de la guerre, et particulièrement la science de la fortification. Capitaine au service des Pays-Bas à l'âge de seize ans, le jeune homme prit part à la défense de Maestricht en 1673, et la même année au siège de Grave. Il inventa à cette époque de petits mortiers qui rendirent d'importants services. Après la bataille de Senef, en 1674, il obtint le grade de colonel comme récompense de sa belle conduite.

Sa réputation grandissait de jour en jour, et parvint jusqu'à Vauban, qui ne le perdit pas de vue et le considéra dès lors comme un adversaire fort sérieux. Après le traité de Nimègue (1680), l'ingénieur allemand fortifia Coevorden d'après un système nouveau, qu'il défendit en publiant deux ouvrages (1682 et 1685), ouvrages traduits en français (1741).

Le système de Cohorn produisit une grande sensation en Allemagne, et fut même préféré aux méthodes de Vauban, non pas en France, mais au delà du Rhin.

Tel fut l'homme qui, en 1692, défendit Namur contre Vauban; celui-ci l'emporta, mais Cohorn ne tarda pas à reprendre la place par un feu d'artillerie concentré autant que possible sur le même point.

Il ne faut pas comparer Vauban et Cohorn, comme les ingénieurs l'ont tenté trop souvent; les Allemands donnent la supériorité à celui-ci, tandis que les Français préfèrent celui-là. Chacun d'eux, placé dans des conditions particulières, s'est inspiré de ces conditions. Cohorn a exposé son système sous trois aspects différents, calculés sur le sol de la Hollande, qui est généralement à fleur d'eau.

Dans la manière de cet ingénieur, le corps principal est relativement bas, pourvu d'une escarpe en maçonnerie dérobée au feu direct de l'ennemi par des ouvrages élevés qui le précèdent. Les bastions, au nombre de six à huit, sont pleins et spacieux, avec de larges flancs et des places étroites. Une fausse braie pour l'infanterie, séparée du rempart principal par un fossé sec, l'entoure, ainsi que les ravelins. Le grand fossé et le fossé des ravelins sont inondés. Les couvre-faces ont si peu de développement que, lorsque l'ennemi s'en est emparé, il lui est impossible de s'y maintenir. Le chemin couvert est vaste, pourvu de grandes places d'armes, et possède, comme les ravelins, des réduits et des traverses en maçonnerie. Le sol des fossés secs, de même que le chemin couvert, sont à fleur d'eau, de sorte que l'assiégeant ne saurait y creuser des tranchées, et se voit obligé pour s'y couvrir d'apporter de loin des matériaux. Ils sont en outre défendus par des feux de mousqueterie au moyen de caponniers à fossé et de galeries de dégagement. En avant de l'épaulement du bastion se trouve sur la fausse braie un orillon en maçonnerie pourvu de casemates munies de pièces enfilant le fossé de la fausse braie en avant des faces du bastion. Le flanquage est partout convenablement ordonné, et l'offensive contre l'assiégeant facilitée par de larges fossés secs et un vaste chemin couvert. Les frais des fortifications de ce genre sont singulièrement diminués par le peu d'ouvrages en maçonnerie qu'ils exigent, circonstance d'une haute importance dans un pays dépourvu de pierres et hérissé de places fortes comme la Hollande. Un grand inconvénient de la manière de Cohorn, plus grave de nos jours qu'au XVIIIe siècle, c'est qu'elle offre peu d'abri contre les bombes. Les progrès du tir nécessitent des modifications à ce système.

Cohorn était un adversaire digne de Vauban; tous deux eurent la gloire de prendre Namur.

A une époque antérieure, pendant la campagne de Graves, Cohorn, ayant à se plaindre du gouvernement qu'il servait, proposa au roi Louis XIV, par l'entremise de Chamilly, de passer à sa solde. Vauban fut consulté, et fut d'avis d'accepter les offres de son rival. Le prince d'Orange mit obstacle au départ de son ingénieur, et Vauban demeura seul. Mais sa générosité, sa grandeur d'âme et sa modestie n'en méritent pas moins l'admiration de la postérité.

IX

Louis XIV arriva le 26 juin, à cinq heures du matin, à la tête d'une véritable armée. Sans descendre de cheval, le roi fit une reconnaissance autour de la place, pendant que sa suite prenait possession des logements de Dinant.

Cette suite, aussi nombreuse que brillante, se composait de Mme de Maintenon, des princes et des princesses légitimes, des maisons de tous les princes, sans compter les courtisans et leur entourage.

L'un des historiens de Vauban, le plus autorisé, M. Georges Michel, peint ainsi ce tableau de la cour. « Chacun rivalisait de magnificence ; c'était un fourmillement de costumes splendides, d'équipages somptueux, de livrées éblouissantes. Pas un jour la vie de la cour ne fut interrompue. Comme à Versailles, le roi et les princes tenaient appartement, et leurs tables, aussi magnifiquement servies qu'aux galas de Marly, réunissaient chaque soir l'élite de la noblesse et les généraux. L'après-midi, les dames, suivies d'un brillant cortège de courtisans, allaient voir tirer le canon dans la tranchée et suivre du haut des collines les péripéties de la lutte. Le soir, on assistait au jeu et au souper du roi, et on se récréait dans la société des beaux esprits. Ce fut une fête perpétuelle, rehaussée par le piquant de la nouveauté et le charme de l'imprévu. »

Pendant le siège, deux brèches ayant été pratiquées, on songea à donner l'assaut. Mais il fallut s'assurer d'abord de l'état réel de ces brèches. Quinze grenadiers des gardes eurent l'ordre de monter sur la brèche et de voir si elle était praticable. La mission était périlleuse, car l'assiégé allait diriger son tir sur cette poignée d'hommes. M. de Saillant, commandant des grenadiers, demanda des hommes de bonne volonté : tout le régiment se présenta. Le colonel en désigna huit, et sept furent tirés au sort.

Louis XIV, à cheval, entouré de sa cour, assistait à ce spectacle. Les grenadiers des gardes, rangés en bataille, formaient une ligne. A droite et à gauche de Sa Majesté, les dames debout sur les sièges de leurs carrosses, l'armée entière formée par groupes sans armes, les travailleurs et les paysans, attendaient pleins d'émotion la venue des quinze grenadiers.

Ils vinrent en bon ordre saluer le roi, ce qui rappela aux lettrés le : *Ave, Cæsar, morituri te salutant.*

Arrivés au pied du bastion d'un pas ferme, ils essuyèrent un feu terrible ; cinq furent tués, trois autres tombèrent blessés, mais se relevèrent promptement. Le reste tournoya et se replia lentement, excepté un seul qui marcha avec une prudente habileté, monta sur le parapet, où, se trouvant face à face avec un officier, il l'attaqua brusquement et le tua.

Les spectateurs furent tentés d'applaudir, mais toute

l'attention était absorbée sur le roi et sur le grenadier. Les regards allaient de l'un à l'autre.

Les autres grenadiers revenaient sur leurs pas, et, de seconde en seconde, l'un d'eux tombait atteint par une balle.

Après avoir renversé l'officier ennemi, le grenadier, dont le fusil se trouvait déchargé, se laissa glisser sur la pente de la brèche, s'abrita pour recharger son arme, et, se redressant à demi, rampa jusqu'au sommet de cette brèche. Là, il tira à bout portant sur le premier soldat qu'il aperçut. Trois fois de suite il déchargea son arme, se laissa aller à la pente pour la recharger, remonta, et tua quatre hommes.

Il en savait assez sur l'état de la brèche et l'ennemi arrivait en nombre. Le grenadier descendit froidement sous une grêle de balles, s'abritant toujours; on le voyait se retourner pour faire feu.

Trois seulement revinrent de l'expédition; un seul avait pu reconnaître la brèche.

On conduisit le grenadier à Louis XIV, qui lui dit : « Quel est ton nom ? — Desfossés, Sire. — Ton pays ? —Rue du Bac, à Paris. — Tu es un brave. M. de Saillant te donnera vingt louis pour boire à ma santé avec tes camarades. »

Les dames appelèrent Desfossés de tous côtés, pour lui offrir de l'or. Il refusa, en disant : « Grand merci, mais ça ne se fait pas pour de l'argent. »

Lorsque M. de Saillant remit à Desfossés les vingt louis du roi, le grenadier en prit deux pour boire avec les camarades à la santé de Sa Majesté, en déposa deux entre les mains de son capitaine pour les besoins de l'avenir, et fit expédier les seize autres à sa femme, « bonne ménagère, qui en saurait faire un bon usage ».

Témoin de ce que nous venons de rapporter, Vauban ne néglige pas d'en faire mention dans son rapport sur le siège, puis il ajoute cette réflexion : « Voilà comme parmi les simples soldats et les gens de la plus basse étoffe il se trouve par-ci par-là des gens de courage et de valeur dont

on pourrait faire d'excellents officiers, s'ils étaient recher-
chés avec plus de soin qu'on ne fait. Car ce soldat ne fit
point cette action en ivrogne ni en étourdi, mais en homme
d'esprit, sachant fort bien prendre ses avantages dans les
endroits moins vus de la brèche, et ayant trouvé le moyen
de monter jusqu'en haut, où, se collant contre l'escarpe
du parapet et s'en couvrant, il sut prendre son temps à
propos pour tirer son coup, au lieu que ses camarades,
ayant monté par le milieu, se mirent au-devant des coups
et ne purent tenir longtemps. A quoi il faut ajouter qu'il
savait bien que le roi était près, et que son action serait
remarquée. Il paraît en tout cela qu'elle fut mêlée à beaucoup de conduite et de courage, qualités absolument nécessaires, non à un simple soldat, mais bien à tous les
chefs de guerre, car, où il n'y a que du courage sans conduite, on ne réussit que par hasard, et où l'on ne réussit
que par hasard, on réussit très rarement, et on s'expose
toujours à tout perdre. »

On pourrait se demander pourquoi des instructions
n'avaient pas été données à ce petit détachement, qui eût
opéré comme le fit le grenadier Desfossés?

La place se rendit après une défense de huit jours. Mais
il s'agissait de s'emparer de la citadelle, opération plus
difficile, et qui préoccupait Vauban d'autant plus vivement que les ouvrages à enlever étaient construits par
Cohorn.

Racine, qui était présent, écrit à Boileau : « M. de
Vauban avait pris, pour l'attaque, les plus grandes précautions. « Mes enfants, avait-il dit aux soldats, on ne
« vous défend pas de poursuivre les ennemis quand ils
« s'enfuiront, mais je ne veux pas que vous alliez vous
« faire échiner mal à propos sur la contrescarpe de leurs
« ouvrages. Je retiens donc à mes côtés cinq tambours
« pour vous rappeler quand il sera temps. Dès que vous
« les entendrez, ne manquez pas de revenir chacun à
« vos postes. »

Déjà à cette époque le soldat français avait besoin d'être
arrêté dans ses élans.

Lorsque, après vingt-deux jours d'attaques, les châteaux capitulèrent, la garnison défila devant le roi. Vauban, qui était près de Sa Majesté, remarqua Cohorn et courut à lui pour lui presser les mains.

Dans une autre lettre, Racine, qui était, on le sait, historiographe du roi, fait à Boileau le récit de l'entrevue des célèbres ingénieurs. « M. de Vauban eut la curiosité de voir M. le baron de Cohorn, et, après lui avoir donné beaucoup de louanges, lui a demandé s'il jugeait qu'on eût pu l'attaquer mieux qu'on a fait. Cohorn répondit que si on l'eût attaqué dans les formes ordinaires et en conduisant une tranchée devant la courtine et les demi-bastions, il se serait encore défendu plus de quinze jours, et qu'il nous en aurait encore coûté bien du monde ; mais que de la manière dont on l'avait embrassé de toutes parts, il avait fallu prendre. »

Cette correspondance des deux grands poètes n'a pas convaincu les historiens spéciaux, qui ont adopté une version toute contraire. Cohorn, loin de répondre à la démarche si courtoise de Vauban, aurait refusé de s'arrêter et de le remercier d'un simple regard.

Que l'attitude de l'ingénieur allemand eût été digne de ses talents, ou qu'aveuglé par sa défaite il se soit montré peu convenable, il n'en demeure pas moins vrai que Vauban fût généreux et véritable gentilhomme.

Nous avons sous les yeux trois récits de ce siège mémorable : celui du roi, celui de Vauban, enfin le troisième de Racine.

Le roi méritait des louanges qu'il ne se refuse pas ; mais il oublie peut-être un peu trop que Vauban en devait avoir une bonne part. Vauban fait l'éloge des soldats d'abord, puis rend justice au roi. Racine, fort étranger aux sujets qu'il traite, admire Louis XIV et ne semble pas trouver la guerre de sièges fort poétique. Cependant le récit de Racine est le plus intéressant pour les gens du monde. Placé à un point de vue nouveau pour lui, Racine observe avec une minutieuse attention les moindres traits de la physionomie des armées, il suit d'un regard curieux le soldat en campagne, et prouve à Boileau que les poètes doivent admirer le caractère militaire. Ces histoires, racontées par Racine, sont, pour ainsi dire, devenues populaires; mais elles ont un grand prix, parce qu'elles attirent nos regards sur les faits où l'attention de l'auteur d'*Athalie* se reposait complaisamment.

X

Voici les principaux traits rappelés par Racine. On pouvait déjà dire au XVIIᵉ siècle que le soldat français fuyait en avant. Comme de nos jours, il était difficile au chef de modérer l'élan de sa troupe, de la tenir dans sa main, pour employer l'expression militaire. Dans une attaque de retranchements fort étendus, M. de Maupertuis, qui commandait les mousquetaires, défendit à ses hommes de le dépasser, sous peine de périr de sa main. Un seul mousquetaire s'avisa de passer en avant de son capitaine. Celui-ci le frappa de deux coups de pertuisane et le renversa. « On a fort loué la sagesse de M. de Maupertuis, » dit Racine en racontant l'anecdote à Boileau.

En voici une plus digne d'être conservée, parce qu'elle fait honneur au caractère de Louis XIV.

Le roi, seul avec Vauban, afin de ne point attirer l'attention des assiégés, examinait les défenses de Namur. Un trompette, envoyé par le commandant de la ville, remet au roi une dépêche. Ce sont les dames de Namur qui sollicitent la faveur de sortir de la place, effrayées qu'elles sont des combats continuels. La présence de ces dames dans la ville pouvait hâter la fin du siège; aussi Louis XIV refusa-t-il, en renvoyant le trompette, sans même répondre par une lettre.

Sa reconnaissance terminée, le roi allait se retirer après avoir donné à Vauban ses instructions, lorsqu'il vit un groupe nombreux se diriger de son côté. Il s'arrêta, surpris, cherchant à se rendre compte de ce qui se passait. Le spectacle que le roi avait sous les yeux était bien fait pour attirer l'attention. Un grand nombre de dames, soutenues par des soldats français, marchaient péniblement dans le terrain défoncé par les pluies continuelles. Quelques-unes conduisaient des enfants par la main, tandis que d'autres enfants plus jeunes étaient dans les bras des soldats. Tel grenadier portait un nouveau-né, tel autre une toilette de jeune fille. Des mousquetaires étaient chargés de caisses, et plus d'un dragon protégeait de vénérables grand'mères. Tous ces gens de guerre se montraient respectueux.

Le gouverneur de la place avait ouvert les portes pour laisser passer les dames, puis les ponts s'étaient relevés. Les dames de Namur, arrivées tremblantes aux avant-postes français, craignaient d'être repoussées, insultées peut-être ; il n'en fut rien. Quelques hommes de garde les conduisirent au poste le plus voisin, et, de poste en poste, elles étaient arrivées aux soldats qui, n'étant pas de service, se promenaient autour des camps. Ces braves gens, instruits de la position critique des dames, avaient dit : Conduisons-les à notre roi.

En s'approchant du monarque, les plus avancées voulurent se jeter aux genoux de Sa Majesté. Louis le Grand jeta un coup d'œil à Vauban, qui répondit par deux ou trois paroles prononcées à voix basse.

Une escorte conduisit ces dames dans l'abbaye la plus voisine, où les religieuses les reçurent comme des sœurs.

Qui faut-il le plus admirer, du soldat français ou du roi Louis XIV.

Une autre histoire de soldat éclairerait peut-être la question ; Racine aimait fort celle-ci :

Le régiment des fusiliers travaillait à la tranchée. Un soldat posa un gabion qu'un boulet de canon renversa ; ce soldat posa un second gabion qu'un second boulet fit voler en éclats ; le soldat revint poser un troisième gabion qui eut le sort des deux autres.

Le soldat sembla réfléchir. « Va poser un autre gabion, lui dit son lieutenant, tu vois bien que cet endroit ne peut pas demeurer à découvert. — J'y vais, répondit le soldat, mais j'y serai tué. »

Au moment où il posait le quatrième gabion, un boulet siffla, emportant le gabion et le bras droit du pauvre soldat, qui roula dans la boue. En se relevant, il adressa ces mots au lieutenant : « Je l'avais bien dit. »

Racine faisait admirer à Boileau l'histoire du grenadier *Sans-Raison*.

Au siège de Namur, un jeune officier, chéri de ses soldats, fut tué dans une sortie. Un grenadier, surnommé *Sans-Raison*, voulut venger sa mort. Sa première victime fut le jeune comte de Lemos, capitaine espagnol de grande naissance. Le comte offrit en vain sa bourse pour sauver ses jours. *Sans-Raison* trouva sur lui trente-cinq pistoles. En rendant son corps aux Espagnols, il leur dit : « Tenez, voilà aussi votre argent ; les grenadiers français ne mettent la main sur vos gens que pour les tuer. »

Ces traits, qu'il serait facile de multiplier, ne sont pas aussi étrangers qu'on pourrait le supposer à la personne de Vauban. Quelque grand que soit un homme, quelque influence qu'il puisse exercer sur la société, il ne saurait échapper entièrement au milieu dans lequel Dieu l'a fait naître, vivre et mourir.

Vauban mérita le titre de grand citoyen, d'ingénieur habile, de guerrier courageux ; mais le temps où il vivait était plein de grandeurs. Le roi ne se contentait pas des splendeurs d'une cour sans pareille, il partageait les travaux de ses ministres, les fatigues de ses soldats, et son ambition était de faire de la France le plus puissant royaume de l'univers.

Sans doute Louis XIV s'entourait avec un légitime orgueil de cette antique noblesse, aussi brillante aux batailles qu'aux fêtes de la cour ; mais il n'oubliait jamais que le roi est le père du peuple. On le voit aux sièges se mêler volontiers aux simples soldats, écouter leurs propos, sourire à leurs bons mots, et soulager leurs misères. A l'admiration du roi pour le courage de ses soldats se mêle une sorte de tendresse paternelle.

Le soir, aux royales réceptions, lorsque les dames rivalisent d'esprit et de grâces, lorsque les plus illustres noms se murmurent de tous côtés, Louis XIV raconte quelque beau trait d'un simple grenadier; il parle de *Sans-Raison* ou de *Belle-Rose* avec une sorte de familiarité tendre et fière.

La figure de Vauban est superbe, mais le cadre qui entoure cette figure mérite aussi notre admiration.

C'était le temps où le prince de Salm, blessé et prisonnier du maréchal de Luxembourg, lui disait : « Quelle nation êtes-vous ! Il n'y a pas d'ennemis plus redoutables dans une bataille, ni d'amis plus généreux après la victoire. »

C'était le temps où Turenne, après la bataille des Dunes, écrivait à la maréchale : « Les ennemis sont venus à nous; ils ont été battus, Dieu en soit loué ! J'ai un peu fatigué toute la journée; je vous donne le bonsoir, et je vais me coucher. »

C'était le temps où Fabert, maréchal de France, refusait l'ordre du Saint-Esprit, parce qu'il ne pouvait jurer qu'il avait le nombre de degrés de noblesse exigés. Le roi lui écrivait alors : « ... Ce rare exemple de probité me paraît si admirable, que je suis contraint de vous avouer que je le regarde comme un ornement de mon règne ;... ceux à qui je vais distribuer le collier ne peuvent jamais en recevoir plus de lustre dans le monde, que le refus que vous en faites, par un principe si généreux, ne vous en donne auprès de moi... »

C'était le temps où Catinat, dans un moment critique de la bataille de Chieri, répondait à un officier : « Oui, nous allons à la mort; mais si la mort est devant nous, la honte est derrière. »

C'était enfin le temps où, sur le champ de bataille de Nerwinde, le maréchal de Luxembourg demandait à un soldat aux gardes qui se retirait : « Où vas-tu? — Je vais mourir à quatre pas d'ici, répondit le soldat en découvrant une horrible blessure qui lui ouvrait la poitrine; je vais mourir, heureux d'avoir combattu sous un homme de votre trempe. »

Tout était à la taille du roi : prélats, ministres, capitaines, orateurs, artistes et simples soldats, marchaient chacun dans sa gloire.

La vie même semblait se prolonger. Louis XIV parvenait à l'extrême vieillesse, et le maréchal de Villars allait, à quatre-vingt-deux ans, mourir en campagne, sous le règne de Louis XV, comme un témoin du passé.

Est-ce à dire que ce siècle de magnanimes citoyens et d'héroïques soldats fut sans taches? Non, certes; mais la France, dans sa grandeur, allait vers tous les progrès.

Les descendants de ces citoyens et de ces soldats ont méconnu trop souvent les bienfaits de la monarchie et le caractère paternel des monarques.

Il existe à la bibliothèque de la rue Richelieu un mémoire, entièrement écrit de la main de Louis XIV, et qu'il avait confié, en 1714, au maréchal de Noailles. On lit dans ce mémoire : « ... Les fautes que j'ai faites, et qui m'ont donné des peines infinies, ont été par complaisance, et pour me laisser aller trop nonchalamment aux avis des autres. Rien n'est si dangereux que la faiblesse, de quelque nature qu'elle soit. Pour commander aux autres, il faut s'élever au-dessus d'eux; et, après avoir entendu ce qui vient de tous les endroits, on se doit déterminer par le jugement qu'on doit faire sans préoccupation, et pensant toujours à ne rien ordonner ni exécuter qui soit indigne de soi, du caractère qu'on porte, ni de la grandeur de l'État. Les princes... doivent avoir un soin particulier et une application universelle à tout. Il faut se garder contre soi-même, prendre garde à son inclination, et être toujours en garde contre son naturel. Le métier de roi est grand, noble et flatteur, quand on se sent digne de bien s'acquitter de toutes les choses auxquelles il engage; mais il n'est pas exempt de peines, de fatigues, d'inquiétudes. L'incertitude désespère quelquefois; et, quand on a passé un temps raisonnable à examiner une affaire, il faut se déterminer et prendre le parti qu'on croit le meilleur.

« Quand on a l'État en vue, on travaille pour soi; le

bien de l'un fait la gloire de l'autre : quand le premier
est heureux, élevé et puissant, celui qui en est cause en
est glorieux, et, par conséquent, doit plus goûter que ses
sujets, par rapport à lui et à eux, tout ce qu'il y a de
plus agréable dans la vie ; quand on s'est mépris, il faut
réparer sa faute le plus tôt qu'il est possible, et que nulle
considération n'en empêche, pas même la bonté. »

Heureux seraient les peuples, si ceux qui les gouver-
nent avaient toujours de tels soucis.

CHAPITRE IV

I

Maître de Namur le 30 juin, Louis XIV reprit à petites
journées le chemin de Versailles, où il arriva le 16 juillet,

jour anniversaire de la mort de Louvois. Si quelques
personnes songeaient encore au ministre qui avait été si
puissant, elles gardaient le silence. On se réjouit du retour
du roi, mais nul ne prononça le nom de Louvois.

Les troupes réunies pour le siège de Namur rentrèrent
dans leur quartier, et Vauban demeura presque seul
dans la ville conquise, s'occupant de rétablir les fortifications. Il était trop observateur, trop habitué à comparer
les intérêts des puissances opposées, pour ne pas voir que
l'ennemi voudrait reprendre Namur dans un temps peu
éloigné. Son rival Cohorn venait de subir une défaite dont
il voudrait effacer le souvenir ; enfin la possession de
Namur était de trop haute importance pour que l'abandon
en fût fait sans arrière-pensée.

Mais Vauban exprimait en vain son opinion, à peine
était-il écouté. Il prit enfin le parti d'écrire au roi, qui
n'était à Versailles que depuis douze jours :

« La conjoncture présente de cette place m'oblige, Sire,
d'en rendre compte à Votre Majesté. Il paraît extravagant
de croire que les ennemis songent à Namur ; cependant,
ou toutes les nouvelles sont fausses, ou ils y songent effectivement, puisqu'ils ont assemblé une très grande
quantité de bateaux de Maestricht, qu'ils ont même retenu
ceux des nôtres qui y ont porté leurs blessés, qu'ils y ont
soixante-dix pièces de gros canons prêtes à embarquer,
trente mortiers, une infinité de bombes, de boulets et de
toutes les autres munitions de guerre nécessaires à un
grand siège, chargées ou prêtes à charger ; que M. l'électeur de Brandebourg est arrivé depuis quelques jours,
campé aux Chartreux, près de Liège, où il a assemblé un
corps composé de ses troupes, de celles des Liégois, de
Munster, de Hesse-Cassel, et que l'on dit devoir être de
vingt-cinq mille hommes qui font un pont à Chenay....

« Par trois lettres que j'ai écrites à M. de Luxembourg,
je lui ai mandé que le plus sûr moyen de prévenir ce siège
et de le détourner était de nous envoyer seize à dix-huit
bataillons, avec deux régiments de dragons, camper sur
les hauteurs, derrière le château... »

Vaubant donnait ensuite le détail des ressources en vivres et en munitions; en un mot, il agissait comme si Namur avait prochainement à soutenir un siège. Il ne fut malheureusement pas écouté. Le roi n'envoya dans la place ni ingénieurs pour les travaux ni soldats pour la défense. M. de Luxembourg, craignant de s'affaiblir, conservait ses troupes pour tenir la campagne, parce que, de son côté, il craignait une attaque.

Le maréchal de Luxembourg n'avait pas tort. Un espion qu'il entretenait auprès du roi Guillaume est découvert. On l'oblige, avant de le pendre, de donner un faux avis au maréchal de Luxembourg. Celui-ci prend des mesures conformes à cet avis, mais propres à le faire battre. L'armée française, profondément endormie, est surprise à quatre heures du matin, le 3 août 1692. Une brigade, la première entrée en ligne, est mise en déroute; le général en chef, malade et subitement arraché au sommeil, n'a que le temps de monter à cheval. Avec une présence d'esprit vraiment extraordinaire, il change de terrain et improvise, pour ainsi dire, un champ de bataille. Il rétablit sa droite, dont le désordre est extrême, rallie trois fois ses troupes, et, pour protéger des mouvements difficiles, charge trois fois l'ennemi à la tête de la maison du roi. Deux heures se passent ainsi à préparer la résistance que l'ennemi croyait impossible.

Philippe d'Orléans, alors duc de Chartres, qui fut le régent, servait sous Luxembourg. Le prince avait alors quinze ans, et chargea aux premiers rangs. Ce fils de France, par sa seule présence et son courage, anima les soldats. Blessé, l'enfant revint au pas de son cheval, et tous, officiers, cavaliers, grenadiers, firent entendre des cris d'admiration, en voyant le duc de Chartres leur donner l'exemple. L'enthousiasme fut à son comble lorsqu'on vit le jeune prince retourner à la charge malgré sa blessure.

« Un petit-fils et un petit-neveu du grand Condé, dit Voltaire, servaient tous deux de lieutenants généraux : l'un était Louis de Bourbon, nommé monsieur le duc; l'autre, François-Louis, prince de Conti : rivaux de courage, d'esprit, d'ambition, de réputation; monsieur le duc, d'un naturel plus austère, ayant peut-être des qualités plus solides, et le prince de Conti de plus brillantes. Appelés tous deux par la voix publique au commandement des armées, ils désiraient passionnément cette gloire; mais ils n'y parvinrent jamais, parce que Louis, qui connaissait leur ambition comme leur mérite, se souvenait toujours que le prince de Condé lui avait fait la guerre. »

Ces deux princes rallièrent les troupes avec un élan, un entrain, un courage admirables. Ils furent secondés par le duc de Vendôme, petit-fils d'Henri IV, qui remplissait les fonctions de lieutenant général. Celui ci, âgé de quarante ans, servait depuis l'âge de douze ans, sans avoir pu obtenir un commandement important. Son frère, le grand prieur, était auprès de lui.

Il y eut un magnifique combat sur le vaste champ de bataille. Les Anglais occupaient un poste avantageux, que la maison du roi eut l'ordre d'enlever. Les meilleures troupes du monde étaient, en ce temps-là, cette maison du roi de France et les soldats de l'Angleterre.

On vit alors ce grand spectacle, dont les plaines de Fontenoy furent témoin un demi-siècle plus tard.

Le duc de Choiseul se mit à la tête de la maison du roi, ayant à ses côtés les princes et une foule de gentilshommes. Tous chargeaient les Anglais avec la furie française; le régiment de Champagne, si célèbre dans toute l'Europe, arriva au pas de course. La mêlée fut terrible; mais les Anglais durent céder, et le drapeau français flotta sur le poste. Un jeune gentilhomme, nommé de Baudus, l'attacha au sommet de l'arbre le plus haut.

A peine la position était-elle enlevée, qu'on vit des nuages de poussière obscurcir l'horizon, et bientôt une troupe nombreuse apparut. C'était Boufflers, le futur maréchal de France, qui accourait au galop avec ses dragons. Ils prirent la charge et achevèrent la défaite des Anglais par une poursuite vigoureuse.

Cette bataille de Steinkerque a une physionomie particulière et ne ressemble à aucune autre. Elle est française par l'esprit et.le cœur.

On peut dire que cette victoire est celle des princes et des gentilshommes. Ils font des prouesses comme au temps de la chevalerie; ils entraînent les soldats, ils rivalisent entre eux et vont à la mort galamment et sans souci.

Le retour fut une fête. Les chemins étaient bordés de peuple accouru des environs. Monsieur le duc, le prince de Conti, messieurs de Vendôme, des gentilshommes, les uns blanchis par l'âge, les autres presque enfants, étaient salués de mille cris joyeux. Les femmes leur présentaient des bouquets et les désignaient par leurs noms à leurs petits enfants.

Ils chevauchaient dans une sorte de désordre, couverts de poussière, les chevaux harassés de fatigue, quelques blessures aux mains et au visage, les vêtements en désordre, poudreux et déchirés. « Les acclamations et la joie allaient jusqu'à la démence, dit Voltaire. Les hommes portaient alors des cravates de dentelle qu'on arrangeait avec assez de peine et de temps. Les princes, s'étant habillés avec précipitation pour le combat, avaient passé négligemment·les cravates autour du cou : les femmes portèrent des ornements faits sur ce modèle; on les appela des *Steinkerques*. Toutes les bijouteries nouvelles étaient à la Steinkerque. Un jeune homme qui s'était trouvé à cette bataille était regardé avec empressement. Le peuple s'attroupait partout autour des princes. »

Tant de gloire et de bonheur furent chèrement payés. Le jeune prince de Turenne, neveu du héros, mourut de ses blessures le lendemain de la victoire; il donnait les plus grandes espérances, et l'on voyait en lui un nouveau maréchal de Turenne.

Le roi Guillaume perdit sept mille hommes à Steinkerque; mais sa retraite s'opéra avec un ordre parfait.

Le maréchal de Luxembourg, en rendant compte au roi de cette grande victoire, se montra tellement modeste, qu'il ne parla même pas de sa maladie.

II

La campagne de 1693 allait commencer. C'était la dernière que Louis XIV devait faire en personne. Il était âgé de cinquante-cinq ans, mais il avait plus vécu que ses contemporains. Ses illusions s'étaient évanouies et il voulait, par un suprême et dernier effort, conquérir une paix durable.

Des levées extraordinaires furent faites pour mettre l'armée sur un pied respectable, et sept lieutenants généraux obtinrent la dignité de maréchaux de France : le comte de Choiseul, le duc de Villeroi, le marquis de Joyeuse, le comte de Tourville, le duc de Noailles, le marquis de Boufflers et Catinat. Le 10 mai, le roi institua l'ordre militaire de Saint-Louis.

Ayant formé le projet de s'emparer de la place de Liège, Louis XIV partit le 15 mai de Versailles, pour arriver le 25 au Quesnoy, et le 2 juin au quartier général, près de Mons. Guillaume, en jetant quinze mille hommes dans la place, rendit impossible ce siège, dont le roi de France avait lui-même tracé le plan. Fort mécontent, Louis XIV reprit la route de Versailles, après avoir écrit, le 7 juin, une longue lettre au maréchal de Lorges, qui commandait l'armée destinée à tenir la campagne : « ... Mon cousin, je vous dépêche ce courrier, pour vous donner avis de la résolution que j'ai prise d'envoyer mon fils, le Dauphin, en Allemagne, avec une armée considérable, pour, avec celle qui est à vos ordres, faire un si puissant effort que les princes de l'Empire, et l'Empereur même, soient contraints de faire la paix. »

Le retour si prompt de Louis XIV à Versailles donna lieu à d'amères critiques. L'armée espérait que le roi se mettrait à sa tête pour cette campagne, qu'il marcherait droit à l'ennemi commandé par Guillaume. Saint-Simon, Lafare et une foule de mémoires particuliers, reprochent au roi de France de n'avoir pas saisi l'occasion de se trouver à une grande bataille. Déjà, le 10 mai 1676, Louis XIV avait été blâmé pour n'avoir pas livré bataille au prince d'Orange sous les murs de Valenciennes.

Vauban fut loin de désapprouver le parti que prit le roi. Ce n'était pas, disait le sage ingénieur, une bataille à risquer, mais une campagne à entreprendre, avec ses marches, ses opérations stratégiques, contre un adversaire d'une incontestable capacité militaire. Le roi mesura la grandeur de l'entreprise, et pensa, non sans raison, qu'il ne pouvait jouer ainsi une réputation péniblement acquise dans les sièges. Mais, dès ce jour, il se condamna à ne plus paraître à la tête des troupes.

Lorsque le Dauphin fut arrivé avec les renforts, l'armée eut soixante-dix-neuf bataillons et deux cent vingt-cinq escadrons. Elle était malheureusement commandée par le maréchal de Lorges, esprit indécis, médiocre caractère, que son passé sans victoires rendait peu sympathique aux soldats.

Le roi désirait que son fils, le Dauphin, parût dans cette armée le lendemain d'un succès. Il écrivait sans cesse, mais en vain, au maréchal de Lorges, pour le pousser en avant. Le 11 juin, il dictait cette lettre : « Vous voyez de quelle conséquence il serait, pour aplanir toutes sortes de difficultés à mon fils, et pour le mettre en état de se porter tout d'un coup bien avant en Allemagne, si avant son arrivée, et avant celle des troupes de Saxe dans l'armée des alliés, vous pouviez trouver les moyens de remporter quelque avantage sur le prince Louis de Bade. Quoique je vous aie vivement recommandé, par mes dernières, d'en chercher l'occasion avec empressement, je ne puis m'empêcher de vous en solliciter encore fortement par celle-ci, de vous convier de marcher au plus tôt au prince de Bade, et de tout mettre en usage pour donner un échec aux ennemis avant l'arrivée de mon fils. Approchez-vous d'eux, et vous verrez qu'ils ne tiendront pas devant vous. La gloire de mon fils, la réputation de mes armées, le succès de la campagne, et peut-être même de la paix, dépendent de cet heureux et premier événement qui

est dans vos mains, si vous voulez bien avec soin en
chercher l'occasion et goûter les raisons solides et essentielles que je viens de vous alléguer. J'apprends que mon
armée d'Allemagne, et surtout sa cavalerie, est parfaitement belle ; il serait, je vous assure, dommage de ne pas
faire usage d'une armée aussi leste, et dont je ne doute
pas que la bonté n'égale la beauté. »

Malgré ces lettres, si peu impératives, le maréchal de
Lorges ne fit rien, ni avant, ni après l'arrivée du Dauphin.

Heureusement pour la gloire de Louis XIV, Luxembourg, dans les Pays-Bas, soutenait vigoureusement la
guerre et prouvait au roi Guillaume que, bien commandé,
le soldat français est le premier du monde.

La bataille de Nerwinde, livrée le 29 juillet 1693, eut
cela de remarquable que la cavalerie immobile soutint
pendant cinq heures le feu de quatre-vingts pièces de
canon, pendant que les colonnes d'infanterie attaquaient
les ailes de l'ennemi. Étonné de ce courage impassible,
le roi Guillaume s'écria : « Je connaissais la furie française, mais j'ignorais son calme. Ah ! l'insolente nation ! »

C'est encore là l'une de ces victoires étincelantes de
verve, d'esprit, d'entrain et de belle humeur. Nerwinde
fut pris et repris trois fois. Enfin Luxembourg s'écria :
« Allons, mes amis, encore une charge ! » Se plaçant à
la tête des escadrons, il balaya tout devant lui, tandis
que les mousquetaires, qui avaient précédé les cavaliers
pour aplanir la route, battaient des mains et saluaient
de mille cris joyeux leurs compagnons qui passaient bride
abattue.

Soixante-seize pièces d'artillerie, quatre-vingts étendards et drapeaux furent les trophées de cette victoire.
Malheureusement le roi n'avait pas confié à Luxembourg
la gloire du Dauphin.

Charleroi se rendit le 11 octobre, après un mois de
siège. Ce fut le seul résultat de la journée de Nerwinde.

Encore ce résultat fut-il dû à Vauban et non pas au
maréchal de Luxembourg, qui, après sa victoire, ne pour-
suivit pas l'ennemi et lui donna le temps de se reformer.

Vauban avait écrit à Lepelletier pour faire savoir au roi l'importance de la prise de Charleroi, qui servait de refuge aux partisans, sans cesse tracassant nos troupes dans les marches et les bivouacs, coupant les lignes de communication et enlevant les convois : « 29 juin 1693. Ces gens-là remplissent les bois, surtout les passages qui conduisent des places à notre armée. Il est presque impossible de passer sans rencontrer un parti ; or, quand ils sont les plus forts ou égaux, ils ne manquent pas de faire leur coup et de battre nos escortes, ce qui leur est ordinaire. Et je n'en suis nullement surpris, parce que tous ces gens-là sont coureurs de partis de profession, qui savent parfaitement le pays, auxquels beaucoup de paysans désespérés, qui ont tout perdu et qui ont servi, se joignent journellement, ce qui fait qu'il n'y a point de sentiers, bois ni buissons dont ils ne connaissent parfaitement les avantages ; ils sont d'ailleurs gens vigoureux et très aguerris, qui mangent leur saoûl, qui ne se battent que par choix et qui entendent parfaitement cette manière de guerroyer, au lieu que nos escortes, tant officiers que soldats, n'étaient composées que de la crasse et le rebut des troupes, tous gens qui ne sont à la guerre que parce qu'on les y a forcés, dont l'espoir n'aboutit à rien, tous accablés de fatigue et mourant de faim, au lieu que les autres s'enrichissent à nos dépens ; car il n'est pas concevable les butins qu'ils font sur nous et qu'ils mènent à Charleroi.

« Cette place tient en échec Namur, Dinant, Charlemont, Philippeville, Rocroy, Maubeuge, Avesne et Mons, et nous oblige à tenir des gardes à dix-huit ou vingt châteaux et petites places, comme Beaumont, Marienbourg et Chimay. Elle cause la ruine d'un pays équivalent à une bonne province, nous rend la Sambre inutile, le soutien de Namur très difficile, et obligera le roi par les suites à l'entretien de quinze ou seize mille hommes de plus dans toutes les places, qui seront annuellement ruinées en convois et escortes, et ils ne contiendront jamais la garnison de Charleroi, au lieu de quoi et supposé qu'elle fût à nous, l'entre Sambre et Meuse deviendrait comme la plaine de Saint-Denis, reculerait les ennemis de huit ou dix lieues de nous, réduirait Bruxelles à devenir place de guerre, serait d'une commodité faute de quoi il n'est pas concevable combien la difficulté des convois y cause de disette et de pauvreté. L'esprit rempli de la crainte de ces malheurs m'a fait proposer, prêcher et reprêcher le siège de cette place maudite; mais il m'arrive ce qui arrivait à la pauvre Cassandre d'Homère. Sans être devin, je prévois les malheurs, je les vois venir, je propose des expédients pour les éviter, mais on ne me croit qu'après qu'ils sont arrivés. »

Ce fut donc d'après les avis souvent répétés de Vauban que le siège de Charleroi fut résolu. Cette place avait été fortifiée par lui, puis était tombée au pouvoir des Espagnols, qui y tenaient d'autant plus que la ville avait été fondée en 1666 par Charles II, roi d'Espagne. Vauban, qui connaissait les points vulnérables et la résistance possible de la place, mit dans ce siège une prudence que les officiers de cour prirent pour une lenteur inutile. Ils allèrent jusqu'à accuser Vauban de timidité. Les plaintes arrivèrent jusqu'à Versailles, où le roi accueillit ces rumeurs. Ce fut alors que Vauban, indigné, écrivit à Lepelletier : « Je puis dire que tous sont juges incompétents et très ignorants du fort et du faible des places; que si tous les mauvais raisonnements qui leur échappent se faisaient le froid et la pluie sur le dos, et dans les endroits où on tire, ces messieurs changeraient bientôt de langage. En un mot, le courage d'un homme qui a les pieds chauds et qui raisonne en chambre à son aise, quand il n'a pas l'acte du péril, est fort différent de ce même homme-là quand il s'y trouve; autre chose est d'être brave loin du péril, et autre chose est de l'être dans le péril; il n'y a rien dans la vie où l'homme soit plus différent de soi-même. »

« Brûlons plus de poudre et versons moins de sang. »
— « J'ai beaucoup souffert par l'ignorance des canonniers et bombardiers. Le bon usage de l'artillerie et des bombes

demande un art particulier qui a ses règles précises que pas un de ces gens-ci ne savent. Il n'y a que la routine et beaucoup d'intérêt à la tête, ce qui fait que les batteries des uns et des autres sont toujours défectueuses et imparfaites. D'ailleurs, comme aucun d'eux n'a les principes de fortification, ils ne savent jamais où il faut tirer, ils ne connaissent pas les pièces dont il est question; il y a toujours plus de la moitié ou des deux tiers des coups perdus et qui vont mal. »

Dans son rapport sur le siège de Charleroi, Vauban fait cette observation qui met en lumière un précieux détail sur l'état des troupes : « J'ai essuyé un défaut qui m'a donné beaucoup de peine : c'est que les corps sont très peu nombreux, spécialement en officiers, et le soldat faible et exténué des fatigues de la campagne, ce qui est cause que j'ai eu bien de la peine d'en tirer le service nécessaire pour le travail, car ils n'ont presque point de force. »

Vauban annonça la prise de la place le 13 octobre, par cette lettre à M. Lepelletier : « Charleroi est pris, Monsieur; ce n'est plus une nouvelle pour vous; mais la joie ne vous en doit pas passer sitôt, puisque la prise de cette place est une des plus nécessaires conquêtes que le roi ait faites de son règne, et qui achève de lui faire la plus belle frontière que la France ait eue depuis mille ans. »

Pendant ce siège, un grand nombre d'ingénieurs et de soldats qui travaillaient sous leurs ordres furent tués. Vainement Vauban réclamait-il la création des sapeurs, gens instruits aux travaux de siège. On lit dans le rapport de Vauban : « Vous verrez par l'état de nos pauvres ingénieurs qu'il y a eu un peu de sang répandu; mais cela ne se peut autrement; et, tant que le roi ne fera pas sa compagnie de sapeurs *que je lui ai tant de fois proposée,* il faut compter que nous en perdrons toujours beaucoup, et considérablement plus de soldats et d'officiers, et qu'il en coûtera toujours plus de temps et d'argent pour réduire les places, outre qu'au premier jour il m'en coûtera la vie, parce que je suis obligé d'être presque toujours dans la tranchée, faute de gens intelligents, ce qui me tue de fatigue et m'expose à être tué cent fois le jour. »

III

En 1689, Vauban avait composé un mémoire fort remarquable dans lequel il proposait de fortifier Paris. Ce mémoire demeura pendant tout le XVIIIe siècle et une partie du XIXe enseveli dans les archives. Mais il fut consulté avec fruit lorsque le gouvernement prit le parti d'entourer Paris de fortifications.

Le but de Vauban, que les victoires de Louis le Grand n'aveuglaient pas, était de mettre Paris à l'abri d'une surprise. Pour Vauban, la ville de Paris est *le vrai cœur du royaume, la mère commune des Français, l'abrégé de la France.*

Après de savantes considérations, l'auteur du mémoire poursuit, dans la supposition que Paris est tombé au pouvoir de l'ennemi :

« Or, il est très visible que ce malheur serait un des plus grand qui pût jamais arriver à ce royaume, et que, quelque chose que l'on pût faire pour le rétablir, il ne s'en relèverait de longtemps, et peut-être jamais. C'est pourquoi il serait, à mon avis, de la prudence du roi d'y pourvoir de bonne heure, et de prendre les précautions qui pourraient la mettre à couvert d'une si épouvantable chute. J'avoue que le zèle de la patrie et la forte inclination que j'ai eue toute ma vie pour le service du roi et le bien de l'État m'y ont fait souvent songer ; mais il ne m'a point paru de jour propre à faire de pareilles ouvertures par le grand nombre d'ouvrages plus pressés qui ont occupé le roi, tant sur la frontière, qui a toujours remué depuis vingt-deux ans en çà, que par les bâtiments royaux qu'il a fait faire, et par le peu de disposition où il m'a paru que l'esprit de son conseil était pour une entreprise de cette nature, qui sans doute aurait semblé à plusieurs contraire au repos de l'État et à tous d'une très longue et difficile exécution. Cependant cette pensée, qui dans le commencement ne m'a passé que fort légèrement dans l'esprit, s'y est présentée si souvent qu'à la fin elle y a fait impression et m'a paru digne d'une très sérieuse attention; mais, n'osant la proposer à cause de sa nouveauté, j'ai cru du moins la devoir écrire, espérant qu'il se trouvera un jour quelque personne autorisée qui, lisant ce mémoire, y pourra faire réflexion, et que, poussé par la tendresse naturelle que tout homme de bien doit avoir pour sa patrie, il en parlera; et peut-être en proposera-t-il l'exécution, qui, bien que difficile et de grande dépense, ne serait nullement impossible, étant bien conduite. »

Non seulement Vauban exprime une idée générale, il entre dans les détails, fait des vœux pour le rétablissement de l'ancienne enceinte de Paris, et développe son plan.

« Une seconde enceinte à une très grande portée de canon de la première, c'est-à-dire à mille ou douze cents toises de distance, occupant toutes les hauteurs convenables ou qui peuvent avoir commandement sur la ville, comme celles de Belleville, de Montmartre, Chaillot, faubourgs Saint-Jacques, Saint-Victor et tous les autres qui pourraient lui convenir.

« Bastionner ladite enceinte ou l'armer de tours bastionnées, la très bien revêtir et terrasser, et lui faire un fossé de dix-huit à vingt pieds de profondeur, sur dix à douze toises de largeur, revêtu de maçonnnerie.

« Faire toutes les portes nécessaires par rapport à celles de la ville, avec leurs corps de garde, devant lesquelles portes il faudrait faire les demi-lunes aussi revêtues de même que partout ailleurs où il sera besoin, les environnant de fossés approfondis et revêtus comme ceux de la place.

« Faire aussi des *contre-gardes* à l'entour des tours bastionnées, si on les préfère aux bastions, revêtues jusqu'à la hauteur du parapet du chemin couvert, et le surplus de leur élévation de terre gazonnée ou plaquée,

observant toutes les façons nécessaires à ces remparts ou
chemins couverts, et donner à ces derniers au moins
six toises de large, en considération des assemblées qui
s'y feront pour les sorties. On pourrait après planter tout
le terre-plein et les talus des remparts d'ormes et d'autres
bois particulièrement destinés aux besoins de cette fortification, sans jamais permettre qu'il en fût coupé pour
un autre usage que pour le canon, les palissades et les
fascines. »

Il y avait longtemps que les Parisiens n'avaient vu
l'ennemi dans leurs murs; mais ils avaient été souvent
troublés par le bruit des guerres civiles. Les émotions
populaires pouvaient prendre un caractère grave. Vauban
prévoyait que tôt ou tard l'autorité serait mise en péril.
Alors il propose la construction de plusieurs forts sur les
deux rives de la Seine, afin de maintenir Paris dans le
devoir. Il ajoute prophétiquement : « Une ville de cette
grandeur, fortifiée de cette façon, pourrait devenir formidable même à son maître. »

Vauban prévoit la difficulté des subsistances, et conseille la création de greniers d'abondance, utiles en temps
de guerre et en cas de disette.

Il ajoute : « Ces précautions seraient d'autant plus
utiles que, dans les chères années, le peuple, à qui l'on
pourrait vendre de ces grains à un prix modique, s'en
trouverait soulagé, et qu'aux environs de Paris, à quarante lieues à la ronde et le long des rivières navigables,
les blés s'y vendraient toujours à un prix raisonnable,
dans le temps que la grande abondance les fait donner
à vil prix, à cause des remplacements à faire dans les
magasins. Ainsi les fermiers seraient mieux en état de
payer leurs maîtres, qui perdraient moins sur leurs
fermes, et le pauvre peuple serait toujours soulagé dans
ses misères. J'ai dit deux millions de setiers de blé et
plus, parce que je suppose que, dans un temps de siège, la
bourgeoisie de Paris, jointe à ceux qui s'y réfugieraient
des environs et aux troupes renfermées entre la première
et la seconde enceinte, pourrait bien faire le nombre

de sept à huit cent mille âmes, auquel cas il leur faudrait, pour une année, aux environs de deux millions cent mille setiers de blé, parce que chaque personne en consomme près de trois setiers par an pour sa nourriture. Outre cette quantité dont il est bon d'être assuré, on devra faire *amas* de tous les bœufs, moutons, chairs fraîches et salées, volailles, fromages, légumes de toutes sortes, etc., qui se pourront trouver. »

On croirait ce mémoire écrit pendant l'été de 1870, tant l'homme illustre qui le trace prévoit jusqu'aux moindres détails. Bien plus, Vauban se préoccupe de la garnison de Paris, c'est-à-dire de l'organisation de cette troupe. Il suppose la ville attaquée et résout les problèmes. D'après ses calculs, le siège de Paris immobiliserait une armée de deux cent mille hommes au moins.

« Vu, premièrement, qu'il ne serait pas possible de l'approcher d'assez près pour pouvoir tirer des bombes jusque dans l'enclos de la ville; secondement, qu'il ne serait pas possible à une armée de deux cent mille hommes de la prendre par un siège forcé, à cause de l'étendue de sa circonvallation, qui, ayant douze à treize grandes lieues de circuit, l'obligerait d'étendre fort ses quartiers, qui en seraient par conséquent affaiblis, et à se garder partout également, sous peine d'en voir enlever tous les jours quelqu'un; troisièmement, qu'il ne pourrait entreprendre deux attaques séparées, puisque, pour pouvoir fournir à la garde des tranchées, il faudrait employer plus de trente-cinq mille hommes, sans compter les travailleurs et gens occupés aux batteries; quatrièmement, qu'il ne pourrait point le faire par deux attaques liées, attendu que, pour pouvoir fournir à la même garde, il y aurait tels quartiers qui auraient trois journées de marche à faire, et autant pour s'en retourner, ce qui les mettrait dans un mouvement perpétuel qui ne leur laisserait aucun repos; cinquièmement, que, dès le douzième ou quinzième jour de tranchée, pour peu qu'il y eût eu d'occasions, leurs forces seraient considérablement diminuées, et leurs troupes obligées de monter de trois à quatre jours

8*

l'un, auquel cas elles ne pourraient pas relever, à cause de l'éloignement des quartiers ; à quoi il faut ajouter que les fréquentes sorties, grandes et petites, qui se feraient à toute heure par de si grandes troupes, le grand feu qui sortirait des remparts et des chemins ouverts, et la grande quantité de canons dont elle pourrait se servir, empêcheraient les travailleurs de faire chemin, et réduiraient le siège à une lenteur qui, ayant bientôt épuisé leurs armées d'hommes et de munitions, les contraindrait à lever honteusement le siège. »

Le système de Vauban n'est pas celui qui a été adopté. Il voulait deux enceintes continues et non les forts détachés. Il plaçait les troupes entre les deux enceintes et non dans la ville. Il voulait de fréquentes sorties grandes et petites.

Lorsqu'en 1843 les fortifications de Paris furent exécutées, le mémoire de Vauban sortit de son obscurité. Un autre mémoire tout récent, du général Drouot, prit place à côté de celui de Vauban. Ces deux hommes de guerre ont quelques traits de ressemblance ; car si Drouot mérita le titre de *sage de la grande armée*, Vauban est le sage des armées de Louis XIV.

IV

Lorsque Louis XIV créa l'ordre de Saint-Louis, en 1693, Vauban fut nommé grand-croix. Il se montra extrêmement sensible à cette haute distinction. Outre le large ruban couleur de feu qu'il portait en écharpe dans les cérémonies, on voyait, en temps ordinaire, une croix en broderie d'or sur son habit et sur son manteau.

Les Anglais et les Hollandais se désintéressaient peu à peu de la guerre continentale. Ils se préoccupaient de la guerre maritime dans l'intérêt de leur commerce. Le 27 juin 1693, la grande flotte marchande des alliés qui entrait dans la Méditerranée fut surprise par Tourville et complètement défaite. Ce fut alors que l'Angleterre et la

Vauban défend Brest contre une attaque de la flotte anglaise. (P. 179.)

Hollande promirent à leur commerce de détruire nos ports. La première tentative fut faite contre Saint-Malo, du 26 au 30 novembre 1693 ; mais l'entreprise ne fut pas couronnée de succès.

Voulant mettre ses ports en état de défense, le roi envoya Vauban en Bretagne, avec le titre de *commandant supérieur de la marine*.

Les travaux exécutés par Vauban pour la défense de Brest et de son port dépassent les forces humaines. L'armement seul comprenait trois cents pièces de canon et quatre-vingt-dix mortiers. La défense était confiée à quatre mille hommes de troupes, quatorze cents bombardiers, trois mille gentilshommes bretons et un régiment de dragons.

La flotte ennemie se présenta devant Brest le 16 juin. Cette flotte se composait de trente-six vaisseaux de guerre, douze galiotes à bombes et quatre-vingts bâtiments de transport. L'attaque eut lieu le 18, sans que les Français connussent les dispositions de l'ennemi, que protégeait un épais brouillard.

Lorsqu'il se dissipa, Vauban aperçut le débarquement qui s'opérait. Mille à douze cents Anglais avaient déjà gagné la terre, lorsqu'un détachement des nôtres se précipita sur eux et les dispersa. Les dragons arrivèrent, et, après les avoir enveloppés, les firent prisonniers.

Pendant ce temps, un navire hollandais s'échoue sur la côte. Le capitaine d'une compagnie de marine, M. de la Gondinière, suivi de ses soldats, escalade les rochers et fait un feu roulant sur le navire en détresse, qui se rend à discrétion.

L'ennemi battit en retraite, après avoir perdu plus de mille hommes, et laissé cinq cents prisonniers.

Vauban, après cette attaque infructueuse, reprit ses travaux avec une activité fébrile. Son séjour à Brest se prolongea jusqu'à la fin de l'année 1695.

Louis XIV se tint sur la défensive pendant l'année 1694, aux Alpes, sur le Rhin, et même dans les Pays-Bas. Le seul fait de guerre fut la prise de Hui par les alliés, le 28 septembre.

Le Dauphin était venu, cependant, prendre le commandement de l'armée dans les Pays-Bas, ayant près de lui le maréchal de Luxembourg, qui allait mourir quelques mois après, le 4 janvier 1695. Cette mort priva le roi de France de son meilleur général et fut un encouragement pour Guillaume, qui dès lors prit la résolution de reconquérir la place de Namur. On se souvient que Vauban avait pressenti la perte de cette place.

Elle fut investie le 1er juillet 1695 par les armées alliées. Boufflers pénétra le lendemain dans Namur avec sept régiments de dragons, des ingénieurs, et tous les services nécessaires. La garnison était de treize mille hommes, et comptait sur les secours du maréchal de Villeroi.

L'ingénieur en chef chargé de la défense était Mesgrigny, fort habile sans doute; mais on doit regretter que Vauban lui-même n'eût pas été envoyé à Boufflers. Retenu à Brest par des travaux importants, Vauban ne put saisir cette brillante occasion de montrer ses talents de défenseur contre Cohorn, qui dirigeait les attaques.

Lorsqu'il apprit à Brest que Namur était investi, il écrivit plusieurs lettres au ministre de la guerre, Barbezieux, pour lui donner les plus utiles conseils. Pourquoi furent-ils négligés?

Boufflers défendit Namur avec un courage et une intelligence remarquables. La garnison se montra admirable de dévouement; mais les Anglais furent dignes de leur vieille réputation de bravoure et de sang-froid.

Un historien, M. Georges Michel, cite ce trait, renouvelé de nos jours par l'armée anglaise en Crimée: « Cohorn ouvrit une immense parallèle et établit dix batteries de deux cents pièces de canon qui, pendant huit jours et huit nuits, inondèrent de projectiles nos ouvrages avancés et firent plusieurs brèches dans les murailles. Le 30, Guillaume ordonna un assaut général. Six colonnes d'attaque sortirent de la parallèle et s'avancèrent en ordre de bataille, avec une régularité admirable. On remarqua surtout trois colonnes de grenadiers anglais qui parcoururent à découvert six cents mètres, tambour

battant, enseignes déployées, et que rien ne put en-
tamer... »

Ce courage de l'armée anglaise s'est souvent reproduit
depuis. Ceux qui ont fait la campagne de Crimée n'ou-
blieront jamais les Anglais parcourant à découvert de
longs espaces, sous les boulets et la mitraille, inébran-
lables et calmes comme sur le terrain de manœuvre. Ce
que sont de nos jours les soldats des diverses nations sur
les champs de bataille n'est donc pas nouveau. Il tient
moins à l'instruction des armées, à leurs procédés tactiques, qu'à l'esprit national, au tempérament des
peuples, à leur caractère particulier. Le Français a toujours eu sa furie, l'Anglais sa froide bravoure et sa
robuste résistance; l'Allemand, malgré son apathie apparente, est redoutable par sa discipline, ses calculs et son
habileté à réparer ses fautes.

Vauban écrivait de Brest, le 25 septembre : « J'ai vu
quarante-cinq sièges de fort près et où j'ai eu ma bonne
part; j'en ai lu six fois autant; je n'ai jamais rien vu de
pareil ni d'approchant, je dis par la grossièreté de la
faute et non par la beauté de l'action, que je trouve trop
insensée pour l'estimer. »

Après l'évacuation de la ville, la garnison française se
retira dans la citadelle. Cohorn en fit le siège, et, s'emparant des défenses extérieures, rendit impossibles les
efforts d'une armée de secours.

D'ailleurs, Villeroi conduisit beaucoup trop tard ce
secours et battit en retraite sans même tenter un coup
de main.

Lorsque, le 20 août, l'ennemi traversa la Sambre,
Vauban écrivit : « Nous portons la peine de nous être pris
trop tard à l'achèvement du retranchement. »

On ne saurait exprimer l'anxiété de Vauban. Ceux qui
étaient à Brest avec lui racontent qu'il se privait de sommeil et de nourriture, pour suivre fièvreusement les
divers incidents du siège de Namur. Chaque courrier,
attendu avec impatience, donnait lieu à de longues cor-
respondances. Non seulement le patriotisme de Vauban

lui faisait désirer ardemment la conservation de Namur ; mais, malgré sa vertu, l'ingénieur se sentait blessé des succès de son rival Cohorn. Celui-ci redoublait d'efforts pour l'emporter sur Vauban, quoique celui-là ne fût pas dans la place assiégée.

Enfin, le 1er septembre 1695, la place fut forcée de capituler. Singulière destinée de cette place, qui tombe aux mains de Louis XIV en 1692, qui est reprise par les alliés en 1695, retombe au pouvoir des Français en 1701, leur échappe en 1712, pour devenir en 1715 l'une des places de la barrière, ce qui ne l'empêcha pas d'être reprise en 1746, et d'être cédée deux ans après à l'Autriche.

En apprenant la reddition de Namur, Vauban, qui avait discuté les moyens de défense au point de vue scientifique, rendit une éclatante justice à la défense, en écrivant au ministre secrétaire d'État de la guerre que « la place avait résisté tout le temps qu'on pouvait espérer, que nos gens avaient bien rempli leur devoir, et que l'ennemi avait payé cher sa conquête. »

Louis XIV récompensa généreusement les défenseurs, malgré leur échec. Boufflers fut nommé maréchal de France ; Mesgrigny, lieutenant général, avec six mille livres de pension. Tous les ingénieurs qui avaient pris part au siège virent leurs traitements augmentés.

V

Ce ne fut qu'à la fin de l'année 1695 que Vauban quitta la Bretagne. Il ne s'était pas borné à mettre Brest en état de défense, mais il avait étudié l'importante question des ports de mer et des côtes. Plongé dans cet ordre d'idées, il comprit l'importance de la marine marchande non seulement pour le commerce, mais pour les armements en course. Le mémoire composé à cette occasion est un des plus remarquables de Vauban.

En quittant Brest, il revint à Lille, sa résidence ordinaire, et reprit ses travaux, qui consistaient à mettre en ordre les notes recueillies dans ses voyages. Au commencement de l'année 1696, Vauban entreprit une grande inspection des frontières. Il contourna, pour ainsi dire, la France, marchant pas à pas, comparant ce qui était en deçà de la frontière à ce qui se trouvait au delà, étudiant les cours d'eau, les chaînes de montagnes, et mettant en lumière l'importance géographique des vallées. Cette inspection dura vingt-deux mois et ne se termina que pendant les négociations qui précédèrent la paix de Ryswick.

Agé de soixante-quatre ans, fatigué par des travaux incessants, souvent peu satisfait des spectacles qu'il avait sous les yeux, sans cesse préoccupé des misères du peuple, sachant mieux que personne ce que coûtent les gloires humaines, Vauban se laissait aller à une sorte de fâcheuse humeur dont ses écrits portent l'empreinte. On serait tenté de dire qu'il fut le premier libéral de France. On connaissait avant lui la critique, on connaissait même l'opposition ouverte aux actes du pouvoir ; mais on ignorait qu'il fût possible d'allier le dévouement au prince à l'indépendance du caractère ; on n'avait pas vu un sujet distingué, plein d'amour pour son roi, se placer du côté du peuple et demander justice pour lui.

Il ne fut pas donner à Vauban de réaliser les réformes sociales, et cependant c'était là sa mission véritable. On ne saurait trop le répéter, il eût été aussi grand ministre qu'il fut grand ingénieur. Non pas à la façon de Richelieu, qui crut affermir le trône sur les débris de l'anarchie féodale, et le rendit faible pour l'avenir en découvrant la personne royale. Vauban n'avait pas ce mélange de souplesse et d'audace qui distinguaient le cardinal ; il ne possédait pas cette énergie de l'âme qui fait trouver un charme mystérieux dans les luttes sans fin ; il n'était pas dévoré de cette ambition qui brave toute résistance ; mais, profondément honnête et bon, humain plus que personne, instruit et laborieux, Vauban eût fait plus de bien que Richelieu. Celui-ci a su préparer le grand règne de Louis XIV, mais n'a pu empêcher la révolution de broyer la couronne de Louis XVI; celui-là n'aurait peut-être pas creusé le sol aussi profondément, mais il l'eût fécondé par de sages réformes. On peut presque affirmer que si les projets de Vauban eussent été réalisés, la révolution française n'aurait pas eu lieu, tant elle devenait inutile.

Esprit pratique et tout positif, Vauban jetait les yeux autour de lui, et rien n'échappait à son regard profond; mais les considérations de haute politique le touchaient peu. Louis XIV ne goûtait que médiocrement ce genre d'esprit; aussi les mémoires écrits par Vauban passaient-ils presque inaperçus. On n'admettait pas volontiers qu'un grand ingénieur pût être en même temps un économiste.

D'ailleurs, cette science nommée économie politique ne remonte qu'au règne de Louis XV, où, pour la première fois, le médecin Quesnay créa un système développé par l'Ecossais Adam Smith.

Henri IV et Sully avaient cherché le *bien public* en encourageant l'agriculture. Colbert, protecteur des manufactures et du travail industriel, rendait à l'État les plus grands services; mais les vues de Louis XIV n'étaient pas là. Louvois, qui accordait à Vauban une supériorité comme ingénieur, ne prit jamais au sérieux ses études économiques. Ce fut un grand malheur; car toute grande et glorieuse qu'était la France; elle avait au cœur une terrible blessure : *la misère.*

VI

Le 9 mai 1697, le château de Ryswick réunit un congrès général pour mettre fin à ces guerres continuelles.

Louis XIV avait trois armées dans les Pays-Bas. Elles étaient commandées par les maréchaux de Villeroi, Boufflers et Catinat. Ce dernier appela Vauban auprès de lui dans les premiers jours du mois de mai, afin d'appuyer par une victoire les négociations de ses plénipotentiaires. Catinat, qui voulait s'emparer de la ville d'Ath, fit part de son projet à Vauban, qui connaissait à merveille la place.

Une armée française de près de cinquante mille hommes investit Ath le 15 mai. Cette armée était divisée en trois corps, dont le premier, sous les ordres de Catinat, devait faire le siège. Les deux autres, sous Villeroi et Boufflers, surveilleraient l'ennemi et l'empêcheraient d'attaquer Catinat.

Ath était défendu par de puissantes fortifications, construites ou réparées par Vauban; la garnison, commandée par le comte de Rœux, ne comptait que quatre mille hommes, tandis qu'il en eût fallu dix mille pour occuper tous les ouvrages.

Décidé à une défense vigoureuse, le comte de Rœux fit sortir de la ville les femmes, les enfants, les vieillards, et tous les hommes hors d'état de porter les armes. Cette mesure eût été cruelle avec un autre adversaire que Catinat; mais, loin de refuser le passage et de repousser dans la ville ceux qui devaient hâter la capitulation, le général français les secourut généreusement, les protégea et fournit aux femmes des escortes.

Non content d'une mesure inusitée à cette époque, le comte de Rœux fit détruire les faubourgs et raser les maisons de campagne. Enfin la tranchée fut ouverte, mais l'artillerie demeura muette.

D'après la règle suivie jusqu'alors, la première batterie était construite en même temps que la première parallèle; de sorte que le feu commençait avec l'ouverture de la tranchée, malgré la distance. Ce feu ne produisait pas d'effet meurtrier; mais il semblait rassurer les travailleurs, quoiqu'il eût l'inconvénient d'attirer sur eux les projectiles de l'assiégé.

Cette fois, d'après le conseil de Vauban, Catinat ne fit tirer le premier coup de canon que lorsque la distance permit de frapper juste. Il y eut ainsi une grande économie de munitions, et les artilleurs ne se fatiguèrent pas inutilement à construire des batteries provisoires.

Les assiégeants étaient arrivés à peu de distance des

glacis, lorsque Vauban fit construire une batterie de trente-six pièces de gros calibre, qui bientôt détruisirent les batteries ennemies.

Deux nouvelles batteries de vingt-deux mortiers chacune furent démasquées le 29 mai. Les remparts et leurs défenseurs eurent fort à souffrir des bombes ; mais, d'après les ordres formels de Vauban, les maisons de la ville et les habitants ne virent pas un seul projectile dépasser la ligne des fortifications. Vauban était humain même dans la guerre ; malheureusement le XIXᵉ siècle n'a pas suivi l'exemple donné il y a deux cents ans.

Les assiégés avaient élevé une digue formidable qui arrêtait les eaux de la rivière de Denre, dont le débordement eût contrarié leurs travaux. Vauban prit la résolution de détruire cette digue, et construisit une batterie de mortiers dont les projectiles rompirent l'obstacle. Dès lors l'ennemi dut se réfugier derrière le chemin couvert.

L'assiégeant cheminait à couvert jusque près de la contrescarpe, et Vauban, qui présidait à tous les travaux, s'exposait sans cesse, malgré les remontrances et les ordres de Catinat. Debout dans un cavalier de tranchée, Vauban fut frappé d'une balle un peu au-dessus du cœur : il tomba couvert de sang et presque inanimé. Les officiers se précipitèrent autour de leur chef, les chirurgiens le soulevèrent et constatèrent avec bonheur qu'un sac à terre avait amorti le coup. Ayant repris ses sens et le premier appareil posé sur la blessure, Vauban refusa de quitter son poste. Catinat insista vainement, tout fut inutile. Deux chirurgiens demeurèrent près du blessé, tandis qu'un soldat soutenait sa marche.

Le 4 juin (1692), Vauban écrivit au ministre de la guerre : « Nos affaires vont à merveille jusqu'à présent ; les ennemis n'ont rien fait qu'on leur puisse imputer à bien, et je vois avec plaisir que je connais beaucoup mieux leur place qu'eux. Il est vrai aussi que je me puis vanter, sans faire le gascon, que jamais place n'a été attaquée avec tant d'art et de vitesse tout à la fois. La bonne chose que c'est de bien connaître l'ennemi à qui

l'on a affaire ! Je n'ai songé à autre chose qu'à l'étude
des attaques de cette place, depuis que le roi eut tant fait
que de m'en prononcer le nom, et bien m'en a pris d'en
avoir fait faire un nouveau plan avec toutes les remarques,
quand il la céda aux ennemis. Nous les tenons présentement bridés comme des oisons; et quand il y aurait
dix mille hommes dans la place, je n'en serais non plus
en peine que de ce qu'il y en a. »

Catinat se disposait, le 5 juin, à donner l'assaut; il
avait déjà formé ses colonnes lorsqu'on entendit battre
la chamade sur les remparts, et que l'on vit un soldat
agiter le drapeau blanc des parlementaires, en criant :
« Ceux de la place demandent à traiter. »

Le comte de Rœux se rendit donc le jour même. Le
lendemain, 6 juin, Vauban écrivit au ministre : « Je ne
crois pas qu'il se soit fait des sièges dans toutes les règles
comme celui-ci où on ait pu réduire en si peu de temps
et à si bon marché une aussi excellente place que l'est
celle que nous venons de prendre. »

En effet, le siège d'Ath semble être le triomphe de
Vauban. L'ingénieur militaire peut étudier cette vaste
opération comme un modèle. Le génie et l'artillerie
semblent inséparables, et ne cessent pas un seul instant
de se prêter un mutuel appui. L'assiégeant s'approche
lentement, mais sûrement; jamais il n'est à découvert,
la marche est régulière, sans qu'un seul point soit trop
avancé ou un autre trop retardé.

Si la gloire de ce siège revient à Vauban, il serait injuste de n'en pas accorder une part à Catinat. Les généraux qui avaient commandé aux opérations dirigées par
Vauban, le roi lui-même, prêtaient leur appui à l'ingénieur, le louaient, l'encourageaient, mais, en le secon-
dant, se réservaient le droit de contrôler; l'un ne donnait
pas nombre de travailleurs nécessaires, l'autre se montrait avare de munitions; il s'en était trouvé qui soute-
naient l'artillerie et la rendaient trop indépendante; ceux-
là avaient empêché le tir à ricochet, peu en faveur parmi
les canonniers. Enfin Catinat fut le premier à comprendre

Vauban, à pénétrer au plus profond de ses pensées, à deviner, pour ainsi dire, ses combinaisons secrètes, à tout aplanir autour de lui, sans le dire, mais aussi sans souffrir la moindre opposition de la part des officiers ou des corps.

Tandis que dans les sièges précédents les pertes avaient été si considérables, cette fois les assiégeants ne perdirent qu'une cinquantaine d'hommes, pendant cette belle opération qui dura vingt jours.

Peu de temps avant la prise d'Ath, M. de Vendôme s'emparait de Barcelone. Louis XIV voulait se présenter en vainqueur au congrès de Ryswick, non pour obtenir de grands avantages, mais afin de donner un témoignage éclatant de sa modération.

Cette modération du roi de France n'était point partagée par la nation, qui ne se contentait pas du traité de Nimègue. On disait hautement à la ville et à la cour que Louis XIV, si fier jusqu'alors, confondait les deux mots : modération et humiliation.

Vauban partageait les idées de la ville et de la cour. Il se plaignait sans le moindre mystère de l'abandon de Casal et de Pignerol. Il allait jusqu'à craindre que le roi ne rendît Luxembourg et Strasbourg. « Strasbourg, disait-il, ne se doit non plus restituer que le faubourg Saint-Germain. »

Cette parole ne fut point prononcée dans l'intimité, mais écrite dans un mémoire adressé au roi lui-même.

Racine, qui écrivait alors l'histoire de Louis le Grand, demanda à Vauban des notes sur le siège de Philippsbourg. Mais, préoccupé des grands intérêts qui se discutaient à Ryswick, Vauban, oubliant la demande de Racine, lui écrivit cette lettre le 13 septembre 1697 :

« Je n'ai pas plus tôt été arrivé ici, que j'ai trouvé Paris rempli des bruits de paix que les ministres étrangers y font courir et des conditions très déshonorantes pour nous ; car, entre autres choses, ils écrivent que nous avons offert en dernier lieu Strasbourg et Luxembourg en l'état qu'ils sont, outre et par-dessus les offres précédentes qu'on avait

faites; qu'ils ne doutent pas que ces offres ne soient accep-
tées; mais qu'ils s'étonnent fort qu'on ne les a pas faites
il y a deux ans, puisque, si on les avait faites en ce
temps-là, nous aurions eu la paix. Si cela est, nous four-
nissons là à nos ennemis de quoi nous bien donner les
étrivières. Un pont sur le Rhin et une place de la grandeur et de la force de Strasbourg, qui vaut mieux elle
seule que le reste de l'Alsace, cela s'appelle donner aux
Allemands le plus beau et le plus sûr magasin de l'Europe, pour les secours de M. de Lorraine, et pour porter
la guerre en France. Luxembourg, de sa part, fera le
même effet à l'égard de la Lorraine, de la Champagne et
des Évêchés. Nous n'avons après cela qu'à nous jouer à
donner de l'inquiétude à M. de Lorraine; le voilà en état
d'être soutenu à merveille. Je ne peux pas parler des
autres places que nous devons rendre. Je ne vous ai paru
que trop outré là-dessus; il vaut mieux me taire, de peur
d'en trop dire. Ce qu'il y a de certain, c'est que ceux
qui ont donné ces conseils au roi ne servent pas mal ses
ennemis.

« Ces deux dernières places sont les meilleures de
l'Europe; il n'y aurait qu'à les garder; il est certain
qu'aucune puissance n'aurait pu nous les ôter. Nous perdons avec elles, pour jamais, l'occasion de nous borner
par le Rhin; nous n'y reviendrons plus; et la France,
après s'être ruinée et avoir consommé un million d'hommes
pour s'élargir et se faire une frontière, que tout est fait,
et qu'il n'y a plus qu'à se donner un peu de patience pour
sortir glorieusement d'affaire, tombe tout d'un coup, sans
aucune nécessité; et tout ce qu'elle a fait depuis quarante
ans ne servira qu'à fournir à ses ennemis de quoi achever
de la perdre. Que dira-t-on de nous présentement? Quelle
réputation aurons-nous dans les pays étrangers, et à quel
mépris n'allons-nous pas être exposés? Est-on assez peu
instruit dans les conseils du roi pour ne pas savoir que
les États se maintiennent plus par la réputation que par
la force? Si nous la perdons une fois, nous allons devenir l'objet du mépris de nos voisins, comme nous

sommes celui de leur aversion. On va nous marcher sur le ventre, et nous n'oserons souffler. Voyez où nous en sommes. Je vous pose en fait qu'il n'y aura pas un petit prince dans l'Empire qui, d'ici à en avant, ne se veuille mesurer avec le roi, qui, de son côté, peut s'attendre que la paix ne durera qu'autant de temps que ses ennemis en emploieront à se remettre en état, après qu'ils auront fait la paix avec le Turc. Nous le donnons trop beau à l'Empereur pour manquer à s'en prévaloir.

« De la manière enfin qu'on nous promet la paix générale, je la tiens plus infâme que celle de Cateau-Cambrésis, qui déshonora Henri Second, et qui a toujours été considérée comme la plus honteuse qui ait jamais été faite. Si nous avions perdu cinq ou six batailles l'une sur l'autre et une grande partie de notre pays, que l'État fût dans un péril évident, à n'en pouvoir relever sans une paix, on y trouverait encore à redire, la faisant comme nous voulons la faire. Mais il n'est pas question de rien de tout cela, et l'on peut dire que nous sommes encore dans nos avantages. Nous avons gagné un terrain considérable sur l'ennemi; nous lui avons pris de grandes et bonnes places; nous l'avons toujours battu; nous vivons tous les ans à ses dépens; nous sommes en bien meilleur état qu'au commencement de la guerre, et au bout de tout cela nous faisons une paix qui déshonore le roi et toute la nation. Je n'ai point de termes pour expliquer une si extraordinaire conduite, et, quand j'en aurais, je me donnerais bien garde de les exposer à une telle lettre; brûlez-la, s'il vous plaît. »

On ne sait si Racine détruisit cette lettre si remarquable; toujours est-il qu'elle demeura secrète jusqu'en 1839, où le colonel du génie Augoyat en découvrit une copie de la main de Vauban, aux archives des fortifications.

L'indignation de Vauban se conçoit à merveille, car elle prend sa source dans le plus ardent patriotisme. Cependant Louis XIV ne méritait pas d'être jugé aussi sévèrement. Il voyait de plus haut et plus loin. Seul contre

l'Europe, presque toujours vainqueur, il devait fatale-
ment succomber tôt ou tard. Après plus d'un demi-siècle
de royauté, les illusions du souverain s'étaient affaiblies ;
il avait mesuré d'un regard plus calme les ressources de
ses adversaires, et n'avait pu se dissimuler que la France
épuisée était à bout de sacrifices.

Immolant non seulement ses intérêts, mais, ce qui était
peut-être plus douloureux encore, son orgueil, Louis XIV
vainqueur demandait la paix. Autour de lui, dans les
salons de Versailles, à Paris, dans les hôtels des grands
seigneurs, des murmures se faisaient entendre ; mais aux
provinces, sous les toits de chaume du laboureur comme
au comptoir des marchands, l'espoir de la paix réjouissait
les cœurs. Peu importait le prix dont serait payée cette
paix, Louis entendit cette voix lointaine qui était celle
de son peuple. Il fut, en cette circonstance, plus clairvoyant ou plus habile que Vauban, aveuglé cette fois par
le patriotisme.

Rien n'est plus beau et plus pur que l'amour de la
patrie ; mais cet amour enivre et peut quelquefois troubler la raison, en grandissant outre mesure son peuple,
en refusant aux autres leurs qualités les plus éclatantes.

Vauban avait dans les sièges une telle supériorité qu'il
ne pouvait admettre un seul instant l'idée d'être vaincu.
Trop modeste pour reconnaître que les succès de Louis XIV
dans les armes tenaient à des existences bien fragiles,
Vauban éprouvait une sorte de dédain pour les étrangers.

Cependant nul plus que lui ne connaissait les misères
de la nation, les injustices d'une administration où do-
minaient les privilèges, et la réelle faiblesse du colosse
que l'Europe entière voulait renverser, dût-elle y trouver
sa propre ruine.

Nous avons déjà dit que l'esprit si clairvoyant de
Vauban ne s'éleva pas à une grande hauteur. Tout ce
qui se voyait avec les yeux, tout ce qui se touchait avec
les mains, tout ce qui se mesurait au compas, se calcu-
lait en chiffres, ne pouvait échapper à Vauban ; mais il
ne dépassait pas certaines bornes. Nous serions tenté de

dire que son désintéressement, l'indépendance de son caractère, en un mot sa vertu, le retenaient dans certaines limites que franchissent sans scrupules les hommes politiques.

Quoi qu'il en soit, Vauban ne craignit pas de désapprouver hautement les instructions données par Louis XIV à ses représentants au congrès de Ryswick.

Le roi connut-il ce blâme? L'histoire ne le dit pas. Mais, si le monarque fut instruit des propos tenus par son fidèle sujet, il pardonna généreusement et ne cessa de lui accorder sa faveur.

VII

Cette guerre durait depuis près de vingt ans; Louvois l'avait allumée, dit son historien le plus éminent, pour satisfaire non ses intérêts propres, mais sa passion française et les intérêts d'une France plus grande et plus dominante.

Le même sentiment animait Vauban. Aussi quelle ne fut pas sa douleur lorsque, le 30 octobre 1697, il lut le traité de Ryswick !

Louis XIV abandonnait toutes ses conquêtes. Un vaincu de la veille n'eût pas autrement fait. La France perdit la plus belle partie de ses colonies, puis la Catalogne, enfin les places fortes si chères à Vauban : Luxembourg et le duché, Charleroi, Ath, Courtray, Namur, Dinant, Kelh, Huningue, etc. Mais la France conservait Strasbourg.

Louis XIV se fit violence pour reconnaître Guillaume III comme roi d'Angleterre, mais il ne consentit pas à la rentrée des protestants.

Voltaire juge ainsi le traité de Ryswick (*Siècle de Louis XIV*) :

« Les affaires politiques se traitaient dans le conseil, les résolutions s'y pressaient... Tout le conseil voulait la paix. Le duc de Beauvilliers surtout y représentait avec force la misère des peuples. Mme de Maintenon en était touchée; le roi n'y était pas insensible. Cette misère faisait d'autant plus d'impression, qu'on tombait de cet état florissant où le ministre Colbert avait mis le royaume... Ce mal intérieur étonnait, parce que l'on ne l'avait jamais senti depuis que Louis XIV gouvernait par lui-même. Voilà les causes de la paix de Ryswick. Des sentiments vertueux y influèrent certainement. Ceux qui pensent que les rois et leurs ministres sacrifient sans cesse et sans mesure à l'ambition, ne se trompent pas moins que celui qui penserait qu'ils sacrifient toujours au bonheur du monde.

« ..... On fut surpris dans l'Europe et mécontent en France que Louis XIV eût fait la paix comme s'il eût été vaincu. Harlai, Créci et Callières, qui avaient signé cette paix, n'osaient se montrer ni à la cour ni à la ville; on les accablait de reproches et de ridicules, comme s'ils avaient fait un seul pas qui n'eût été ordonné par le ministère. La cour de Louis XIV leur reprochait d'avoir trahi l'honneur de la France, et depuis on les loua d'avoir préparé par ce traité la succession à la monarchie espagnole; mais ils ne méritèrent ni les critiques ni les louanges. »

On lit dans les *Mémoires de Torcy :* « Paix précipitée par le seul motif de soulager le royaume. »

Depuis l'année 1651, Vauban n'avait cessé de combattre ou de travailler avec une ardeur singulière; il y avait quarante-six ans que le repos lui était refusé; aussi songea-t-il, après la signature de la paix, à se retirer dans la solitude des champs.

Mécontent et quelque peu découragé, il se rendit dans ses terres. Mais un travail sans but déterminé augmenta sa lassitude, et il ne tarda pas à regretter ses veilles forcées, ses voyages, et jusqu'aux dangers des sièges.

Heureusement Louis XIV, que l'état de son royaume préoccupait, éprouva le désir de revoir Vauban et de le consulter.

L'ingénieur ne cacha pas au monarque que le traité de Ryswick avait profondément modifié le système de dé-

fense, et que tout était à refaire. Après de longues con-
férences, il fut décidé que Vauban inspecterait les frontières et proposerait la construction de nouvelles places
ou la réparation des anciennes.

Il partit, animé d'une ardeur singulière. Le colonel
Allent dit, dans son *Histoire du génie* : « Vauban proposa
de rétablir Furnes et de substituer au fort de Kénoque
un poste plus capable d'une longue résistance. Il eut
aussi l'idée de fortifier l'embouchure de la Deûle dans
la Lys, pour lier en ligne directe les forteresses de Lille
et d'Ypres. La droite de la frontière avait pour point
d'appui les places de la Meuse. Mais Charlemont n'avait
ni la capacité ni la force qu'exigeait sa situation à l'angle
de deux frontières. Vauban conçut le dessein d'y former
une place de dépôt dont Charlemont ne serait plus que
la citadelle; d'attirer dans les deux Givet les gens de
métier utiles aux armées, et, pendant un siège, de fortifier ces deux villes et d'occuper par des ouvrages les
hauteurs qui les dominent. Cette place, ainsi agrandie,
devait garder les passages de la Meuse, maîtriser sur les
deux rives le pays ennemi, tenir en bride la garnison de
Namur, renfermer les magasins des armées et fournir à
leurs divers mouvements. Ce fut alors que Vauban traça
la belle *couronne* d'Haurs, modèle de l'art avec lequel il
pliait la fortification au terrain, remarquable surtout par
la double propriété de n'exiger pour sa défense qu'une
troupe peu considérable, et d'offrir un camp aux débris
d'une armée. »

Ce fut à cette époque que l'attention de Vauban se fixa
sur l'importance des camps retranchés. Il avait toujours
compris l'importance de ces camps; mais, obéissant au
préjugé répandu dans les armées, il n'avait pas cherché
à établir ce genre de défense, qui répugnait au courage
aventureux des Français, plus amis de l'offensive que de
la défensive.

Pendant son séjour dans ses terres, après la paix de
Ryswick, Vauban avait étudié les anciens et remarqué
combien les armées romaines faisaient usage des camps

retranchés. Après cette étude, il en était venu aux modernes, qui avaient profité des leçons de l'antiquité.

Les manuscrits de Vauban renferment des notes écrites de sa main sur cette importante question, dont la construction des places fortes avait détourné son esprit.

Sous le règne de Charles VI, en 1385, le connétable Clisson préparait une descente en Angleterre, et « faisait travailler à la construction d'un édifice aussi effrayant pour la dépense qu'étonnant pour la singularité; c'était une ville de bois de trois mille pas de diamètre, munie de tours et de retranchements, capable de contenir une armée entière; on devait s'en servir après le débarquement, pour avoir, en arrivant en Angleterre, une place d'armes à l'abri des insultes de l'ennemi. Cette ville, composée de pièces de rapport, devait être transportée sur une flotte. »

Vauban fut d'autant plus frappé de cette description, qu'en 1685 il avait composé un mémoire pour la protection de la cavalerie en campagne. A ce mémoire étaient jointes des citations historiques sur les camps retranchés. Vauban y cite le camp retranché formé en 1524, à Avignon, par Anne de Montmorency contre Charles-Quint, et qui préserva le midi de la France d'une invasion.

Trop pénétré de l'importance de la fortification permanente, Vauban considérait les camps retranchés comme en relations constantes et très directes avec les places. Cependant quelques pages de ses mémoires pourraient faire supposer qu'il n'était pas éloigné de renoncer à fortifier les grandes villes renfermant une nombreuse population. La fortification ne lui semble pas un moyen de conserver la ville, mais bien de préserver un point important du territoire, un point stratégique. Les habitants d'une localité lui semblent, en cas de siège, le plus grand embarras. Lorsqu'il est assiégeant, il lui est pénible de bombarder les habitations et les monuments, de faire périr des femmes et des enfants, d'anéantir des richesses et des œuvres précieuses. A ses yeux, le soldat seul fait la guerre et seul il doit en souffrir.

Vauban fit pénétrer quelques-unes de ses idées dans l'esprit de Louis XIV. « Pourquoi, écrivait le roi à Luxembourg après la journée de Steinkerque, pourquoi, quand vous ne trouvez pas de postes tels que vous le désirez, ne vous retranchez-vous pas ? Par ce moyen vous ne combattriez jamais qu'avec avantage. Je sais que vous me direz : Il y a longtemps que cela ne s'est fait ; cela pourrait ternir la réputation de nos armes, et faire connaître aux ennemis qu'on les appréhende. Mais ce ne sont que des discours ; l'essentiel est qu'il n'arrive pas d'accident à mon armée, et même qu'il n'y ait pas de combat où la perte soit égale. C'est pourquoi il vaut mieux reprendre les coutumes anciennes, si on les croit bonnes, que de hasarder pour un faux point d'honneur ; ce qu'on fera passera pour sagesse, et non pour faiblesse, dans une conjoncture comme celle-ci. »

Devant la résistance des généraux et la répugnance des soldats à se fortifier, Vauban disait en plaisantant : « Nous faisons la guerre plus dignement que nos ennemis, car nous ne voulons pas d'abri et allons à front découvert. »

Cependant, comme il n'abandonnait pas volontiers ses opinions, Vauban ne cessait de se livrer à l'étude des camps retranchés. Les Nassau avaient imité les camps romains, et les places d'Utrecht, Brisach, Liège, s'étaient vues protégées par des camps en 1672, 1677 et 1693. Voulant connaître les méthodes suivies, Vauban écrivit à un officier qui servait dans les armées allemandes :

« Ce mot, Monsieur, est pour vous prier de vouloir bien trouver bon que notre petit ami s'emploie à rechercher dans l'histoire de Bœsme l'endroit qui traite de la guerre de Zilda, chef des hussites. Sa façon de guerroyer a quelque chose de singulier et qui a rapport aux camps retranchés, bien que les siens étaient ambulants. Il s'en trouva très bien. Je sais que les Cosaques s'en sont beaucoup servis dans leur commencement. Les Polonais se sont quelquefois servis aussi de camps retranchés contre les Turcs, comme Sigismond-Auguste et Vladislas contre Mahomet III. Il me paraît que les Turcs s'en sont servis aussi; car, si je ne me trompe, Sélim Ier, qui donna la bataille de Zalderam contre Ismaël, sophy de Pasa, avait un retranchement de chariots à l'entour de lui, d'où les janissaires eurent beaucoup de peine à sortir. Il me semble que Wallenstein, étant retranché sous Nuremberg, donna un grand échec à Gustave-Adolphe, et qu'en dernier lieu les Turcs étaient retranchés à Chozon quand le roi de Pologne, pour lors grand maréchal, les battit. Ce sont des fragments historiques que je voudrais avoir, où les lieux, les temps et les personnes fussent marqués, et les choses un peu en détail. Je vous demande donc par charité de vouloir m'assister de ceux que vous pourrez découvrir, tant des guerres anciennes que des modernes; car, quoique je connaisse très bien le mérite des camps retranchés, j'ai besoin de l'autorité de tous les grands hommes pour les persuader à notre follette nation, qui croit qu'il faut toujours se battre comme on se trouve, en ne se donnant d'autre inquiétude là-dessus que de bien frapper. » (*Correspondance de Vauban*, tome VIII. Dépôt des fortifications.)

Plus il étudiait la question, plus le savant ingénieur était partisan des camps retranchés. Mais il ne fut pas écouté par ses contemporains. Plus tard son opinion prévalut, et, vers le milieu du XVIIIe siècle, toutes les armées de l'Europe firent usage des camps retranchés. Au siège de Maestricht, en 1748, le maréchal de Saxe employa ce moyen de défense. Le grand Frédéric les employa sous le nom de camps de passage; il en fait lui-même ressortir les avantages, en disant qu'il les considère comme mettant les troupes à l'abri des insultes et des surprises; comme couvrant une armée d'observation; réduisant le nombre des postes et des gardes avancées; diminuant la fatigues des corps; prévenant la maraude; s'opposant à la désertion; masquant les opérations; permettant de décamper sans être vu; facilitant les fourrages; mettant les magasins et l'artillerie à l'abri d'un coup de main.

Toutes ces raisons et d'autres encore se trouvent dans les écrits de Vauban, qui voyait dans les camps retranchés le grand moyen de soutenir avec succès une guerre offensive. Or la guerre de la succession d'Espagne lui parut nécessairement offensive, tant les campagnes précédentes avaient appauvri la France en hommes et en argent.

Après la prise de Landau, Vauban, craignant que Thionville ne fût attaqué, écrivit à M. Lepelletier, ministre de la guerre, pour être autorisé à créer un camp retranché assez vaste pour contenir huit à dix mille hommes. « Je sais que cela n'est pas du goût du roi, non plus que de ses généraux, qui ont fait une désagréable peinture des camps retranchés; c'est qu'ils ne les entendent pas. Je ne sais pas comment ils persistent si longtemps dans cette erreur-là, vu les belles leçons que les Allemands leur en donnent tous les jours. »

Dans un conseil de guerre présidé par le roi, les propositions de Vauban furent discutées. Les généraux les repoussèrent, et le roi se soumit à cette décision. Ce fut à cette occasion que Vauban écrivit au ministre : « Il serait à désirer que le roi voulût bien y entrer un peu plus qu'il ne le fait; car je vois que nous allons tomber dans une guerre défensive, où on nous fera voir bien du pays si on ne s'accoutume pas davantage à cette manière de guerroyer, pour laquelle je vois qu'on est dans une extrême ignorance en France, d'autant plus dangereuse que jusqu'ici on a reçu toutes les propositions que j'ai faites à cet égard comme autant d'absurdités qui ne méritaient pas d'être écoutées. Dieu veuille que j'aie tort. »

VIII

Quelques historiens ont prétendu que Vauban fut en disgrâce au commencement de la guerre. Cette opinion est basée sur l'inactivité apparente du grand ingénieur, qui demeurait dans son gouvernement de Lille pendant que les armées étaient en campagne. Il ne faut cepen-

Vauban reçoit le bâton de maréchal de France. (P. 199.)

dant pas oublier que le titre d'ingénieur ne donnait pas des droits au commandement.

La preuve que Louis XIV n'avait pas disgracié ce bon et brave serviteur, ce grand homme auquel il devait une part de sa gloire, c'est qu'il éleva Vauban à la dignité de maréchal de France le 2 janvier 1703.

Si les historiens ont commis une erreur en présentant l'illustre ingénieur comme méconnu, oublié, injustement traité par le roi, ils se sont éloignés de la vérité lorsqu'ils présentent Vauban surpris et mécontent de son élévation à la dignité de maréchal de France.

On a voulu exalter le désintéressement de Vauban, louer outre mesure sa modestie, le présenter comme une sorte de personnage antique, dédaigneux des grandeurs.

Carnot, en prononçant l'éloge de Vauban, a été jusqu'à dire qu'il était mort du chagrin que lui avait causé son élévation : « Il supplie le roi de retenir un bienfait qui, malheureusement, ne peut plus être suspendu sans injustice... On l'élève *malgré lui* aux honneurs suprêmes, on l'*afflige* par un titre qui met des entraves à son zèle. Ah! sans doute il ne survivra guère à sa douleur !... »

Depuis longtemps Vauban sollicitait auprès du roi le bâton de maréchal de France. Ce bâton, qu'il obtint le 2 janvier 1703, se faisait espérer depuis un an au moins, car Vauban avait écrit, le 2 janvier 1702, cette lettre qui se trouve au dépôt des fortifications (*Correspondance de Vauban*, tome IX) :

« Sire,

« Le bruit qui court à Paris, à Versailles, dans toutes vos troupes, d'une prochaine promotion de maréchaux de France, m'autorise à représenter à Votre Majesté que ma qualité de lieutenant général plus ancien que la plupart de ceux qui sont le plus à portée d'y prétendre, et mes services mieux marqués que les leurs, dont je ne veux pour témoin que Votre Majesté, me donnent lieu d'espérer qu'elle ne me jugera pas indigne de cette élévation. Après cela, Sire, comme je suis absolument dévoué

à tout ce qu'il plaira à Votre Majesté de faire de moi,
si elle juge qu'il convienne à son service que je me borne
au caractère dont il lui a plu m'honorer, je m'y sou-
mets de tout mon cœur et je lui sacrifierais sans peine
toute mon ambition, vu même qu'il semble qu'une telle
élévation doit être embarrassante pour un emploi ambu-
lant comme le mien, qui a tant de places à voir et à
visiter, et qui se trouve dans une obligation continuelle
d'être si souvent mêlé parmi les ouvriers.

« Mais, au cas que Votre Majesté juge cette situation
nécessaire à son service, qu'elle ait au moins la bonté
d'en rendre un témoignage public qui me disculpe envers
ceux qui ne me croient pas indigne de la qualité de
maréchal de France. C'est la grâce que je lui demande,
avec celle de vouloir bien m'en consoler par me donner
une maison dans Paris; elle le peut sans qu'il lui en
coûte rien; il y en a deux qu'elle fait vendre présentement dont elle ne retirera pas grand'chose, ne s'y étant
encore présenté personne pour les acheter. (Vauban indique ces deux maisons.)

« Si elle a la bonté de m'en accorder une, je lui demande la plus grande avec les jardins et héritages qui
en dépendent : la maison pour me loger, et les héritages
pour avoir de quoi la meubler, et je continuerai le reste
de mes jours à la servir avec tout l'attachement et l'affection dont le meilleur sujet du monde et le plus désintéressé peut être capable. »

La dignité de maréchal de France ne conduisit donc
pas Vauban au tombeau. Il eut la maison la plus grande,
les jardins, les héritages, et, l'année suivante, le bâton.

Ce qui prouve que Louis XIV savait récompenser généreusement les services, et que les bons serviteurs ne
craignaient pas de faire valoir leurs titres.

Contentons-nous d'admirer dans l'histoire les gens de
bien, les hommes d'honneur, et ne cherchons pas trop
minutieusement à découvrir des héros. Vauban consacrait
toutes ses facultés au service de la France; il donnait à
la France son temps, et pour elle risquait chaque jour

sa vie. Père de famille, il avait charge d'âme; pouvait-il s'humilier au point de se sentir indigne de porter le bâton de maréchal?

Vauban fut d'autant plus heureux et fier de sa nomination, qu'elle honorait tous les ingénieurs. Pour la première fois ce corps, illustré par Vauban, voyait l'un des siens parvenir à la suprême dignité militaire.

Le maréchal de Vauban déclara spontanément au roi que le grade qu'il venait d'obtenir ne l'empêcherait pas de servir en sous-ordre dans les sièges, et que, pour le service, il se considérait comme lieutenant général.

On peut donner des louanges à tant de modestie; mais le service s'accommoderait difficilement de cette façon d'agir. Chaque grade a ses attributions déterminées, et il n'appartient à personne de renoncer aux droits inséparables des devoirs. Vauban ne tarda pas à le reconnaître.

Au mois de juillet 1703, quelques mois après l'élévation du grand ingénieur au grade de maréchal de France, le roi voulut mettre le siège devant Brisach, et confia le commandement de l'armée au duc de Bourgogne, qui avait pour commandant en second le maréchal de Tallard. En réalité Tallard dirigeait le prince; Vauban eut à conduire les opérations du siège. Il y avait donc en présence deux maréchaux de France, chargés, il est vrai, d'attributions différentes, mais en contact perpétuel. Chamillard, ministre de la guerre depuis 1701, fit observer au roi que le bien du service souffrirait de la présence de deux maréchaux dans le même camp.

Ce fut alors que Louis XIV répondit de Marly, le 29 juillet 1703 : « Le maréchal de Vauban m'a dit qu'il ne prétendait pas rien faire de plus à l'armée du duc de Bourgogne que ce qu'il a fait avec moi à toutes les places que j'ai prises; il ne se mêlait que de la tranchée et des attaques des places; il me disait ses pensées et m'expliquait ce qu'il croyait qu'on devait entreprendre, et, quand je l'avais approuvé, il me donnait un projet de ce que l'on devait faire, et me demandait par écrit ce qui était nécessaire à chaque garde de tranchée, je lui faisais fournir, et il ne faisait que crier quand il n'avait pas tout à propos, ce qui n'arrivait guère.

« Présentement qu'il est maréchal de France, il faut qu'il prenne l'ordre quelquefois, et qu'il ne se mêle en rien du détail de l'armée ; le maréchal de Tallard fera tous les détails sous le duc de Bourgogne, hormis de la tranchée, après qu'il aura fait fournir tout ce que le maréchal de Vauban aura demandé. Le duc de Bourgogne pourra se fier en tout au maréchal de Vauban aussi bien qu'à celui de Tallard... »

Nous n'avons pas à discuter les opinions militaires ou les décisions de Louis XIV ; mais, en principe, l'ingénieur élevé au grade de maréchal de France cesse d'exercer sa spécialité ; il commande des corps d'armée composés de troupes de différentes armes ; en un mot, il est général d'armée.

Vauban avait formé de bons élèves, qui eussent pu le remplacer comme ingénieur, et nous ne doutons pas que le nouveau maréchal n'eût pu commander les troupes aussi bien, pour ne pas dire mieux, que Tallard. Mais Vauban est une exception, et il y aurait péril pour l'institution militaire à confier le commandement supérieur d'une armée à un ingénieur, quel que fût d'ailleurs son mérite spécial.

Le siège de Brisach ne commença que le 23 août, jour de l'ouverture de la tranchée. Vauban était devant la place depuis plus de quinze jours, cherchant par son activité et son zèle à réparer toutes les fautes. L'artillerie était insuffisante, les ponts de bateaux n'arrivaient pas, les outils manquaient ; enfin Vauban, tout maréchal de France qu'il était, dut faire le métier de contremaître.

Les troupes arrivèrent le 16, et le duc de Bourgogne le lendemain. Lorsque Vauban alla saluer le prince, celui-ci dit à haute voix : « Monsieur le maréchal, il faut que vous perdiez votre honneur devant cette place : ou nous la prendrons, et l'on dira que vous l'avez mal fortifiée ; ou nous échouerons, et l'on dira que vous m'avez mal secondé. — Monseigneur, répondit Vauban, on sait comment j'ai fortifié Brisach ; mais on ignore et l'on saura bientôt comment vous prenez les places que j'ai fortifiées. »

Lorsqu'il fallut commencer sérieusement les attaques, on s'aperçut que les travailleurs manquaient complètement. Les paysans fuyaient au loin, et les soldats n'allaient aux chantiers qu'avec la plus grande répugnance.

L'ardeur de Vauban augmentait avec les difficultés. Voici quelques passages de son journal du siège :

« Je suis assez content de ma dernière nuit, que j'ai en partie passée à fouiller les plis du haut Rhin qui peuvent aider aux attaques de cette avenue, étant accompagné des sieurs de Laubanie, Filley et Tarade ; j'y ai trouvé des assiettes très avantageuses pour des batteries de revers et à ricochet, dont je profiterai, s'il plaît à Dieu, pendant le siège. Je n'en suis sorti qu'au grand jour et bien mouillé, à la faveur d'un petit brouillard.

« J'ai passé le Rhin tout de suite, pour aller montrer les accès de cette avenue au brigadier ingénieur qui doit commencer l'ouverture de la tranchée ; après quoi je me suis rendu chez Monseigneur, où nous avons conféré des attaques avec lui et M. le maréchal de Tallard, et nous sommes convenus d'ouvrir la tranchée le 23. »

Monseigneur, pressé par Vauban, allait visiter les travaux ; mais, peu familiarisé avec un tel exercice, le Dauphin éprouvait une fatigue inconnue au maréchal. Après une de ces visites, Vauban écrivait :

« Il a eu contentement ; car je lui ai fait voir depuis la queue jusqu'à la tête, et tous les postes avancés et non avancés. Il s'en est retourné si las qu'à peine pouvait-il mettre un pied devant l'autre ; il m'en a paru très content ; ce ne sera pas la dernière fois, s'il plaît à Dieu, que je l'y mènerai. »

Deux jours après, Vauban fit faire semblable expédition à monseigneur le Dauphin et à sa petite cour ; mais cette fois la fatigue fut telle que l'on ne put terminer sans peine la longue tournée. De dix pas en dix pas, quelqu'un demeurait en chemin ; seul le maréchal de

Vauban, toujours dispos et la parole vive, allait à droite et à gauche, donnant des explications et faisant le récit des futurs événements.

Le soir, le maréchal de Tallard fit observer amicalement à Vauban qu'il serait préférable à l'avenir de ne montrer à Monseigneur qu'une partie des travaux, pour ne pas le tuer de fatigue.

Pendant la quatrième nuit, les assiégés tentèrent deux sorties, dont Vauban rend compte en ces termes : « L'une s'est faite sur la tête de la droite, où elle a été reçue par la compagnie des grenadiers de la couronne et par le piquet commandé par M. de Croissy, qui sont allés au-devant et les ont ramenés battant jusque dans leur avant-fossé... L'autre s'est faite en même temps sur la gauche, qui a ébranlé tous les travailleurs, hors ceux du régiment du roi, qui, loin de là, se sont vaillamment saisis des armes d'un détachement de la tranchée qu'on avait envoyé aux fascines... Cette sortie enfin a disparu comme l'autre, sans faire autre chose que d'alarmer toute la tranchée, à qui il en a coûté un capitaine et trois ou quatre soldats. »

Vauban se plaignait de l'inexpérience de l'artillerie, qui ne faisait pas son devoir. Composée de recrues, cette arme se montrait fort inférieure.

Le soir du 5 septembre, Vauban rentra plus fatigué que les jours précédents et se jeta tout habillé sur une paillasse. Il fut subitement réveillé vers minuit par un officier du comte de Marsin, qui annonçait que la ville demandait à capituler.

Vauban se rendit à l'instant même chez monseigneur le Dauphin, qu'il ne craignit pas de réveiller. Le prince s'empressa d'écrire au roi et voulut que Vauban écrivît de son côté ; « ce que j'ai fait, à moitié endormi, et fort brièvement, » dit Vauban dans son journal.

Le lendemain, le maréchal de Vauban adressa son rapport à Chamillard. On lit dans cette lettre : « Voilà cependant ce terrible Brisach, cette place incomparable réduite en quatorze jours d'attaque, chose inouïe d'une telle place. Il faut avouer que le Seigneur s'est là favorablement mêlé

des affaires du roi, et que cette réduction a quelque chose
de surprenant qui tient un peu du miracle. Remercions-
en Dieu, et ne la rendons plus, si le roi a un nouveau
titre à se l'approprier à perpétuité. »

Après avoir réparé les fortifications et augmenté les défenses de la place, Vauban allait quitter les bords du
Rhin. Il se félicitait d'avoir tranché la question soulevée
par sa nouvelle dignité ; il se voyait à l'avenir dirigeant
les sièges, en qualité de maréchal de France, car devant
Brisach tout s'était passé sans la moindre difficulté. Monseigneur avait commandé, et le maréchal de Tallard ne
semblait nullement froissé du rôle confié à Vauban.

Cependant, officiers et soldats avaient compris que
Brisach était conquis par Vauban et non par Tallard. Si le
premier eût été lieutenant général et le second maréchal
de France, tout l'honneur revenait à Tallard, supérieur
en grade ; mais il n'en était pas ainsi, et ce fut en vain
que Vauban s'effaça.

Lui seul se fit illusion sur cette position fausse, et qui
ne pouvait être qu'une exception.

IX

On se disait, d'abord sous le sceau du secret, puis à
demi-voix, enfin ouvertement, que le roi projetait une
grande opération militaire. Vauban fut un des derniers à
connaître la nouvelle, car on se cachait de lui, on craignait de l'affliger, on devinait la douleur qu'il en ressen-
tirait.

Il s'agissait de terminer la campagne par une action
d'éclat, un siège mémorable.

Lorsqu'il n'en put douter, le maréchal de Vauban
écrivit au ministre de la guerre Chamillard :

« ... Par tous les mouvements que je vois faire, il me
paraît que le roi a pris de nouvelles résolutions et qu'on
va faire un siège considérable. Je ne nomme point la
place, parce que cela est encore mystérieux ; je vois ce-

pendant bien ce que c'est; tout le monde se remue, il n'y a que moi à qui on ne dit mot; est-ce donc que je ne suis plus propre à rien?

« Quoique d'un âge fort avancé, je ne me condamne pas encore au repos, et quand il s'agira de rendre un service important au roi, je saurai bien mettre toutes sortes d'égards à part, tant par rapport à moi qu'à la dignité dont il lui a plu de m'honorer, persuadé que je suis que tout ce qui tend à servir le roi et l'État est honorable, même jusques aux plus petits, à plus forte raison quand on peut y joindre des services essentiels, tels que ceux que je puis rendre dans le siège dont il s'agit.

« C'est pourquoi, bien que peu désirable pour moi, parce qu'il sera apparemment froid, humide et de durée, et qu'on y murmure beaucoup à cause des incommodités de la saison où nous allons entrer et du retard des quartiers d'hiver, dont les troupes ont tant de besoin, je passe légèrement sur toutes les considérations, aussi bien que sur celle de ma dignité, et j'offre de tout mon cœur tout mon savoir-faire au roi, en telle qualité qu'il lui plaira; pourvu que je puisse venir à bout de le contenter, il est certain que je serai content. Que je sache donc, Monsieur, sa volonté; le plus tôt sera le meilleur, car il ne sert de rien de s'offrir et de se jeter à la tête en toutes manières si on n'est accepté. Ce qui m'oblige à vous parler de la sorte est qu'il me paraît qu'on se dispose à faire le siège sans moi. Je vous avoue que cela me fait de la peine; mettez-y donc ordre...

« Au nom de Dieu, que le roi ne se fasse aucune peine sur ma manière de servir; je ne veux me mêler que de ce qui regardera la conduite des lignes et des attaques. Cela ne doit point donner de jalousie à son général, auquel je serai aussi soumis que le pourrait être un de ses lieutenants, pourvu qu'il me laisse exercer mon petit ministère, dont j'estime assez le personnage pour ne pas le croire indigne d'application, je ne dis pas d'un maréchal de France, je dis même d'un prince tout des plus considérables. Qu'on ne me l'empêche donc point, s'il vous plaît;

le roi me donnerait un chagrin dont il ne me pourrait jamais guérir. »

Ce chagrin ne fut pas épargné à Vauban. Vainement Louis XIV lui écrivit-il deux lettres affectueuses; vainement Chamillard chercha-t-il à lui faire comprendre que la dignité de maréchal de France souffrirait d'un rôle secondaire et que, d'ailleurs, les commandements n'étaient pas encore distribués définitivement.

S'il s'était agi d'une campagne de guerre, le maréchal de Vauban n'eût pas ressenti aussi profondément la blessure; mais le roi voulait assiéger Landau, et le vieil ingénieur serait écarté.

Ce n'était certes pas un caprice royal, encore moins un acte d'ingratitude. Louis XIV avait consulté les maréchaux de France, qui pensaient avec raison que le commandement des armées, et non une fonction spéciale et secondaire, convenait à leur dignité. Le ministre Chamillard rédigea pour le roi un mémoire conforme à l'opinion des maréchaux; enfin le maréchal de Tallard, qui avait commandé au siège de Brisach en compagnie du maréchal de Vauban, déclara que le partage d'attributions était contraire au bon ordre, à la discipline et aux règles du service.

Les officiers de l'armée étaient de cet avis. Si Vauban consentait à déposer momentanément son bâton de maréchal de France, le roi ne pouvait le permettre sans porter atteinte à la hiérarchie et créer un fâcheux précédent.

Le siège de Landau était décidé, et le maréchal de Tallard, qui avait commandé à Brisach, fut chargé de l'entreprise. Le mieux eût été de confier au maréchal de Vauban une conquête facile pour lui.

Quelque blessé qu'il fût, le digne homme, qui connaissait parfaitement le fort et le faible de la place que Tallard allait assiéger, rédigea un mémoire sur les opérations à entreprendre. Ce mémoire est précédé de ces paroles si simples et si magnifiques : « Puisque, par des raisons qui n'ont pas besoin d'être expliquées, il ne m'est

pas permis de conduire les attaques de Landau et de
donner en cela de nouvelles marques de mon zèle et de
mon affection au service du roi, je veux m'en consoler du
mieux que je pourrai, en faisant part de mes vues et de
mes lumières à ceux qui doivent tenir ma place, afin que
je puisse du moins avoir la satisfaction de n'être pas tout
à fait inutile à Sa Majesté dans une affaire aussi importante que celle-là paraît devoir être... »

Le mémoire de Vauban avait tout prévu, et le maréchal de Tallard n'eut qu'à suivre ses instructions.

Pendant les années 1704, 1705 et 1706, de grands
événements militaires mirent sur pied les armées de la
France. Elles furent confiées à des maréchaux dont la
plupart avaient moins de services et moins d'expérience
que Vauban. Cependant il n'obtint aucun commandement.

Pendant le siège de Landau, le maréchal de Tallard
avait été troublé par les troupes palatines, renforcées d'un
corps détaché des Pays-Bas, commandées par le prince
de Hesse.

Tallard eut le bon esprit de ne pas attendre l'attaque
dans ses lignes, et marcha au-devant de l'ennemi jusqu'au Speyerbach. Les alliés se mettaient en bataille devant le cours d'eau. Tallard fit attaquer sans prendre la
moindre disposition. Les Français se précipitèrent sur
l'ennemi avec furie et le mirent en fuite par une charge à
la baïonnette. Ce fut la bataille de Spire, où nos soldats
ramenèrent les canons, les drapeaux, les bagages, et où
les alliés perdirent dix mille hommes tués ou prisonniers.

Landau se rendit le lendemain, après vingt-huit jours
de siège.

Cette bataille, qui survenait pendant un siège, confirma
l'opinion qu'un ingénieur ne pouvait exercer le commandement des troupes. Quoique Tallard n'eût déployé aucun
talent militaire à la journée de Spire, cette victoire fut
défavorable aux intérêts militaires de Vauban, qui ne fut
pas employé activement.

Le prince Eugène prit le commandement de l'armée
battue à Spire, et renferma vingt mille hommes dans le

camp de Stolhoffen afin de paralyser Tallard. En même temps, Marlborough, à la tête de son armée, envahissait la Bavière. Le maréchal de Villeroi, inquiet des mouvements de Marlborough, faisait sa jonction avec Tallard, passait le Rhin, pendant que son collègue marchait sur Augsbourg. Mais, ni Tallard, ni Villeroi, ne pouvaient lutter contre Eugène et Marlborough.

Ils osèrent les attaquer à Hochstædt et furent battus. On ne sait qui commit le plus de fautes de Tallard ou de Marsin. Le premier tomba aux mains de l'ennemi, tandis que le second battit précipitamment en retraite sur Ulm, sans se préoccuper de l'armée de Tallard, qui se dispersa.

Dans sa retraite, Vauban déplorait tant de fautes commises par les maréchaux de France, ses collègues. Son inaction lui pesait d'autant plus qu'il se sentait capable de soutenir l'honneur des armes du roi.

Pendant les mois d'octobre et de novembre 1704, Eugène et Marlborough atteignirent les bords du Rhin et le franchirent à Philippsbourg. Ils reprirent Landau, Sarrebruck, Trèves, tout le territoire entre le Rhin et la Moselle. Ils osèrent déclarer qu'après les quartiers d'hiver ils envahiraient la Lorraine.

La perte de tant de places causa un profond chagrin au maréchal de Vauban.

Le maréchal de Villars, employé dans les Cévennes à combattre les camisards, fut enfin rappelé sur le véritable théâtre de la guerre. Dans son camp de Sierk, aux portes de Metz, il fit si bonne contenance qu'il empêcha l'ennemi de pénétrer en Lorraine; mais Louis XIV perdit encore Wissembourg et Haguenau, et vit ses ennemis investir le fort Louis.

L'année 1706 ne fut pas plus glorieuse pour nos armes.

Il serait injuste d'accuser Louis XIV d'ingratitude envers Vauban. Il l'avait élevé à la dignité de maréchal de France, et se privait de ses services pour demeurer fidèle aux principes de la constitution militaire, principes méconnus depuis.

Louis XIV alla chercher Vauban dans sa retraite pour
le créer chevalier des ordres du roi, le 2 février 1705. Cet
honneur était le plus grand que pût recevoir un homme,
général d'armée ou ministre.

Voyant les frontières menacées, Louis XIV fit appel à
l'expérience de Vauban, sans violer aucune règle, sans
compromettre aucun service. Le maréchal fut nommé au
commandement supérieur de toutes les places des Flandres. Il partit pour Dunkerque avec le projet d'organiser
près de la ville un camp retranché qui servirait en même
temps de grand dépôt d'approvisionnements.

Sur ces entrefaites, l'ennemi assiégea Ostende, et
Vauban se tint sur la défensive. Tout à coup les regards
se détournèrent des frontières de la Flandre pour se diriger sur l'Italie. Vendôme venait d'y remporter une victoire, et le roi ordonnait le siège de Turin.

Au lieu de confier à Vauban cette difficile conquête, le
ministre Chamillard proposa au roi de nommer son
gendre, Louis duc de la Feuillade, moins illustre capitaine que son père, mais fort goûté à la cour.

Le roi préférait Vauban, surtout pour la conduite d'un
siège; mais Chamillard, qui voulait du bien à l'époux de
sa fille, obtint sa nomination.

La Feuillade, qui sollicitait le poste, avait écrit à son
beau-père, ministre de la guerre : « ... Ayez confiance en
moi, vous vous en trouverez mieux et le roi aussi, que de
tous les ingénieurs du monde. Il y a des gens nés pour
commander, et ces sortes de messieurs-là sont faits seulement pour exécuter les ordres qu'on leur donne. »

Vaniteux et d'une impertinence sans pareille, la Feuillade entreprit le siège de Turin, sans se douter que l'entreprise était difficile. Tout en confiant le siège au gendre
de son ministre, le roi pria Vauban de lui composer un
mémoire, lequel devait servir de règle de conduite à la
Feuillade; le célèbre ingénieur ne crut pas devoir refuser
ce service.

La place était forte, la garnison très brave, nombreuse, bien disposée, et les habitants prêts aux plus durs

sacrifices. Bien plus, le prince Eugène, à la tête de son armée, surveillait les abords.

Le maréchal de Vauban commença par écrire une lettre où les principales dispositions à prendre se trouvaient clairement indiquées. Après avoir lu cette lettre qu'il approuva, Louis XIV chargea Chamillard de l'envoyer à la Feuillade : « Je vous envoie, dit le ministre à son gendre, une lettre du maréchal de Vauban, auquel je communiquai vendredi celle que vous m'avez écrite le 3 de ce mois, qui contient votre projet sur la manière dont vous avez résolu d'attaquer Turin. Vous verrez qu'il n'est pas d'accord avec vous, et sa lettre me paraît appuyée de raisons si solides que j'ose vous demander par grâce d'y faire de sérieuses réflexions. L'affaire est si importante pour le roi que je suis convaincu comme lui qu'il ne faut rien donner au hasard. »

Chamillard écrivait le même jour à Vauban : « Je vous rends mille grâces, Monsieur, de la lettre que vous m'avez envoyée pour M. de la Feuillade; je l'ai lue au roi, il m'a paru que votre projet est entièrement de son goût. J'ai écrit à M. de la Feuillade, de manière qu'il aura peine à ne pas sentir la différence qu'il y a de suivre les règles ou de hasarder des nouveautés qui peuvent être dangereuses en pareille occasion. Je souhaite qu'il suive vos sages conseils, et que vous ayez tout l'honneur des événements, qui ne seraient pas moins glorieux pour lui qu'ils seraient utiles pour la France. »

Croirait-on que M. de la Feuillade ne daigna même pas jeter les yeux sur le projet de Vauban, qui cependant *était entièrement du goût du roi?* La réponse de la Feuillade est un monument d'orgueil. Il déclare qu'il n'a nul besoin des avis des ingénieurs, et qu'il prendra Turin à la Cohorn. Le général français préfère l'ingénieur allemand à son collègue, maréchal de France et le plus grand ingénieur de son temps, pour ne pas dire de tous les temps.

Il y avait alors en Italie un officier quelque peu ingénieur, nommé Pallavicini. La Feuillade se l'attacha et suivit aveuglément ses avis. Pallavicini rédigea un mémoire que signa la Feuillade et qu'il envoya à Chamillard. Celui-ci, fort étranger à ces questions de siège, pria Vauban de revoir ce mémoire et de le modifier, s'il était nécessaire.

Sans se décourager, le maréchal de Vauban se mit au travail et ne put que démontrer que les projets de la Feuillade étaient impraticables, contraires aux règles et au simple bon sens. Pallavicini ne tenait compte ni de la force des assiégés, ni de la disposition du terrain, ni de la présence d'une armée de secours commandée par un capitaine tel que le prince Eugène.

Ce fut sans doute la douleur dans l'âme que le vieux maréchal se soumit à de telles épreuves. Nous le devons penser en lisant cette lettre qu'il joignit au mémoire corrigé et qu'il adressa au ministre de la guerre :

« Après avoir parlé des affaires du roi, j'ose présumer qu'il me sera permis de parler de moi pour la première fois de ma vie. Je suis présentement dans la soixante-treizième année de mon âge, chargé de cinquante-deux ans de service, et surchargé de cinquante sièges considérables et de près de quarante années de voyages et visites continuelles à l'occasion des places et de la frontière, ce qui m'a attiré beaucoup de peines et de fatigues de l'esprit et du corps, car il n'y a eu ni été ni hiver pour moi. Or il est impossible que la vie d'un homme qui a soutenu tout cela ne soit pas fort usée, et c'est ce que je ne sens que trop, notamment depuis que le mauvais rhume qui me tourmente depuis quarante ans s'est accru et devient de jour en jour plus fâcheux par sa continuité; d'ailleurs, la vue me baisse et l'oreille me devient dure, bien que j'aie la tête aussi bonne que jamais. Je me sens tombé et fort affaibli par rapport à ce que je me suis vu autrefois. C'est ce qui fait que je n'ose plus me proposer pour les affaires difficiles et de durée qui demandent la présence presque continuelle de ceux qui les conduisent. Je n'ai jamais commandé d'armée en chef, ni comme général, ni comme lieutenant général, pas même comme maréchal de camp; et, hors quelques commandements particuliers, comme ceux d'Ypres, Dunkerque et de la basse Bretagne, dont je me suis, Dieu merci, bien tiré, les autres ne valent pas la peine d'être nommés. Tous mes services ont donc roulé sur les sièges et la fortification ; de quoi, grâce au Seigneur, je suis sorti avec beaucoup d'honneur. Cela étant comme je le dis, au pied de la lettre, il faudrait que je fusse *insensé* si, aussi voisin de l'âge décrépit que je le suis, j'allais encore voler le papillon et rechercher à commander des armées dans des entreprises difficiles et très épineuses, moi qui n'en ai point d'expérience et qui me sens défaillir au point que je ne pourrais pas soutenir le cheval quatre heures de suite, ni faire une lieue à pied sans me reposer.

« Il faut donc se contenter de ce que l'on a fait et, du moins, ne pas entreprendre choses dans l'exécution desquelles les forces et le savoir-faire venant à me manquer pourraient me jeter dans des fautes qui me déshonoreraient, ce qu'à Dieu ne plaise ! plutôt la mort cent fois.

« Quant à ce qui peut regarder mon ministère touchant la conduite des attaques, je pourrais encore satisfaire tant bien que mal aux fatigues d'un siège et d'une campagne, si j'étais servi des choses nécessaires et que l'on eût des troupes *comme du passé*. Mais quand je pense qu'elles ne sont remplies que de jeunes gens sans expérience et de soldats de recrues, presque tous forcés et qui n'ont nulle discipline, je tremble, et je n'ose désirer de me trouver à un siège considérable. D'ailleurs, la dignité dont il a plu au roi de m'honorer m'embarrasse à ne savoir qu'en faire en de telles rencontres. Je crains le qu'en-dirat-on de mes confrères, de sorte que je ne sais point trop quel parti prendre, ni comment me déterminer.

« Je dois encore ajouter que je me suis défait de tout mon équipage de guerre il y a quatre ou cinq mois, après l'avoir gardé depuis le commencement de cette guerre jusque-là.

« Après cela, si c'est une nécessité absolue que je marche, je le ferai au préjudice de tout ce qu'on en pourra dire et de tout ce qui en pourra arriver, le roi

me tenant lieu de toutes choses après Dieu. J'exécuterai
toujours avec joie ce qu'il lui plaira de m'ordonner, quand
je saurais même y devoir perdre la vie, et il peut compter
que la très sensible reconnaissance que j'ai de toutes ses
bontés ne s'épuisera jamais ; la seule grâce que j'aie à
lui demander est de ménager un peu mon honneur.

« Je suis bien fâché, Monsieur, de vous fatiguer d'une
si longue lettre, mais je n'ai pas pu la faire plus courte.
Je vous l'aurais été porter moi-même, si le rhume qui
m'accable ne me contraignait à garder la chambre. »

X

Pourquoi cette lettre fut-elle écrite? Que désirait Vauban? Ces questions se posent naturellement en présence
de ces longueurs, de ces obscurités, de ces aveux d'infir-
mités, enfin de cette indécision qui tourmente le maréchal.

L'incapacité de la Feuillade faisait pressentir quelque
grand désastre à Turin. L'armée, la cour, la ville demandaient l'envoi de Vauban ; mais ni le roi ni le ministre ne
voulaient lui donner le commandement de l'armée. On
semblait avoir pris le parti de lui confier le soin du siège,
sous les ordres de la Feuillade. Il était trop tard, car les
fautes accumulées par le protégé du ministre avaient
rendu le succès presque impossible. Autant le grand ingénieur eût été heureux et fier de partir à la première
heure comme chef de l'expédition, autant il redoutait de
partager une responsabilité trop pesante pour son honneur. Cependant il était prêt à obéir aux ordres du roi,
« si une nécessité absolue » inspirait cet ordre.

La Feuillade, toujours aveuglé par sa vanité, ne demandait pas la présence de Vauban, et le ministre Chamillard
était trop étranger aux choses militaires pour comprendre
la supériorité de Vauban et l'incapacité de M. le maréchal
de la Feuillade.

D'abord conseiller au Parlement, sage, appliqué, peu
éclairé, homme de bonne compagnie et fort honnête,

Chamillard excellait à toutes sortes de jeux. « Sa fortune, dit Saint-Simon, fut d'exceller au billard. » MM. de Vendôme, le maréchal de Villeroi et le duc de Gramont parlèrent au roi de son adresse. Sa Majesté manda l'homme de robe et fut satisfaite de son jeu. Chamillard se vit admis une fois pour toutes dans la partie du roi. Il s'y comporta si modestement qu'il plut à Louis XIV, aux courtisans et à Mme de Maintenon. Le roi le nomma maître des requêtes, en 1687, et lui accorda un logement dans son palais de Versailles. A Marly, Chamillard joua le brelan avec un tel succès qu'il obtint l'intendance de Rouen. Il fut successivement contrôleur des finances et ministre de la guerre. Sa capacité était nulle, dit encore Saint-Simon ; et il croyait tout savoir en tout genre, et cela était d'autant plus pitoyable, que cela lui était venu avec ses places, et que c'était moins présomption que sottise... Le rare est que le grand ressort de la tendre affection du roi pour lui était cette incapacité même, il l'avouait au roi à chaque pas, et le roi se complaisait à le diriger et à l'instruire... »

Louis XIV avait donc confié à cet homme de robe deux charges écrasantes : les finances et la guerre. Mais avec lui le monarque échappait à ces objections dont Colbert et Louvois l'avaient accablé en d'autres temps, plus glorieux, il est vrai.

Tel était le ministre de la guerre auquel Vauban adressait cette lettre pleine de tristesse. Chamillard n'y répondit même pas, tant ses occupations l'absorbaient.

Chamillard laissa son gendre poursuivre le siège de Turin. L'infortuné ministre ne se dissimulait plus que la Feuillade perdrait tout, tandis que Vauban pourrait tout sauver. Mais, trop faible pour prendre une détermination, trop ignorant pour apprécier les difficultés d'un siège, il se tint à l'écart, laissa faire et attendit.

Cependant, le duc de la Feuillade ne put empêcher le duc de Savoie de sortir de Turin, quand Eugène eut franchi le Tanaro. Les deux princes opérèrent leur jonction et portèrent leurs forces réunies à quarante mille hommes, entre le Pô et la Doire, le 5 septembre 1706.

Vendôme avait été remplacé dans le commandement de l'armée d'Italie par le duc d'Orléans, neveu de Louis XIV, sous la tutelle du maréchal de Marsin, aussi peu capable que la Feuillade. L'armée française, de soixante mille hommes, aurait dû sortir de son camp, passer la Doire et livrer bataille, tourner l'ennemi par sa gauche, l'acculer aux Alpes et le battre complètement. Un conseil de guerre fut réuni; le duc d'Orléans, soutenu par tous les généraux, proposa de sortir des lignes. Alors Marsin montra un ordre formel du roi qui prescrivait de lui obéir, et à l'instant même il déclara que l'on attendrait l'attaque de l'ennemi. Vainement lui fit-on observer que, si les lignes françaises étaient forcées, la Feuillade ne pourrait pas tenir un seul jour devant Turin; vainement le duc d'Orléans montra-t-il l'impossibilité de défendre une ligne de circonvallation de cinq lieues d'étendue.

Si l'attaque fut vigoureuse, la défense ne le fut pas moins; mais, après deux heures de combats acharnés, les troupes françaises, complètement en déroute, couvrirent la campagne. Les corps qui assiégeaient Turin, frappés de terreur, s'enfuirent pêle-mêle de l'autre côté du Pô, abandonnant l'artillerie, les bagages et les munitions.

Deux mille hommes seulement furent tués ou faits prisonniers; Marsin était mort, et le duc d'Orléans blessé. La Feuillade chercha à rallier les fuyards, mais inutilement; ils quittèrent en grande bande la route de Casal pour gagner celle de Pignerol, et s'enfoncèrent dans le col de Fenestrelle, en proie à une terreur panique.

Toutes les places du Piémont furent reprises par les Impériaux, qui s'emparèrent de Médavie, dans le Milanais, et détachèrent, au midi de la Péninsule, dix mille hommes accueillis à Naples comme des libérateurs.

Bien plus, Eugène et Victor-Amédée envahirent la Provence et assiégèrent Toulon. Vaincu, humilié, dans un isolement complet, Louis XIV traita successivement avec chacun de ses ennemis. L'Italie fut perdue pour la maison de Bourbon. L'empereur eut Naples, le Milanais, le Mantouan ; et Victor-Amédée devint le maître du Montferrat, de Novare et de la Sardaigne.

La prise de Turin eût tout changé ; mais Vauban, le seul qui pût s'emparer de la place, avait été sacrifié.

On ne saurait peindre la douleur que ressentit cet homme, qui aimait tant son pays et son roi. Depuis sa jeunesse, il se consacrait au service ; sa part avait été grande dans ces temps glorieux ; et, lorsque la vieillesse arrivait, il voyait tout s'évanouir. Les généraux illustres n'étaient plus, les belles armées disciplinées disparaissaient à leur tour.

« Tous les ennemis de la France, dit Voltaire, semblaient, vers la fin de 1706 et au commencement de 1707, acquérir des forces nouvelles et la France toucher à sa ruine. »

CHAPITRE V

Observations de Vauban. — Projet d'une dîme royale. — La taille.
— Opinion du cardinal de Richelieu sur la taille. — Comment
Vauban fut conduit à son projet d'impôt. — Ses raisons pour
donner de la publicité à son système.— Le peuple sous Louis XIV,
d'après Vauban. — Mot d'Henri IV. — Trop de cabarets. — La
Dîme royale. — État et rôle des exempts de la taille. — Les
opposants à la dîme royale. — État de la noblesse — Réception du maréchal de Vauban par le roi, d'après Saint-Simon. —
Réflexions à ce sujet. — Lettre de Vauban qui demande à se
retirer. — État du royaume. — Vauban fait imprimer son livre
clandestinement. — Il le distribue secrètement à ses amis, sans
qu'un seul exemplaire soit mis en vente. — Pontchartrain et
d'Argenson. — On propose d'enfermer le maréchal de Vauban
à la Bastille et de faire brûler son livre par la main du bourreau.
— Encore Saint-Simon. — Arrêt qui condamne la *Dîme royale*. —
Comment le maréchal est averti. — Maladie et mort du maréchal de Vauban. — Conduite de d'Argenson. — Il fait arrêter le
valet de chambre du maréchal. — Interrogatoire de la veuve
Fétil. — Réflexions. — La noblesse de province. — Observations
trop sévères peut-être ? — L'impôt de 1710. — Paroles de
Napoléon Ier sur Vauban. — Éloge du maréchal de Vauban
par Fontenelle.

I

Fontenelle, en prononçant l'éloge du maréchal de Vauban, fait cette observation : « Quoique son emploi ne
l'engageât qu'à travailler à la sûreté des frontières, son
amour du bien public lui faisait porter ses vues sur les
moyens d'augmenter le bonheur du dedans du royaume.

Dans tous ses voyages, il avait une curiosité dont ceux qui sont en place ne sont communément que trop exempts. Il s'informait avec soin de la valeur des terres, de ce qu'elles rapportaient, de la manière de les cultiver, des facultés des paysans, de leur nombre, de ce qu'il fallait pour leur nourriture ordinaire, de ce que leur pouvait valoir en un jour le travail de leurs mains, détails méprisables et abjects en apparence, mais qui appartiennent cependant au grand art de gouverner. »

De ces constantes études faites dans les diverses provinces Vauban avait conclu que l'impôt était fort injustement établi.

Voulant remédier aux misères du peuple, il ne s'égara pas à la poursuite de théories irréalisables; il ne demanda ni la liberté ni l'égalité, mais le bien-être, convaincu que moins accablé de travail, mieux nourri, mieux logé, mieux vêtu, traité avec plus de justice, le laboureur s'acheminerait doucement et sans secousses vers le bonheur relatif.

Depuis son entrée au service comme simple soldat, jusqu'au jour où il parvint à la dignité de maréchal de France, Vauban ne cessa d'observer et d'écrire, mais pour lui seul. Il comprenait les périls des réformes subites, et les difficultés d'un changement brusque et précipité. Ce n'était que d'une main prudente qu'il voulait toucher à d'antiques institutions. Cependant sa conscience, troublée par le spectacle des inégalités, s'opposait à ce qu'il gardât le silence; tôt ou tard il voulait élever la voix en faveur du peuple.

Tant que vécut Louvois, Vauban ne sembla occupé que des fortifications. Il n'avait pas oublié l'accueil fait par le ministre à son mémoire sur la révocation de l'édit de Nantes. Ses rapports avec Colbert étaient empreints d'une sorte de froideur, parce que l'économe ministre considérait les sièges comme des causes de ruineuses dépenses, et croyait à tort que l'ingénieur encourageait le roi dans ses goûts de places fortes.

Louis XIV avait fait de Louvois, simple bourgeois,

un ministre de la guerre, et confié à Chamillard, homme de robe, la direction des armées. Il aimait en eux ses élèves, et leur supposait des lumières que lui-même croyait posséder. Mais le grand roi n'eût voulu consulter Turenne que sur la guerre, et jamais il n'eût pensé que Vauban savait autre chose que la fortification. Ce faible du roi n'échapait à personne, et rendait Vauban timide et craintif en présence du maître.

Ce fut un malheur véritable; car Turenne et Vauban, pour ne citer que ceux-là, eussent été de grands ministres dont la gloire de Louis XIV se fût bien trouvée.

Vauban se contenta du rôle spécial qu'il remplit avec une distinction sans pareille. Mais, dans le secret de sa vie privée, il ne cessait pas un seul jour d'observer les ressorts de l'administration. Il en vint à connaître l'agriculture, l'industrie, les finances, et, comparant entre elles les diverses questions, cet homme de guerre finit par conclure que la répartition de l'impôt était le premier besoin à satisfaire. Il ne se dissimula pas qu'il allait froisser des intérêts puissants, blesser plus d'un orgueil, toucher même à d'antiques privilèges. Il n'était certes pas hostile à l'autorité royale, et demeurait convaincu qu'il raffermirait le trône en préparant le bonheur des peuples. Vauban allait même plus loin lorsqu'il disait que ses projets enrichiraient l'État.

Il y avait plusieurs années que Vauban avait réuni tous les éléments d'un travail complet sur les impôts. Il y songeait toujours, lorsqu'en 1699 le roi ordonna une enquête sur l'administration et les finances, afin de connaître le meilleur remède à la misère des peuples. Le ministre d'État Beauvilliers, homme juste, chargea les intendants des provinces de cette enquête difficile.

Conduite avec une déplorable mollesse, elle ne pouvait aboutir, car les intendants avaient plus que personne un intérêt personnel à la conservation des abus.

Le maréchal de Vauban pensa que l'enquête ordonnée serait une heureuse occasion pour mettre au jour ses idées. Il ne lui fallut que peu de mois pour réunir et coordonner ses notes. Il termina une œuvre extrêmement remarquable, fruit de quarante années de travaux et de méditations.

Le livre, devenu fort rare, a pour titre : *Projet d'une dixme royale, qui, supprimant la taille, les aydes, les douanes d'une province à l'autre, les décimes du clergé, les affaires extraordinaires, et tous autres impôts onéreux et non volontaires, et diminuant le prix du sel de moitié et plus, produiroit au roy un revenu certain et suffisant, sans frais, et sans être à charge à l'un de ses sujets plus qu'à l'autre, qui s'augmenteroit considérablement par la meilleure culture des terres ; par M. le maréchal de Vauban, chevalier des ordres du roy, commissaire général des fortifications et gouverneur de la citadelle de Lille.*

Nous possédons un des exemplaires de cet ouvrage. Il a été imprimé en 1707, sans nom d'imprimeur et sans le privilège du roi. Quelques notes manuscrites écrites en marge ont fait penser à un bibliophile que le volume appartenait à Vauban.

Le *Projet d'une dixme royale* est fort peu connu, et mériterait de l'être, car le maréchal de Vauban y dévoile des misères, des fautes, des injustices, des malversations qui contrastent singulièrement avec le luxe de la cour, et jettent une ombre sur le siècle si grand de Louis XIV.

Le maréchal, dans son projet, parle souvent de la *taille*, qu'il veut supprimer et remplacer par des moyens nouveaux. Expliquons en peu de mots ce qu'on entendait par la *taille*.

Impôt essentiellement féodal, la taille était prélevée sur ceux qui n'étaient ni nobles ni ecclésiastiques, par les seigneurs sur leurs vassaux. Il était ainsi nommé parce que les paysans collecteurs, ne sachant pas écrire, indiquaient leurs recettes sur une taille de bois, comme le font encore les ménagères pour le pain. On nommait *taille à merci, taille à volonté, taille à discrétion,* une taille que le seigneur levait annuellement sur ses gens ; non pas qu'il fût le maître de la lever autant de fois qu'il le voulait, mais parce que dans l'origine son rôle était aussi fort ou aussi faible qu'il l'entendait. Il y avait, en outre, la *taille royale*. Cet impôt, désigné dans les vieilles chartes par les noms de *tallia, tolta,* était d'abord le *fouage.* Le peuple commença à payer la *taille* sous le règne de saint Louis, pour échapper aux rétributions exigées par les gens de guerre. Sous Louis IX, la taille rapportait au roi dix-huit mille livres, et sous Louis XI, trois millions. Elle avait atteint plus de neuf millions au temps de François Ier. Elle alla toujours en augmentant jusqu'au règne de Louis XVI.

Le percepteur était l'un des contribuables les plus imposés. Accompagné d'huissiers, de sergents, de recors, il allait de maisons en maisons réclamer la taille. Ce qui manquait à sa recette était remboursé par lui et pouvait causer la ruine de sa famille; aussi se montrait-il impitoyable. Le paysan maltraité se vengeait souvent en chassant le collecteur et sa bande. De là des luttes souvent sanglantes.

On lit dans le *Testament politique* de Richelieu (chapitre IV): « L'abus est porté si loin, qu'il est devenu absolument insupportable, et doit finir par la ruine de l'État. Le peuple est pillé, et non pas imposé; les fortunes se font par la rapine, non par l'industrie; employer les partisans comme des éponges est très juste, mais c'est sujet d'un autre côté à de grands abus, lorsqu'on ne les conduit pas avec modération et justice. »

Si un paysan ne peut payer, on confisque son mobilier, sa maison, son champ, et le tout est vendu pour la taille.

Le maréchal de Vauban explique ainsi comment la pensée lui est venue de proposer son projet de dîme royale.

« La vie errante que je mène depuis quarante ans et plus m'ayant donné occasion de voir et visiter plusieurs fois et de plusieurs façons la plus grande partie des provinces de ce royaume, tantôt seul avec mes domestiques, et tantôt en compagnie de quelques ingénieurs, j'ai souvent eu occasion de donner carrière à mes réflexions et de remarquer le bon et le mauvais des pays, d'en examiner l'état et la situation, et celui des peuples, dont la pauvreté, ayant souvent excité ma compassion, m'a donné lieu d'en rechercher la cause... Le mal est poussé à l'excès, et, si l'on n'y remédie, le menu peuple tombera dans une extrémité dont il ne se relèvera jamais, les grands chemins de la campagne et les rues des villes et des bourgs étant pleins de mendiants que la faim et la nudité chassent de chez eux.

« ..... Près de la dixième partie du peuple est réduite à la mendicité, et mendie effectivement. Des neuf autres parties, il y en a cinq qui ne sont pas en état de faire l'aumône à celle-là, parce qu'eux-mêmes sont réduits à très peu de chose près à cette malheureuse condition ; que des quatre autres parties qui restent, les trois sont fort mal aisées et embarrassées de dettes et de procès ; et que dans la dixième, où je mets tous les gens d'épée, de robe, ecclésiastiques et laïques, toute la noblesse haute, la noblesse distinguée et les gens en charge militaire et civile, les bons marchands, les bourgeois rentés et les plus accommodés, on ne peut pas compter sur cent mille familles, et je ne croirais pas mentir quand je dirais qu'il n'y en a pas dix mille petites ou grandes qu'on puisse dire être fort à leur aise... »

Bien certain que son projet mécontenterait tous ceux qui profitaient des abus, redoutant même la désapprobation du roi, Vauban fait précéder l'exposition de son système par cette page.

« Je dis de la meilleure foi du monde que ce n'a été ni l'envie de m'en faire accroire, ni le dessein de m'attirer de nouvelles considérations qui m'ont fait entreprendre cet ouvrage. Je ne suis ni lettré ni homme de finance, et j'aurais mauvaise grâce de chercher de la gloire et des avantages pour des choses qui ne sont pas de ma profession. Mais je suis Français, très affectionné à ma patrie, et très reconnaissant des grâces et des bontés avec lesquelles il a plu au roi de me distinguer depuis si longtemps. Reconnaissance d'autant mieux fondée, que c'est à lui, après Dieu, à qui je dois tout l'honneur que je me

suis acquis par les emplois dont il lui a plu m'honorer,
et par les bienfaits que j'ai tant de fois reçus de sa libéralité. C'est donc cet esprit de devoir et de reconnaissance qui m'anime et me donne une attention très vive
pour tout ce qui peut avoir rapport à lui et au bien de son
État... »

II

La pensée qui domine dans le projet du maréchal est
un amour profond pour le peuple. « Je me sens, dit-il,
obligé d'honneur et de conscience de représenter à Sa
Majesté qu'il m'a paru que de tout temps on n'avait pas
eu assez d'égards en France pour le menu peuple, et
qu'on en avait fait trop peu de cas ; aussi c'est la partie
la plus ruinée et la plus misérable du royaume ; c'est elle
cependant qui est la plus considérable par son nombre
et par les services réels et effectifs qu'elle lui rend. Car
c'est elle qui porte toutes les charges, qui a toujours le
plus souffert, et qui souffre encore le plus ; et c'est sur
elle aussi que tombe toute la diminution des hommes qui
arrive dans le royaume... »

Convaincu que son projet sera combattu, Vauban
adresse au roi, dans son mémoire, la liste des personnes
qui jouissent du privilège de ne pas payer l'impôt, puis
il ajoute :

« Le roi doit d'autant plus se méfier de ceux qui lui
feront des objections contre ce système, que le pauvre
peuple, en faveur duquel il est proposé, n'ayant aucun
accès près de Sa Majesté pour lui représenter ses misères, il est toujours exposé à l'avarice et à la cupidité
des autres, toujours au bout de ses affaires, jusqu'à être
le plus souvent privé des aliments nécessaires au soutien
de la vie ; toujours exposé à la faim, à la soif, à la nudité ;
et, pour conclusion, réduit à une misérable et malheureuse pauvreté, dont il ne se relève jamais... Par l'établissement de la dîme royale on ne verrait pas tant de

grandes fortunes, à la vérité, mais on verrait moins de pauvres; tout le monde vivrait avec commodité... »

Et, dans un autre chapitre, Vauban a le courage de dire :

« C'est encore la partie basse du peuple, qui par son travail et son commerce, et par ce qu'elle paye au roi, l'enrichit et tout son royaume. C'est elle qui fournit tous les soldats et matelots de ses armées de terre et de mer, et grand nombre d'officiers ; tous les marchands et les petits officiers de judicature ; c'est elle qui exerce et qui remplit tous les arts et métiers ; c'est elle qui fait tout le commerce et les manufactures de ce royaume ; qui fournit tous les laboureurs, vignerons et manœuvriers de la campagne ; qui garde et nourrit les bestiaux ; qui sème les blés et les recueille ; qui façonne les vignes et fait le vin ; et, pour achever de le dire en peu de mots, c'est elle qui fait tous les gros et menus ouvrages de la campagne et des villes.

« Voilà en quoi consiste cette partie du peuple si utile et si méprisée, qui a tant souffert et qui souffre tant de l'heure que j'écris ceci...

« On doit prendre garde sur toutes choses à ménager le menu peuple, afin qu'il s'accroisse et qu'il puisse trouver dans son travail de quoi soutenir sa vie et se vêtir avec quelque commodité. Comme il est beaucoup diminué en ces derniers temps par la guerre, les maladies, et par la misère des chères années, qui en ont fait mourir de faim un grand nombre, et réduit beaucoup d'autres à la mendicité, il est bon de faire tout ce qu'on pourra pour le rétablir. D'autant plus que la plupart n'ayant que leurs bras affaiblis par la mauvaise nourriture, la moindre maladie ou le moindre accident qui leur arrive les fait manquer de pain, si la charité des seigneurs et des curés ne les soutient. »

D'après Vauban, un homme du peuple ne travaillait utilement que cent quatre-vingts jours pendant les trois cent soixante-cinq dont se compose l'année. Son gain était de neuf sols par jour.

Vauban se plaît à citer un mot du bon roi Henri IV. Se trouvant dans un pressant besoin d'argent, ses conseillers lui proposèrent un nouvel impôt facile à percevoir. Après un moment de réflexion, le roi répondit :

Il est bon de ne pas toujours faire tout ce que l'on peut. Je ne veux plus entendre parler d'augmenter les charges de mon peuple.

Voici le tableau que fait Vauban de ce qu'on nommait aux champs les *gens du roi*, employés à la levée des tailles :

« Avec la dîme royale, les peuples ne seront plus exposés aux mangeries des traitants, non plus qu'à la taille arbitraire, aux aides et aux douanes, aux friponneries des gabelles et à tant d'autres droits onéreux qui ont donné lieu à des vexations infinies exercées à tort et à travers sur le tiers et sur le quart, lesquelles ont mis une infinité de gens à l'hôpital et sur le pavé, et en partie dépeuplé le royaume. Ces armées de traitants, sous-traitants, avec leurs commis de toute espèce; ces sangsues de l'État, dont le nombre serait suffisant pour remplir les galères, qui, après mille friponneries punissables, marchent la tête levée dans Paris, parés des dépouilles de leurs concitoyens, avec autant d'orgueil que s'ils avaient sauvé l'État. C'est de l'oppression de toutes ces harpies dont il faut garantir le précieux fonds, je veux dire ces peuples, les meilleurs à leur roi qui soient sous le ciel, en quelque partie de l'univers que puissent être les autres. Et, pour conclusion, le roi a d'autant plus d'intérêt à les bien traiter et conserver, que sa qualité de roi, tout son bonheur et sa fortune, y sont indispensablement attachés d'une manière inséparable, qui ne doit finir qu'avec sa vie. »

En proposant un impôt sur les boissons débitées dans les cabarets, Vauban fait cette observation :

« Il y a dans le royaume environ trente-six mille paroisses, et dans ce nombre de paroisses il n'y a pas moins de quarante mille cabarets... L'impôt rapporterait deux millions, et contiendrait un peu les paysans, qui, les jours de dimanches et de fêtes, ne désemplissent point les cabarets ; ce qui pourrait peut-être obliger les plus sensés à demeurer chez eux. »

Tout en faisant ressortir la misère des peuples, le maréchal de Vauban ne craint pas d'aborder une question délicate sous le règne de Louis XIV, où la personne du roi était entourée d'un respect silencieux.

Vauban propose un *dénombrement* annuel, puis il ajoute :

« ... Il n'y a point de bataillon dans le royaume, si méchant qu'il soit, qui ne soit sujet aux revues des commissaires. Cependant ce bataillon n'est destiné qu'à de certains emplois très bornés, et ne fait qu'une très petite parcelle du peuple dont ce royaume est composé, duquel on ne fait jamais la revue, quoiqu'il rende une infinité de services au roi, plus importants mille fois que ceux de ce bataillon, parce que c'est par lui et de lui qu'il tire toute sa grandeur, ses richesses et sa considération, et que c'est par lui qu'il se fait craindre et respecter de ses voisins. N'ouvrira-t-il donc jamais les yeux sur l'importance et la nécessité qu'il y a d'en mieux connaître le détail... Le roi a plus d'intérêt lui seul que tout le royaume ensemble... »

Avec une grande prudence, mais très franchement d'ailleurs, le maréchal trace les devoirs d'un roi :

« ... Le premier et principal intérêt du roi est celui de la conservation de ses peuples, parce que le plus grand malheur qui puisse arriver à son État est le dépérissement. Or le moyen de l'empêcher est de connaître ces peuples, d'en savoir le nombre, les différentes qualités, les dispositions générales et particulières où ils sont ; ce qui leur fait bien et ce qui leur fait mal ; ce qui peut troubler leur repos ou le procurer ; ce qui peut contribuer à leur accroissement ou les faire dépérir. De savoir comme ils se conduisent, les nouveautés qui s'introduisent parmi eux, à quoi il faut soigneusement prendre garde ; et enfin ce qui fait leur pauvreté ou leur richesse ; de quoi ils subsistent et font commerce ; les sciences, arts et métiers qu'on professe parmi eux, et ceux qui leur manquent...

« Quelle satisfaction ne serait-ce pas à un grand roi de savoir tous les ans à point nommé (par des revues) le nombre de ses sujets en général et en particulier, avec toutes les distinctions qui sont parmi eux, le nombre et les noms de sa noblesse, le nombre des ecclésiastiques de toute espèce et de tous les gens de robe, des marchands, des artisans, manœuvriers, etc.; le nombre des étrangers, celui des moines distingués par leur ordre, des religieuses, aussi distinguées de même!... Quel plaisir n'aurait-il pas d'en voir l'accroissement par sa bonne conduite; et à même temps quel désir n'aurait pas ce roi de raccommoder les parties qu'il verrait dans quelque désordre, à l'occasion des guerres ou autrement!

« Ne serait-ce pas encore un plaisir extrème pour le roi de pouvoir, de son cabinet, parcourir lui-même, en une heure de temps, l'état présent et le passé d'un grand royaume dont il est le souverain maître, et de pouvoir connaître par lui-même, avec certitude, en quoi consiste sa grandeur, ses richesses et ses forces, le bien et le mal de ses sujets, et ce qu'il peut faire pour accroître l'un et remédier à l'autre.

« Cela m'autorise à répéter ce que j'ai dit ailleurs : que les rois ont un intérêt réel et très essentiel à ne pas surcharger leur peuple, jusqu'à le priver du nécessaire. J'ose même dire que de toutes les tentations dont les princes ont le plus à se garder, ce sont celles qui les poussent à tirer tout ce qu'ils peuvent de leurs sujets, par la raison que, pouvant toutes choses sur des peuples qui leur sont entièrement soumis, ils les auront plutôt ruinés qu'ils ne s'en seront aperçus. »

III

La *Dime royale* n'est pas renfermée dans un *mémoire*, mais occupe un volume de près de trois cents pages. Vauban y développe son projet avec une minutieuse attention, calculant l'étendue des provinces, la qualité des terres, leurs produits, le nombre d'habitants, leurs ressources et leurs impositions. Des tables soigneusement établies viennent à l'appui des raisonnements.

Tous ces détails seraient aujourd'hui sans intérêt pour le lecteur. C'est l'ensemble du projet qu'il faut connaître, la pensée maîtresse de Vauban qu'il importe de mettre en lumière.

Le maréchal ne demande pas quelques modifications au système suivi pour l'établissement des impôts; il change tout, non pas en un seul jour, mais progressivement. Lui-même indique les maximes fondamentales de son système, en disant :

1.

Il est d'une évidence certaine et reconnue par tout ce qu'il y a de peuples policés dans le monde, que tous les sujets d'un État ont besoin de sa *protection,* sans laquelle ils n'y sauraient subsister.

2.

Que le prince, chef et souverain de cet État, ne peut donner cette protection, si ses sujets ne lui en fournissent les moyens ; d'où s'ensuit :

3.

Qu'un État ne se peut soutenir si les sujets ne le soutiennent. Or, ce *soutien* comprend tous les besoins de l'État, auquel par conséquent tous les sujets sont obligés de contribuer.

De cette nécessité, il résulte :

Premièrement, une obligation naturelle *aux sujets de toutes conditions* de contribuer à proportion de leur revenu ou de leur industrie, sans qu'*aucun d'eux* s'en puisse raisonnablement dispenser ;

Deuxièmement, qu'il suffit pour autoriser ce droit d'être sujet de cet État ;

Troisièmement, que *tout privilège* qui tend à l'exemption de cette contribution est *injuste et abusif,* et ne peut ni ne doit prévaloir au préjudice du public.

On voit tout d'abord que Vauban détruit tous les privilèges qui exemptent de l'impôt. Or la liste est longue de ceux qui sont exempts. Le maréchal la donne dans son projet comme pièce justificative :

ÉTAT ET RÔLE DES EXEMPTS

Il ne sera pas inutile de joindre ici un état de tous ceux qui jouissent de l'exemption de la taille, du taillon, de l'ustensile, des logements des gens de guerre et autres charges, tant pour leurs personnes que pour leurs biens, et qui la procurent aux autres par leur autorité ou par leur faveur.

1.

Les terres que le roi, la reine, monseigneur le Dauphin, les enfants de France et les princes du sang possèdent comme seigneurs particuliers, même celles de leurs principaux officiers et domestiques, lesquelles, ne pouvant plus être protégées extraordinairement selon ce système, payeront comme les autres la dîme royale.

2.

Celles des ministres et secrétaires d'État, de leurs commis, secrétaires, etc.

3.

Les commensaux de la maison du roi de toute espèce; les gendarmes, chevau-légers, gardes du corps, grenadiers à cheval, etc.; toutes les autres charges civiles et militaires de la maison du roi et de nos seigneurs les enfants de France.

4.

Les ecclésiastiques du premier ordre, comme cardinaux, archevêques, évêques, gros abbés commendataires, leurs officiers, et ceux qui en sont protégés : *idem*, ceux du deuxième ordre, etc.

5.

Les ordres de chevalerie, savoir : du Saint-Esprit, de Malte, de Saint-Louis, de Saint-Lazare, etc.

6.

Toute la noblesse du royaume, savoir : les princes, ducs et pairs, maréchaux de France, les marquis, comtes, barons et simples gentilshommes, etc.

7.

Les hauts officiers de robe, savoir : M. le chancelier, les conseillers d'Etat, les maîtres des requêtes, et tous ceux qui composent les conseils du roi; les présidents, conseillers, chevaliers d'honneur, procureurs et avocats généraux des parlements et cours supérieures; les chambres des comptes et cours des aides, et les bureaux des trésoriers de France.

8.

Les baillis, sénéchaux, présidents, conseillers et gens du roi, des sièges et juridictions subalternes.

9.

Les intendants des provinces, leurs secrétaires et sub-délégués et ceux qui en sont protégés.

10.

Les officiers des élections, les receveurs généraux des provinces, les receveurs des tailles, les officiers des eaux et forêts, ceux des greniers à sel, les maréchaussées, etc.

11.

Les gouverneurs des provinces et ceux des places frontières, les états-majors de ces mêmes places, etc.

12.

Les officiers de guerre servant actuellement, qui ne

sont pas gentilshommes ; les officiers d'artillerie, commissaires des guerres, et plusieurs espèces de gens semblables.

13.

Ceux qui possèdent des lieutenances de province, vendues depuis peu, ainsi que les gouverneurs des villes du dedans du royaume.

14.

Les maires et syndics des villes, leurs lieutenants et les échevinages privilégiés.

15.

Plusieurs charges que la nécessité a fait créer dans les derniers temps.

16.

Les terres franches et nobles des pays d'états, les villes franches, et plusieurs autres comprises dans le corps de l'État, sans en porter les charges qui retombent sur le pauvre peuple.

17.

Les gros fermiers et sous-fermiers des premier, second et troisième ordres.

18.

Les exempts par industrie, qui sont ceux qui trouvent moyen de se racheter en tout ou en partie des charges publiques, par des présents ou par le crédit de leurs parents et autres protecteurs ; le nombre de ceux-ci est presque infini.

Après cette longue nomenclature, Vauban fait observer que ce grand nombre d'exemptés fait retomber l'impôt sur le pauvre peuple, sans cesse menacé d'une ruine totale. Il ajoute que les exemptés sont les plus riches du royaume par les nombreuses terres qu'ils possèdent.

L'auteur de la proposition de dîme royale déclare qu'il prévoit que tous ces exempts, désireux de conserver leurs privilèges, attaqueront sa proposition auprès du roi, tandis que le peuple, qui doit profiter de la réforme, n'aura pas une seule voix pour faire entendre la vérité à Sa Majesté.

La dîme royale s'alimentait de quatre fonds : le dixième de tous les produits de la terre, sans exception ; le dixième du revenu des maisons et moulins, du revenu de l'industrie ; des rentes sur le roi ; des gages, pensions, appointements, enfin de tous les revenus. Le troisième fonds était l'impôt sur le sel ; et le quatrième fonds provenait des amendes, douanes, épaves, confiscation, la vente annuelle des bois appartenant au roi, le papier timbré, les postes, etc.

Dans son système, Vauban multipliait peut-être les impôts, mais il diminuait chacun d'eux, jusqu'à les rendre presque insensibles, et comme nul n'en était exempt, le peuple éprouvait un soulagement considérable.

Le maréchal prévoit les objections qui pourront être faites à son système : « Il y aurait de la témérité à prétendre que ce système pût être généralement approuvé. Il intéresse trop de gens pour croire qu'il puisse plaire à tout le monde. Il déplaira aux uns parce qu'ils jouissent d'une exemption totale, tant pour leurs personnes que pour leurs biens, et que ce système n'en souffre absolument aucune, telle qu'elle soit ; aux autres, parce qu'il leur ôterait les moyens de s'enrichir aux dépens du public, comme ils ont fait jusqu'à présent ; et à d'autres encore, parce qu'il leur ôtera une partie de la considération qu'on a pour eux, en diminuant ou supprimant tout à fait leurs emplois ou les réduisant à très peu de chose... C'est pourquoi on ne doit pas être surpris si la critique la plus mordicante se déchaîne pour le décrier ; mais je suis d'avis de la laisser dire et de ne s'en point mettre en peine. Quand un grand roi a la justice de son côté, jointe au bien évident de ses peuples, et deux cent mille hommes armés pour la soutenir, les oppositions ne sont guère à craindre. »

Ici Vauban prévoit quels seront les opposants : « D'a-

bord *Messieurs des finances*, dont une grande partie sera
supprimée, tant le recouvrement sera facile, l'administration simplifiée, et les friponneries impossibles. Les fermiers généraux ne l'approuveront pas non plus, parce
qu'on y verra plus clair que par le passé. Les traitants et
gens d'affaires en seront des plus fâchés, parce que le
contrôle deviendra tout simple et que les profits cesseront.

« Messieurs du clergé, dit le maréchal, ne l'approuveront peut-être pas tout à fait, parce que, le roi se payant
par ses mains, il ne sera plus obligé de les assembler et
de leur faire aucune demande, non plus qu'aux autres
corps de l'État; la dîme royale, dimant sur tout, dimera
aussi la leur, ce qui pourra causer quelque chagrin tacite
aux plus élevés; mais les autres en seront bien aises,
parce qu'ils payeront leur contribution en denrées, sans
être obligés de mettre la main à la bourse. D'ailleurs,
les proportions y étant bien observées, le haut clergé ne
se déchargera plus aux dépens du bas, comme ceux-ci se
plaignent qu'ils ont fait jusqu'à présent. »

Quoique appartenant à la noblesse, Vauban supprime
par la dîme royale une partie de ses privilèges. Aussi
dit-il : « La noblesse, qui ne sait pas toujours ce qui lui
convient le mieux, s'en plaindra aussi; mais nous lui
rappelons que c'est une obligation naturelle aux sujets
de toute condition de contribuer, sans qu'aucun d'eux s'en
puisse dispenser. »

Dans une longue note écrite en marge, Vauban cherche
à prouver à la noblesse que le nouveau système lui sera
avantageux, parce que, les terres étant mieux cultivées,
le revenu des fermes augmentera.

Il propose en outre de créer quelques privilèges en
faveur de la noblesse, afin de compenser le tort que pourrait lui faire éprouver la dîme royale. Ces privilèges sont
au nombre de quatorze :

1. L'exemption de l'arrière-ban, qui est une charge
fort onéreuse. (La noblesse, qui ne servait plus en personne, se rachetait de ce service à prix d'argent.)

2. Exemption de leurs vergers, jardins et basses-cours.

3. Qu'à eux seuls soit permis le port de l'épée et des armes à feu, comme aux gens de guerre.

4. Permission aux familles incommodées d'exercer le commerce en gros, comme on fait en Angleterre, même de se faire fermiers de la dîme royale.

5. Exemption de tous logements des gens de guerre.

6. Composer tout le domestique de la maison du roi de gentilshommes, depuis les plus bas officiers jusqu'aux premiers.

7. *Item.* Ceux de la reine, des enfants de France et des maisons royales.

8. Tous les officiers des gardes du roi, gendarmes, chevau-légers et mousquetaires.

9. *Item.* Ceux du régiment des gardes françaises.

10. Tous les cavaliers des gardes du corps, gendarmes et chevau-légers.

11. Tous les officiers de la gendarmerie.

12. Tous les officiers des vieilles troupes de la couronne, par préférence aux autres.

13. Tous les gens du roi, des parlements et des cours supérieures, savoir : les premiers présidents, les avocats et procureurs généraux, dont il faudrait affranchir les charges.

14. Affecter à la noblesse, par préférence, tous les bénéfices qui sont à la nomination du roi au-dessus de 6,000 livres.

Vauban ajoute en marge : « De ces quatorze articles, les 1, 2, 3, 4 et 5 me paraissent sans difficulté ; les suivants pourront avoir quelques inconvénients. C'est ce qu'il faudrait examiner. »

Il est à regretter que Vauban ne fasse pas connaître l'état réel de cette noblesse. D'après les mémoires de Bouillé, « toutes les vieilles familles nobles, sauf deux ou trois cents au plus, étaient ruinées. La plus grande partie des grandes terres titrées était devenue l'apanage des financiers, des négociants et de leurs descendants.

Les fiefs, pour la plupart, étaient entre les mains des bourgeois des villes. »

Quant aux véritables nobles, « presque tous végétaient pauvrement dans de petits fiefs de campagne, qui ne valaient pas souvent plus de deux à trois mille francs de rente. » (Léonce de Lavergne, *Économie rurale en France.*) « Le trône, disait Mirabeau, n'est entouré que de nobles ruinés. »

Chérin, qui avait étudié profondément la question de la noblesse, dit : « De cette multitude innombrable qui compose l'ordre des privilégiés, à peine un vingtième peut-il prétendre véritablement à la noblesse immémoriale et d'ancienne date. » — « Quatre mille soixante-dix charges de finances, administration, judicature, confèrent la noblesse. » (Turgot.)

« Au moyen de la facilité qu'on a d'acquérir la noblesse à prix d'argent, il n'est aucun homme riche qui sur-le-champ ne devienne noble. » (D'Argenson, *Mém. III*, 402.)

Vauban ne se dissimule pas que toutes les personnes exemptes jusqu'alors par des charges largement payées seront en droit de réclamer le remboursement de ces charges, qui ne les exempteront plus. Il leur fait espérer que chacun d'eux serait remboursé peu à peu.

« Le corps des gens de robe, dit l'auteur du projet, se pourra peut-être joindre aux autres plaignants, parce que les émoluments de leurs charges se trouveront assujettis à la dîme royale comme les autres. Mais les maximes sur lesquelles ce système est fondé les doivent d'autant plus satisfaire, qu'elles sont, pour ainsi dire, l'âme des lois, dont ils sont les interprètes, comme ils doivent être garants de leur exécution. »

Vauban n'espère même pas que le peuple dont il prend les intérêts approuvera tout d'abord son projet : « Peut-être que le peuple criera d'abord, parce que toute nouveauté l'épouvante ; mais il s'apaisera bientôt, quand il verra, d'une manière à n'en pouvoir douter, que cette innovation a pour objet principal et très certain de le rendre bien plus heureux qu'il n'est. »

Cette revue des opposants se termine ainsi : « La dîme royale sera combattue par tous ceux qui savent pêcher en eau trouble, et s'accommoder aux dépens du roi et du public. Ils n'approuveront point un système incorruptible, qui doit couper à la racine toutes les pilleries et mal-façons qui s'exercent dans le royaume dans la levée des revenus de l'État.

« Pour conclusion, on ne doit attendre d'approbation que des véritables gens de bien et d'honneur, désintéressés et un peu éclairés, parce que la cupidité de tous les autres se trouvera lésée dans cet établissement. »

Des objections se présentèrent à l'esprit de Vauban, qui essaya de les résoudre. Les principales furent : 1° La difficulté de mettre à l'abri les fruits de la terre, impôt qui se payait en nature. L'auteur proposa la construction de vastes greniers. 2° La difficulté de trouver des fermiers pour conserver cet impôt après l'avoir recueilli, et de le livrer à la consommation pour en remettre le prix au représentant du roi. L'auteur pense que l'appât d'un *gain honnête* décidera des bourgeois à devenir fermiers de la dîme.

Après avoir développé avec une profonde conviction tous les avantages de la dîme royale, après avoir prouvé par des tableaux que le rendement de la dîme serait infiniment supérieur en celui de la taille, Vauban conclut en ces termes : « Je n'ai plus qu'à prier Dieu de tout mon cœur que mon projet soit pris en aussi bonne part que je le donne ingénument, et sans autre passion ni intérêt que celui du service du roi, le bien et le repos de ses peuples. »

Vauban aurait pu dire : Cecy est un livre de bonne foy.

Il faut regretter que l'auteur du système n'ait pas comparé le produit de la dîme au produit de la taille pour la France entière.

Il donne bien le produit de la dîme par les différents fonds dans la province de Normandie. La dîme sur les fruits de la terre produirait annuellement 12,051,936 livres, somme supérieure de 5,351,936 sur la taille. L'au-

teur estime à 60,000,000 de livres le revenu du premier
fonds ; le produit du deuxième fonds à 15,225,000 livres ;
le troisième fonds à 23,400,000 livres ; et le quatrième
(sel) à 18.000,000 de livres ; total du produit de la dîme
royale : 116,625,000 livres.

Le projet de Vauban établit que chaque Français, quel
que soit son rang, doit payer l'impôt.

Rien de plus juste.

Mais on peut discuter l'*impôt sur le revenu* adopté par
le maréchal. Cependant l'Angleterre admet cet impôt
sous le nom d'*income tax*.

Quoi qu'il en soit, Vauban, qui savait que la France était
ruinée, que la dette publique se montait à plus de deux
milliards, que le taux de l'argent atteignait vingt pour cent,
que la dépopulation devenait effrayante, eut le courage de
déchirer tous les voiles Il semblait deviner que Louis XIV,
en mourant, laisserait une dette de deux milliards trois
cents millions !

Il ne faut pas croire que les idées exprimées par Vauban sur la misère des peuples et l'injustice des privilèges
fussent, comme l'ont dit ses adversaires, des rêveries
toutes personnelles. Une grande partie de la bourgeoisie
partageait ses idées, et réclamait, timidement, il est vrai,
des réformes financières.

IV

Vauban se rendit à la cour pour présenter au roi un
manuscrit relié de son projet. Louis XIV était prévenu.
Saint-Simon déclare que « le roi reçut fort mal le maréchal de Vauban lorsqu'il lui présenta son livre, qui lui
était adressé dans tout le contenu de l'ouvrage. On peut
juger si les ministres, à qui il le présenta, lui firent un
meilleur accueil. De ce moment, ses services, sa capacité
militaire, unique en son genre, ses vertus, l'affection que
le roi lui avait mise jusqu'à se croire couronné de lauriers
en l'élevant, tout disparut à l'instant à ses yeux ; il ne vit
plus en lui qu'un insensé pour l'amour du bien public, et

qu'un criminel qui attentait à l'autorité de ses ministres, par conséquent à la sienne, et s'en expliqua de la sorte sans ménagement.

« L'écho en retentit plus aigrement dans toute la nation offensée, qui abusa sans ménagement de sa victoire; et le malheureux maréchal, porté dans tous les cœurs français, ne put survivre aux bonnes grâces de son maître, pour qui il avait tout fait; il mourut peu de mois après, ne voyant plus personne, consumé de douleur et d'une affliction que rien ne put adoucir, et à laquelle le roi fut insensible jusqu'à ne pas faire semblant de s'apercevoir qu'il eût perdu un serviteur si utile et si illustre. Il n'en fut pas moins célébré par toute l'Europe et par les ennemis mêmes, ni moins regretté en France de tout ce qui n'était point financier ou suppôt de financier. »

Saint-Simon ne dit point que la noblesse fût mécontente de la dîme royale. Aucun document historique ne pourrait faire supposer que le projet de Vauban souleva des colères hors des rangs de la finance, si puissante à cette époque.

Le récit de Saint-Simon semble peu exact. Il paraît même que le maréchal ne présenta pas lui-même son projet à Sa Majesté, mais le fit parvenir avec une lettre. Des récits contradictoires se trouvent dans les mémoires du temps. Si l'on s'en rapporte aux écrivains les plus sérieux, si on les contrôle les uns par les autres, on croit pouvoir dire que la vérité est dans ce qui suit :

Vauban commença la rédaction de son livre en 1697 et le termina en février 1699. Avant de le publier, il fit relier deux exemplaires manuscrits qu'il adressa, l'un au roi, l'autre à Chamillard. Le maréchal ne reçut aucun blâme. Il put donc espérer que ses idées n'avaient pas déplu. En 1704, Vauban offrit au roi un nouvel exemplaire de la Dîme, toujours en manuscrit. Au lieu de présenter lui-même cet exemplaire au roi, l'auteur le fit déposer dans le cabinet de travail de Sa Majesté.

Entre l'envoi de ces deux exemplaires Vauban était nommé maréchal de France. Sa santé devenait plus chancelante de jour en jour, ce qui ne suspendait pas ses travaux. Le 24 octobre 1706, il écrit de Dunkerque : « J'ai hier demandé mon congé, car je ne fais plus rien ici, et le rhume commence à m'attaquer rudement. D'ailleurs, je suis sur mes crochets, c'est-à-dire sans appointements, mettant la nappe soir et matin, contraint de fournir au courant par les emprunts que je dois faire à droite et à gauche avec assez de peine; car l'argent manque ici comme ailleurs; ceux qui en ont le mettent tous à la caprerie (le gardent).

« Ce n'est pourtant pas moi qui ai cherché cet emploi-ci, dont je me serais bien passé, vieux et incommodé comme je suis; j'ai cependant rempli mes petits devoirs du mieux que j'ai pu, et j'ai peine à croire qu'un autre se fût mieux tiré d'affaire. »

Vauban insiste auprès de Chamillard pour obtenir l'autorisation de se retirer : « Quand on sort d'un cinquième ou sixième accès de fièvre tierce qui s'est convertie en double tierce, on n'est plus en état de soutenir la gageure. Je vous prie de trouver bon que je vous demande M. d'Artagnan pour me venir relever ici pour l'hiver. »

Le maréchal, très souffrant, ne pouvait obéir à aucune ambition. Il avait atteint les plus hautes dignités, conquis une fortune considérable, et jouissait d'une réputation glorieuse. Tout le conviait donc au repos, et cependant il allait livrer au public ce projet de dîme royale qui devait soulever des tempêtes.

Il pensait donc qu'il était de son devoir de ne plus faire mystère de ses projets.

M. de Boislisle a publié en 1875 un savant mémoire sur la *Proscription de la dîme royale;* on lit dans ce travail consciencieux et très remarquable : « Jamais le mal n'avait été si pressant, ni les circonstances plus propres à démontrer l'urgence d'une réforme. Quel spectacle! Rois et ministres se débattant au hasard dans un cercle vicieux, où seuls les traitants exécrés peuvent trouver leur profit. A l'intérieur, une misère générale; à l'extérieur, des désastres répétés, honteux. Dans cette dernière lutte du désespoir, il faut faire argent de tout; mais la France, haletante sous le fardeau, ne rend plus que des sueurs stériles. Les impôts ne donnent rien, les fermes sont ruinées par des rabais successifs, les gabelles anéanties par le faux saunage, la circulation monétaire entravée par le défaut de commerce, par le faux monnayage, par le billonnage des étrangers, ou par les folles variations du cours des espèces qui achèvent d'entraîner au dehors du royaume plus de la moitié de son numéraire. Tout annonce la banqueroute, la ruine. »

C'est alors que le maréchal de Vauban se décida à faire imprimer quelques exemplaires de son livre sur la dîme royale. Aucun ne fut mis en vente. L'auteur se borna à le répandre parmi ses amis et les amis des ministres.

On sait qu'à cette époque nul ouvrage ne pouvait paraître sans le privilège du roi. Ce privilège eût été refusé à Vauban par le chancelier Pontchartrain et par le lieutenant général de la police d'Argenson; l'auteur le savait à n'en pouvoir douter.

Il prit alors l'audacieuse résolution de publier son projet sans autorisation. Une foule d'imprimeries clandestines existaient à Paris et dans les provinces. L'abbé de Beaumont, secrétaire du maréchal, s'entendit secrètement avec un imprimeur de Rouen. Celui-ci termina promptement le tirage, et fit savoir à l'abbé de Beaumont qu'il tenait les feuilles à sa disposition.

L'ouvrage eût été arrêté aux barrières de Paris. Les ballots furent transportés fort mystérieusement dans une maison de campagne près de Saint-Cloud. Vauban sortit de Paris dans son carrosse pour une promenade, le 24 décembre 1706, et fit cacher les feuilles imprimées dans sa voiture, qui ne fut pas visitée à la barrière, sa livrée étant connue.

Rentré à son hôtel, rue du Dauphin, près de l'église Saint-Roch, le maréchal mit les feuilles imprimées en sûreté. Elles étaient cachées dans un cabinet dont lui seul avait la clef. Cette besogne fut faite par un serviteur de confiance, le vieux Jean Colas, dévoué depuis long-temps à son maître.

Il s'agissait de mettre les feuilles en volume. L'abbé de Beaumont découvrit la veuve Fétil, à la tête d'un établissement de reliure, qui se chargea de ce travail.

Ce fut ce premier tirage, sans nom d'auteur, que Vauban distribua à ses amis.

Les très rares exemplaires portant le nom de l'auteur, avec la date de 1707, ne diffèrent en rien des premiers; seulement le titre a été ajouté, après la mort de Vauban, sur les exemplaires restants.

Dès que Vauban eut distribué à ses amis quelques exemplaires, ceux-ci les répandirent dans les salons, et la bourgeoisie éclairée lut avec une avidité sympathique la *Dîme royale*. On se passait les volumes sous le manteau de la cheminée, on le lisait en famille, toutes portes closes, on discutait le projet en l'approuvant, on prononçait tout bas le nom de l'auteur.

Le maréchal ne songeait qu'à éclairer l'opinion, et nullement à sortir de l'obscurité qui convenait à son esprit méditatif. Il ignora même, jusqu'à un certain point, l'émotion que produisait son projet.

Si le public, si la petite noblesse et le bas clergé furent partisans des réformes proposées, aussi bien que la magistrature, les gens de cour et la finance se montrèrent irrités au dernier point. Les ministres et leurs créatures ne parlèrent de rien moins que d'enfermer l'auteur à la Bastille et de faire brûler le livre par la main du bourreau. On fit entendre au roi que son autorité était méconnue, et qu'un maréchal de France, comblé de ses bienfaits, osait discuter ses droits et lui prescrire des devoirs.

L'attachement du roi pour Vauban, l'estime qu'il lui accordait, la reconnaissance des services rendus, sa confiance dans un vieux serviteur, tout se réunit pour arrêter Louis XIV prêt à céder. Il résista aux insinuations des courtisans et ne répondit pas aux calomnies des financiers.

Mais peu à peu, insensiblement, le roi prêta une oreille plus complaisante aux accusateurs. Vauban n'avait pas insisté pour voir Sa Majesté et lui parler franchement et hardiment; il avait fait imprimer son livre clandestinement, il le répandait en secret et recherchait les applaudissements d'un monde trop disposé à la critique.

Pendant ce temps, le maréchal de Vauban vivait à l'écart, loin de la cour, étranger aux intrigues, mais tout occupé à répandre son livre par des dons journaliers.

S'il eût mieux connu son monde, le vieux capitaine se serait méfié de deux hommes terriblement dangereux pour lui, et tous deux ennemis de sa personne, tous deux vendus ou alliés aux financiers et aux courtisans.

Ces deux hommes étaient Pontchartrain et d'Argenson. Le premier, nommé Phélippeaux, après avoir été premier président du parlement de Bretagne, était devenu intendant des finances, puis chancelier de 1699 à 1714. Lorsqu'il était intendant des finances, il vendait, au profit du trésor, des titres de noblesse pour deux mille écus. Lié avec les gens de lettres et les financiers, peu scrupuleux sur les moyens, il tenait fort à sa noblesse de robe, et mettait une grande affectation à dédaigner la noblesse d'épée, les officiers généraux et même les maréchaux de France.

Le second, Voyer d'Argenson, lieutenant de police de Paris, créature du duc d'Orléans, était absorbé par de menus détails d'espionnage, et demeurait complètement étranger à toute pensée généreuse et grande.

Parmi les attributions de Voyer d'Argenson se trouvaient l'imprimerie et la librairie. Le lieutenant général de la police fut donc fort irrité de voir un volume imprimé sans son autorisation. Peu lui importait le sujet traité dans l'ouvrage, pourvu qu'il pût se venger de l'auteur. L'autorisation spéciale du roi, qui se nommait le *privilége,* était donnée par le chancelier, sur le rapport du lieutenant général de la police. Cette fois Pontchartrain et d'Argenson furent complètement joués par

l'abbé de Beaumont, qui trouva un imprimeur que la
police ne put découvrir.

« Le roi, dit Saint-Simon, ne put se résoudre, comme
on le demandait, à faire enfermer le maréchal de Vauban
à la Bastille; mais il ne laissa pas de se laisser entraîner
à ce torrent assez pour contenter ses ministres, assez
pour scandaliser étrangement sa cour, assez pour tuer le
meilleur des Français. »

Avec une habileté prodigieuse, après de longs détours,
des démarches honteuses, Pontchartrain et d'Argenson
obtinrent du roi qu'une enquête serait faite pour découvrir le nom de l'auteur de la *Dîme royale*, et l'imprimeur
du livre.

Personne n'ignorait que le maréchal de Vauban avait
composé l'ouvrage; il suffisait donc de l'interroger. Mais
on redoutait de se trouver en présence d'un personnage
de cette qualité; aussi prit-on de prudentes mesures.

Le 14 février 1707, l'arrêt qui condamnait la *Dîme
royale* fut signé au conseil.

« Sur ce qui a été présenté au roi qu'il se débite à
Paris un livre portant pour titre : *Projet d'une dîme
royale*, etc., imprimé en 1707, sans dire en quel endroit,
et distribué sans permission ni privilège, dans lequel il
se trouve plusieurs choses contraires à l'ordre et à l'usage
du royaume..., le roi, en son conseil, ordonne qu'il sera
fait recherche dudit livre, et que tous les exemplaires
qui s'en trouveront seront saisis et confisqués, et mis au
pilon. Fait Sa Majesté défense à tous les libraires d'en
garder ni vendre aucun, à peine d'interdiction et de mille
livres d'amende. »

L'enquête avait été faite et le jugement rendu sans
que Vauban en fût instruit. Comme son nom n'était pas
prononcé, l'arrêt ne lui fut pas communiqué officielle-
ment, et ses amis, pour ne pas troubler le calme de sa
vie, lui cachèrent avec soin ce jugement cruel pour un
tel homme.

L'arrêt se terminait ainsi : « Le roi ordonne qu'il sera
informé par le sieur d'Argenson, que Sa Majesté a com-

mis et commet à cet effet, de l'impression dudit livre, ensemble du débit d'icelui, pour, l'information rapportée et vue au conseil, être ordonné ce qu'il appartiendra. »

Pontchartrain et d'Argenson avaient atteint leur but. Ils allaient détruire l'œuvre de Vauban, anéantir ses projets de réforme, flétrir son nom et briser pour jamais cette existence si pure et si précieuse.

Il fallait d'abord découvrir le dépôt où les exemplaires imprimés de la *Dîme* étaient réunis; car il ne s'en trouvait pas un seul volume dans les librairies. Le commissaire chargé de l'affaire par d'Argenson était un fort habile homme, qui n'ignorait pas que l'auteur du livre poursuivi était le maréchal de Vauban. Aux recommandations verbales de son chef ce commissaire, nommé Nicolas Delamarre, répondit :

« Mais, si ce qu'on dit est vrai, toute la preuve retombera sur M. de Vauban. »

D'Argenson répondit à son agent :

« Quand il s'agit de recevoir les ordres du roi, ce n'est pas à nous à prévoir les conséquences. »

Nicolas Delamarre, qui connaissait les colporteurs de livres prohibés, les interrogea vainement; pas un seul n'avait pu se procurer le moindre exemplaire de la *Dîme*. Tous étaient cachés; ceux qui circulaient avaient été distribués par Vauban.

On ne pouvait les saisir dans les maisons particulières; aussi la poursuite traînait-elle en longueur. Le commissaire Delamarre parvint à découvrir que la veuve Fétil reliait des exemplaires, et résolut de les saisir. Mais Vauban n'en donnait qu'un petit nombre à la fois, ce qui rendait illusoire la confiscation faite chez le relieur.

La police opérait depuis quelques jours, et Vauban ne le savait pas. Il ignorait même l'arrêt qui condamnait son œuvre.

V

Le jeudi 24 mars 1707, vers neuf heures du matin, la veuve Fétil, qui faisait relier en secret les volumes, se présenta toute tremblante à l'hôtel du maréchal.

Celui-ci travaillait dans son cabinet, assis devant une grande table couverte de livres et de cartes. Près d'une table plus petite, dans un angle de la vaste pièce, l'abbé Ragot de Beaumont écrivait sur un pupitre semblable à celui des écoliers. Cet abbé, secrétaire du maréchal, a conservé le récit de ce qui va suivre dans un mémoire sur les derniers jours du grand ingénieur.

Nous rappelons que Vauban ignorait ce qui s'était passé à l'occasion de son livre. Ses amis, qui le lisaient et le faisaient lire, entretenaient le maréchal dans la pensée d'un prochain succès. Le public, disaient-ils, est favorable au projet de la *Dîme royale*. Seuls les *manieurs d'argent* (l'expression existait déjà) se montraient mécontents. Le maréchal était donc plein de confiance et continuait à distribuer des volumes, toujours secrètement.

En voyant entrer la veuve Fétil, avec sa prudence ordinaire, Vauban crut qu'il s'agissait de nouvelles reliures, et se leva pour aller chercher les feuilles qui étaient sous clef.

Mme Fétil s'approcha du maréchal, et lui apprit à voix basse les poursuites, le jugement et la condamnation.

Le vieillard porta les mains à son front, et murmura quelques paroles inintelligibles. Puis, s'adressant à l'abbé de Beaumont, il lui dit :

« Pourquoi m'avoir tenu dans l'ignorance ? »

L'abbé ne répondit pas; mais, frappé de l'altération des traits de Vauban, il s'approcha pour le soutenir.

« Moi, poursuivi ! » répétait le maréchal.

Et il se laissa tomber dans un fauteuil, la tête inclinée sur la poitrine, le regard fixe, le corps inerte. Vers trois heures de l'après-midi, il se leva lentement, et changea

de place les feuilles imprimées, voulant les cacher plus
soigneusement encore.

Pendant qu'il accomplissait ce soin, l'abbé de Beaumont remarqua que les mains du vieillard tremblaient.
Il se laissa conduire près de son lit, et se coucha sans
vouloir prendre aucune nourriture.

Sa pâleur était extrême, et ses forces diminuaient.
L'abbé fit avertir les deux gendres du maréchal, qui, vers
huit heures du soir, demanda son confesseur, le père
Anselme, de l'ordre des dominicains. Après être demeuré
plus d'une heure seul avec le prêtre, Vauban lui remit
un exemplaire de la *Dîme royale*, le suppliant de lire
tout le volume, et de lui dire le lendemain s'il avait
manqué à ses devoirs de chrétien et de sujet du roi en
écrivant cet ouvrage.

Le lendemain vendredi et le jour suivant, la faiblesse
du malade augmenta, et son médecin, M. Chemineau,
prit quelque inquiétude. Vauban lui remit aussi un exemplaire de la *Dîme*, le priant de donner son avis après avoir
lu le projet avec attention.

Le samedi soir, le père Labat, dominicain, vint s'entretenir avec le malade, qui lui fit remettre un exemplaire par son valet de chambre. Le maréchal craignait
tellement de s'être rendu coupable d'une méchante action
en composant sa *Dîme royale* qu'il voulait se soumettre
au jugement des hommes de bien.

Malgré les soins de M. Chemineau et les attentions de
ses gendres, la maladie prenait un caractère très grave.
Le maréchal gardait le lit depuis six jours, lorsque, le
mercredi 30 mars, l'agonie commença.

Le maréchal voulut recevoir les secours de la religion
en présence de ses gens agenouillés dans sa chambre.

Sa famille reçut sa suprême bénédiction, et, un peu
avant dix heures du matin, le maréchal de Vauban rendit son âme à Dieu.

Pendant cette maladie d'une semaine, le roi n'envoya
pas une seule fois prendre des nouvelles du vieux serviteur auquel il devait une partie de sa gloire !

Durant les longues nuits d'insomnie, le malade ne cessait de prononcer le nom du roi son maître.

Ce fut le lendemain, 31 mars, que Louis XIV apprit à Versailles la mort du meilleur de ses sujets. Sans donner le moindre signe d'émotion, le roi prononça ces paroles :

« Je perds un homme fort affectionné à ma personne et à l'État. »

Pourquoi chercherions-nous à cacher les sentiments du public pendant la maladie du maréchal et à l'heure de sa mort ?

On le savait en défaveur, et chacun s'éloigna. Il n'y eut pas autour de sa demeure les groupes sympathiques qui sont l'expression des regrets universels. Les gens de cour craignirent de se montrer, la bourgeoisie se contenta d'exprimer des vœux timides, et le peuple ignora que ce grand seigneur mourait à la peine pour avoir défendu sa cause.

Le corps du maréchal n'était pas encore enseveli lorsque la police envahit son hôtel. D'Argenson voulait arrêter tous les exemplaires de la *Dime*, et faisait rechercher les feuilles imprimées. On fouilla tous les meubles, on bouleversa les papiers, mais sans résultat, car M. d'Ussé, gendre de Vauban, avait fait disparaître les exemplaires, qui furent mis en sûreté.

Irrité de son insuccès, d'Argenson ordonna l'arrestation du valet de chambre du maréchal, vieux soldat qui servait ce maître depuis trente ans, et connaissait le lieu où se trouvaient les feuilles imprimées.

En même temps le commissaire Delamarre faisait une perquisition chez la veuve Fétil, chargée des reliures. Voici le procès-verbal de ce commissaire, fort bon homme au demeurant :

« Laquelle veuve ayant entendu le sujet de notre rapport, elle nous a dit qu'il y a trois ans environ que M. le maréchal de Vauban fit relier chez elle, répondante, le manuscrit dudit livre, qui a pour titre : *Projet d'une Disme royale;* qu'il le fit relier en maroquin rouge, avec les armes du roi, et dit que c'était pour le présenter à

Sa Majesté; que le trente et unième décembre dernier, ledit sieur de Vauban manda chez lui, par Colas, son valet de chambre, la répondante; qu'elle y fut, et, étant dans le cabinet dudit sieur maréchal de Vauban, elle y vit un ballot enveloppé d'une serpillière, qui était ouvert, et dans lequel il y avait des livres en feuilles entourés de paille et dans l'état des ballots qui viennent de loin; que ledit sieur maréchal fit tirer de ce ballot vingt-quatre exemplaires dudit livre de la *Disme royale,* qu'il mit entre les mains d'elle, répondante, pour les faire relier; qu'elle vit aussi dans ledit cabinet un autre ballot de la même forme et de la même grosseur que celui qui était ouvert, et qu'ayant demandé au sieur Colas, valet de chambre, où ledit livre avait été imprimé, il lui dit que c'était vers les Flandres, mais qu'il ne savait pas précisément l'endroit, parce que c'était ledit sieur maréchal qui prenait lui-même ce soin; qu'après avoir par elle livré lesdits vingt-quatre premiers exemplaires, ledit sieur maréchal lui en donna encore un pareil nombre à relier, et qu'elle en a relié en tout deux cent soixante-quatre exemplaires. Qu'environ quinze jours avant la fête de la Vierge dernière, ledit Colas vint avertir elle, répondante, d'aller chez le sieur de Vauban querir encore des exemplaires dudit livre, lesquels exemplaires, au nombre de soixante-quatre, furent livrés en deux fois à la fille d'elle, et apportés chez elle, où ils furent reliés. A ouï dire, elle répondante, dudit sieur maréchal de Vauban qu'il n'avait fait imprimer ledit livre que *pour en faire présent à ses amis, qu'il les distribuait lui-même et ne s'en fiait même à ses gens;* a aussi ouï dire audit sieur Colas que plusieurs libraires avaient demandé des exemplaires audit sieur de Vauban, et qu'il leur avait répondu qu'il n'était pas marchand, que ledit livre n'était que pour ses amis, et qu'il n'était pas temps de le rendre public; qu'au surplus elle n'a aucune connaissance que ledit livre ait été vendu ou débité par aucun libraire, aucun colporteur, ni autre personne, et qu'il n'en est resté, à elle, répondante, aucun exemplaire. »

11*

D'Argenson avait donné l'assurance à Pontchartrain que tous les exemplaires reliés et toutes les feuilles seraient saisis. Alors il s'adressa aux héritiers; les deux gendres, M. de Mesgrigny et le marquis d'Ussé, eurent l'ordre de livrer sans délai tout ce qui était imprimé de la *Dîme royale*. Le marquis d'Ussé, qui avait lui-même tout enlevé immédiatement après la mort du maréchal, répondit à d'Argenson :

« J'ai questionné de tout mon vieux Colas, valet de chambre de feu M. le maréchal de Vauban. Il m'a fort assuré qu'il avait remis à son maître tous les exemplaires du livre en question, et qu'il les avait vu distribuer en blanc. Ce qu'il y a de très certain, Monsieur, c'est qu'il ne s'en est trouvé pas un sous le scellé, et qu'on en a fait une très exacte recherche. J'aurais souhaité pouvoir faire sur cela ce que vous m'aviez recommandé. »

La minute de cette lettre se trouve aux manuscrits de la Bibliothèque nationale.

Après ces poursuites, tous ceux qui possédaient des exemplaires donnés par le maréchal s'empressèrent de les cacher, et le plus grand nombre fut détruit par les agents des financiers, qui les achetaient à prix d'or, si bien que l'ouvrage disparut presque entièrement.

Les provinces et même la bourgeoisie de Paris ignorèrent le projet de Vauban. Ceux qui tiraient profit des abus, plus encore que les privilégiés, répandirent les bruits les plus mensongers sur les idées exprimées par l'illustre maréchal; on le représenta comme ennemi du roi et de sa noblesse, comme un vil flatteur du peuple.

Ceux qui connaissaient ce grand homme de bien gardèrent un prudent silence. Louis XIV ne fit pas connaître son sentiment personnel, et les courtisans ne tardèrent pas à oublier le projet de réforme et son auteur.

VI

On trouve dans les registres de l'église Saint-Roch, à la date du vendredi 1er avril 1707, cette inscription, qui prouve que le corps de Vauban fut présenté à sa paroisse : « Haut et puissant seigneur monseigneur Sébastien le Prestre de Vauban, chevalier, seigneur de Basoches, Vauban, Pierre-Perthuis, Pouilly, Cernon, Lachaume, Espéry et autres lieux, chevalier des ordres du roy, mareschal de France et gouverneur de la citadelle de Lisle, décédé avant-hier soir rue St-Vincent (devenue rue du Dauphin), en cette paroisse, âgé de soixante-quatorze ans moins quelques jours, a esté apporté en cette église et sera transporté en l'église de Basoches, diocèse d'Autun, pour y estre inhumé; présents : M. Jacques-Louis de Mesgrigny, comte de Villebertin et d'Aunet, demeurant ordinairement audit Aunet, et M. Louis Bertin, marquis d'Ussé, demeurant faubourg de Richelieu, paroisse St-Eustache, ses deux gendres. »

Vauban avait ordonné que son corps fût transporté à Basoches, où il voulait reposer pour toujours. Son gendre Mesgrigny et deux prêtres accompagnèrent les restes mortels du maréchal pendant un voyage qui dura quinze jours.

Le 16e avril 1707, le funèbre cortège s'arrêta devant l'église de Basoches, où le service eut lieu en présence des villageois accourus de toutes parts. Autour du cercueil de cet illustre maréchal de France on ne voyait pas un seul homme de guerre; devant cette tombe du grand citoyen aucun éloge ne fut prononcé; quelques vieillards septuagénaires répandaient des larmes au souvenir de leur compagnon d'enfance. Tous les gens du village se rappelaient les bienfaits de cet homme si simple, si charitable et toujours bon pour le pauvre peuple.

L'église de Basoches a conservé le procès-verbal de la cérémonie :

« Ce jourd'huy seizième avril 1707, a été inhumé dans la chapelle de St-Sébastien de cette église, sépulture ordinaire des seigneurs de ce lieu, hault et puissant seigneur messire Sébastien le Prestre de Vauban, âgé de soixante-quinze ans, gouverneur de la citadelle de Lisle en Flandre, commissaire général des fortifications de France, seigneur de Basoches, Pierre-Perthuis, Pouilly, Neufontaines, Vaubanoc, Cernon, Espéry, Lachaume, le Creuset et autres lieux, décédé à Paris le 30 may dernier, muni des sacrements de l'Église, et conduit dans ce lieu par M. Pierre Lemuet de Jully, prestre envoyé de la part de M. le curé de Saint-Roch, où le corps a été présenté et déposé, dans la paroisse duquel il est décédé, assisté de Messire Jean de Barrault, prestre, docteur en Sorbonne, abbé de Chore, de MM. les curés du voisinage et de plus de deux mille personnes de différents âges et qualités. »

Signé: « Lemuet de Jully, l'abbé de Barrault, C. Belin, prestre. »

Le maréchal de Vauban avait toujours été religieux, ne cherchant dans l'accomplissement de ses devoirs ni à se montrer, ni à se cacher.

Lorsqu'il était dans ses terres, il réunissait ses gens pour la prière du soir, qu'il récitait à haute voix. Pendant les sièges, il attachait toujours un prêtre à ce que l'on pourrait nommer son état-major. A Paris, on le voyait souvent agenouillé dans l'église Saint-Roch, dont il affectionnait une chapelle obscure.

Ceux qui ont étudié la vie de Vauban ont gardé le silence sur ses sentiments religieux; il en est même qui, invoquant les souvenirs de la révocation de l'édit de Nantes, ont parlé de ses sympathies pour les protestants.

Il suffit de lire le mémoire composé par Vauban en faveur des réformés et remis à Louvois, pour comprendre que l'illustre ingénieur ne se préoccupait nullement de la doctrine, mais seulement des intérêts matériels qui lui semblaient menacés.

Dans son projet de dîme royale, Vauban se renferme exclusivement dans la question de l'impôt, qu'il traite avec une connaissance parfaite.

Peut-être ne se tromperait-on pas en disant que cet esprit si droit, si ferme, si clairvoyant dans un cercle limité, n'allait ni aussi loin ni aussi haut qu'il l'eût fallu. Vauban n'était-il pas plutôt un grand homme d'affaires qu'un homme d'État profond en ses desseins?

Une étude sur l'état social en 1700, sur la constitution politique de la France à cette époque eût préparé l'opinion publique. Sans doute chacun prend un vif intérêt à la misère du peuple; mais on ignore généralement ce qu'était la noblesse, on ne connaît la cour du roi que par des récits dictés par la plus basse flatterie ou, qui pis est, par des haines épouvantables.

Cette noblesse, peu sympathique à Vauban, était ruinée dans les provinces; elle avait même perdu ce caractère de fierté, cette superbe dignité, héritage des ancêtres. Les charges de la cour enlevaient aux châteaux et aux manoirs tout ce qui avait l'ambition de bien mourir ou de bien vivre.

Lorsqu'en 1674 Louis XIV appela l'arrière-ban composé de sa noblesse, Vauban écrivit à Louvois: «... L'arrière-ban, ne pouvant être formé que de noblesse fort gueuse et incommodée (pauvre), ne pourra être que très mal équipé. » Vauban connaissait donc cette noblesse comme incapable de faire la guerre.

En effet, au mois d'octobre, cinq à six mille cavaliers composés de la noblesse se réunirent à Nancy sous les ordres du maréchal de Créqui. Ne pouvant établir aucune discipline, ce maréchal prit le parti d'envoyer à Turenne cet arrière-ban. L'intendant Morangis écrivait à Louvois: « Il n'y a point de désordre que cette noblesse n'ait fait partout où elle a passé. » Turenne écrivait le 14 novembre: « L'on a fait entendre aux nobles qu'ils devaient s'en retourner chez eux; il n'est pas concevable combien cela a mis de licence parmi eux; et il serait difficile de faire comprendre au roi la peine que donnent tant de gens peu accoutumés au commandement, et qui ne peuvent souffrir une *pauvreté*, en servant, *qu'ils supportent* dans leurs maisons. A tout moment, ils perdent le respect pour leurs officiers en négligeant le service. »

Ils désertèrent; ils commirent des actes contraires à la bravoure entre Lunéville et Blamont; enfin, lorsque Turenne obtint leur licenciement, il écrivit à le Tellier: « ... Je souhaite ardemment que le roi n'ait jamais besoin de rassembler sa noblesse, car c'est un corps incapable d'action, et plus propre à susciter des désordres qu'à remédier à des accidents. »

Malgré cette cruelle expérience, l'arrière-ban fut convoqué le 1er avril 1675 ; mais cette fois le remplacement fut autorisé, et l'ordonnance du roi renfermait cette phrase qui eût été blessante au temps de Henri IV : « Ne doutant pas que notre noblesse ne soit bien aise, pour une somme modique, de se dispenser de marcher en personne. » Seule la noblesse de Normandie déclara qu'elle voulait payer de son sang et non de son argent.

Pourquoi Vauban n'embrasse-t-il pas dans son coup d'œil si sûr de plus vastes horizons?

Ne pourrait-on pas soupçonner cet homme si bon d'exagérer parfois les misères dont il est frappé? Les armées de Louis XIV, celles qui s'emparent tour à tour des places fortes de l'Europe, sont-elles ce que dit le savant ingénieur dans une lettre du 11 janvier 1675 : « Dans la plupart des places, les soldats sont logés comme des porcs, à demi nus, à demi mourants de faim; ce qui, au dire des prêtres et des médecins qui en ont soin, est la principale cause des maladies et de la mortalité qu'on voit régner parmi eux? »

VII

Tout en proclamant les immenses services de Vauban, son incontestable supériorité comme ingénieur, sa vertu sans pareille dans les armées et à la cour, ses utiles travaux, son courage et sa bonté, il sera permis de penser qu'il y avait dans sa nature, magnifique d'ailleurs, une vague inquiétude qui lui présentait les objets sous les côtés les plus sombres.

Jamais il n'oublia que le roi l'avait comblé de bienfaits; aussi sa reconnaissance était sans bornes. Il n'avait nullement les instincts révolutionnaires, et son amour pour le roi ne se séparait pas de l'amour pour la monarchie. Peu d'hommes publics ont légué à la postérité autant de livres et de manuscrits que cet illustre capitaine; il a traité une foule de sujets dans des lettres conservées aux archives, et l'on ne trouverait pas, dans ces richesses, une seule ligne, une seule pensée qui ne soit d'un loyal et fidèle sujet.

Sans doute il aimait le peuple plus qu'il n'est coutume de le faire; mais il cherchait à le rendre heureux par de sages institutions, par une rigoureuse justice, et non pas autrement.

A la mort du maréchal de Vauban, la cour et la ville se tinrent sur une grande réserve; mais l'Académie des sciences, dont il faisait partie depuis sept ans, fit célébrer un service solennel pour l'homme qui lui faisait honneur. Les savants, les gens de lettres et le monde de l'intelligence se firent un devoir d'assister à la cérémonie. Ce fut le premier hommage rendu à la mémoire de Vauban.

Depuis, l'admiration de la postérité a succédé à l'estime des contemporains, et le maréchal occupe une place à part dans l'histoire de son temps. Placé à côté de Turenne, il laisse loin derrière lui les grands capitaines ses contemporains. Comme ingénieur, Vauban est sans pareil; comme homme de bien, il mérite une complète admiration. Mais peut-être le sentiment public s'est-il exalté outre mesure en présentant Vauban comme un philosophe désintéressé, un sage placé fort au-dessus des humaines passions. On a été jusqu'à dire qu'il refusait le bâton de maréchal de France, et qu'il mourut de chagrin à la suite de sa nomination.

Nous avons montré Vauban sollicitant cet honneur;

bien mérité d'ailleurs. Nous l'avons vu moins fier qu'il n'aurait fallu dans ses relations avec le marquis de Louvois ; s'il n'était pas courtisan et conservait la dignité du caractère, il savait à l'occasion s'effacer pour éviter les fâcheuses rencontres.

Ce serait donc à tort que le maréchal de Vauban figurerait parmi les précurseurs des philosophes du XVIIIe siècle, parmi les adversaires de Louis XIV, parmi les ancêtres de la révolution.

Il demandait d'utiles réformes, luttait contre d'injustes privilèges, avait pour le peuple des sentiments d'humanité rares à cette époque ; et cependant ses écrits n'expriment pas l'indignation contre l'injustice, il n'y a dans les pages ni un élan d'admiration pour ce peuple, ni un cri parti du cœur pour invoquer la miséricorde divine. A de si nombreux écrits, dictés par la bonne foi, tracés d'une main ferme, tous logiques, tous utiles, il ne manque qu'un chose, — l'âme.

Loin de nous la pensée de vouloir amoindrir le piédestal sur lequel s'élève la statue de Vauban. Laissons-lui sa grande taille et son éclat, mais sans abaisser l'image de Louis XIV. Jusqu'en 1704 ou 1705, le roi a comblé Vauban de ses bienfaits. Sans doute les services de celui-ci ont été immenses : il a pris toutes les places dont le roi est si fier, il a construit d'autres forteresses, a travaillé pendant quarante ans, a versé son sang en toute occasion ; mais de simple soldat le roi l'a fait maréchal de France, de pauvre et obscur gentilhomme le roi l'a fait riche et illustre.

Un jour vient où la conscience de Vauban se révolte contre les abus dont il est témoin. Il a vu les campagnes désolées par l'impôt, le paysan réduit à la mendicité. Il connaît ce paysan pour l'avoir rencontré sous l'habit du soldat, à l'assaut des places fortes. Il l'a admiré et veut le défendre.

Un maréchal de France, chevalier des ordres du roi, ne peut-il s'approcher de Sa Majesté et mettre sous ses yeux le tableau de tant de misères ? Le roi ne repoussera pas un vieillard, serviteur toujours fidèle; il entendra le langage loyal d'un gentilhomme.

Mais ce maréchal de France, ce dignitaire de la couronne, ce vieillard si honorable, se contente d'adresser au roi le manuscrit richement relié de son projet de réforme. Ne recevant pas de réponse, il fait imprimer ce livre clandestinement.

Ce livre, inspiré par la plus noble pensée, écrit avec respect pour le roi, se trouve confondu avec les honteux libelles qui se distribuent dans l'ombre.

Ce n'est pas seulement la loi qui est violée, mais les convenances sont mises en oubli. Un maréchal de France, plus que septuagénaire, se meut dans l'ombre, redoutant le regard de la police.

Oui, sans doute, dans son ardeur pour le bien Vauban voulait agir sur l'opinion. Mais n'était-ce pas indisposer cette opinion contre la royauté? Louis XIV n'avait-il pas le droit d'apprécier sévèrement l'attitude de l'homme qu'il avait honoré de toutes les distinctions?

Si nous semblons insister sur cette douloureuse affaire de la dîme royale, c'est que la plupart des historiens en ont tiré des conséquences fausses. Vauban est représenté par eux comme hostile à la noblesse et à la monarchie; ils en font volontiers un martyr, victime de la haine de Louis XIV.

C'est la vie entière de Vauban qu'il faut donner pour modèle, et non sa fin. Affaibli par l'âge, le vieillard fut victime de l'intrigue. Réveillé subitement et comme épouvanté, il demande au médecin, au confesseur, de lire ce livre et de l'éclairer.

Sans doute MM. de Pontchartrain et d'Argenson pouvaient se montrer moins impitoyables. Ils savaient, à n'en pas douter, que Vauban était l'auteur du livre poursuivi; pourquoi l'un ou l'autre n'allait-il pas chez ce vieillard dévoué au roi, lui faire entendre le langage de l'amitié? On eût ainsi évité le scandale, et peut-être, par des concessions réciproques, eût-on préparé les réformes.

Mais les ministres furent cruels pour Vauban comme

Louvois avait été cruel pour Turenne. Entre sa personne et les plus grands hommes, Louis XIV plaçait toujours ses ministres.

VIII

En 1710, trois ans après la mort de Vauban, le ministre Desmarets, chargé des finances, se trouva réduit aux dernières extrémités. Il étudia la *Dîme royale*, dont on parlait tout bas et que louaient un grand nombre de personnes. Après avoir pris l'avis des intendants de province et des conseillers d'État, le ministre adopta provisoirement un impôt qui s'éloignait peu du projet de Vauban. Le gouvernement créa un impôt général et proportionnel, perçu en argent, et non pas en nature, comme le proposait la *Dîme royale*. Cet impôt ne remplaçait pas les autres, mais s'ajoutait à eux. Il fut fixé au dixième du revenu de toutes les propriétés, rentes, pensions, gages, octrois, etc., sans privilège pour la noblesse. Cet impôt dura trois ans seulement, et ne produisit que vingt-cinq millions de livres chaque année. Vauban avait calculé que sa dîme royale donnerait annuellement cent seize millions et plus.

Mais Vauban n'admettait pas qu'on pût se racheter, tandis qu'en 1710 le clergé obtint la décharge moyennant un payement de huit millions. D'un autre côté, les pensions n'étant plus soldées par le trésor, le dixième fut perdu.

Nous voulons seulement, en rappelant cet impôt levé peu de temps après la mort de Vauban, constater que ses idées occupaient les esprits.

Longtemps après, la veille des états généraux, dans toutes les assemblées générales, le nom de Vauban était répété à l'envi. Le clergé, la noblesse, le tiers état, discutaient la dîme royale, que l'on connaissait à peine, mais dont on invoquait le principe d'égalité.

C'est alors que des jugements hasardés furent portés sur Vauban. On en fit un adversaire de la monarchie, la grande victime de la tyrannie royale.

Napoléon, à Sainte-Hélène, en dictant ses mémoires, n'a pas oublié Vauban. L'auteur des *Considérations sur l'art de la guerre* demandait qu'au lieu de réunir les forteresses sur une frontière on les dispersât dans toutes les provinces d'un grand État. Napoléon répondit : « Il se peut que le système de Vauban soit défectueux, mais il est meilleur que celui qu'on propose ; il vaut mieux centraliser, réunir, rapprocher ses forces, ses canons, ses machines de guerre, que de les disséminer. »

Napoléon dit ailleurs : « Vauban a exercé une grande influence sur la tactique moderne. C'est Vauban qui a fait supprimer les piques comme inutiles. Toute l'Europe, plus ou moins tard, a imité ce changement avec raison ; c'est le feu qui est le moyen principal des modernes. »

Cette vérité, devinée par Vauban, appliquée presque toujours par Napoléon Ier, a été poussée jusqu'à ses dernières limites par l'Allemagne pendant la dernière guerre.

Il y avait en Vauban un grand homme de guerre, un capitaine peut-être à la hauteur de Turenne ; mais tout ce génie fut étouffé dans le détail des sièges.

Nous venons d'écrire la vie d'un homme de bien, d'un brave soldat, d'un bon citoyen. Malgré les fautes de ses derniers jours, qui ont fait sa popularité, on ne saurait reprocher une action douteuse à Vauban. Tout en lui est admirable, et nous ne saurions que rappeler son éloge, prononcé par Fontenelle :

« Jamais les traits de la simple nature n'ont été mieux marqués qu'en lui, ni plus exempts de tout mélange étranger. Un sens droit et étendu, qui s'attachait au vrai par une espèce de sympathie, et sentait le faux sans le discuter, lui épargnait les longs circuits par où les autres marchent ; et d'ailleurs, sa vertu était en quelque sorte un instinct heureux, si prompt qu'il prévenait sa raison. Il méprisait cette politesse superficielle dont le monde se contente, et qui couvre souvent tant de barbarie ; mais sa bonté, son humanité, sa libéralité lui composaient une autre politesse plus rare qui était dans son cœur. Il seyait bien à tant de vertus de négliger le dehors qui, à la vérité, lui appartient naturellement, mais que le vice emprunte avec trop de facilité. Souvent le maréchal de Vauban a secouru de sommes assez considérables des officiers qui n'étaient pas en état de soutenir le service; et, quand on venait à le savoir, il disait qu'il prétendait leur restituer ce qu'il recevait de trop des bienfaits du roi. Il en a été comblé pendant tout le cours d'une longue vie, et il a eu la gloire de ne laisser en mourant qu'une fortune médiocre. Il était passionnément attaché au roi. Sujet plein d'une fidélité ardente et zélée, et nullement courtisan, il aurait infiniment mieux aimé servir que plaire. Personne n'a été si souvent que lui, et avec tant de courage, l'introducteur de la vérité; il avait pour elle une passion presque imprudente et incapable de ménagement. Ses mœurs ont tenu bon contre les dignités les plus brillantes, et n'ont pas même combattu. En un mot, c'était un Romain qu'il semblait que notre siècle eût dérobé aux plus heureux temps de la république. »

FIN

APPENDICE

———

M. Georges Michel a publié une excellente histoire du maréchal de Vauban. Sans partager son admiration sans bornes pour l'illustre ingénieur, nous empruntons à M. Michel quelques détails qui, sous le nom d'*Appendice,* complètent son œuvre. Nous croyons inutile de joindre à ce travail le *Vocabulaire* fort instructif sans doute de M. Michel, mais renfermé dans les œuvres de Vauban.

Vauban avait épousé, en 1660, Jeanne d'Osnay, fille de Claude d'Osnay, écuyer, baron d'Épiry, et d'Urbaine de Rouvier. Le contrat de mariage avait été passé le 25 mars, au château d'Épiry, situé près de Corbigny, dans le Nivernais, et dont il reste encore une grosse tour carrée. De ce mariage naquirent deux filles, dont l'une fut mariée, en 1679, à Jacques-Louis de Mesgrigny, comte d'Aunay, baron de Villebertin, et l'autre, en 1691, à Louis Bertin de Valentinay, marquis d'Ussé [1]. La première eut un fils, Jean-Charles de Mesgrigny, comte d'Aunay, qui signait d'Aunay, devint lieutenant général et n'eut qu'une fille, Marie-Claire-Aimée de Mesgrigny, laquelle, en 1738, épousa Louis le Peletier, seigneur de Coskaet de Rosambo, président à mortier au parlement de Paris, mort en 1760.

De ce mariage sont issus :

Louis le Peletier, marquis de Rosambo, président à mortier, gendre de Malesherbes, et Charles-Louis-David le Peletier, comte d'Aunay, maréchal de camp en 1789. Louis le Peletier, marquis de Rosambo, a péri sur l'échafaud avec Malesherbes. Il avait, en qualité d'aîné, hérité de tous les biens de famille situés en Bretagne. Son fils, le marquis de Rosambo, homme très respectable par ses vertus, fut créé pair de France par Louis XVIII, est mort et a laissé un héritier de son nom qui possède les manuscrits laissés par Vauban [2].

Charles-Louis-David le Peletier, comte d'Aunay, avait hérité de son aïeul Jean-Charles de Mesgrigny, comte d'Aunay, de tous les biens possédés par Vauban dans le Nivernais, à l'exception du domaine de Vauban [3] et de Bazoches [4]. Il avait été le chef de la branche le Peletier d'Aunay et avait épousé Élisabeth de Chastenet de Puységur, petite-fille du maréchal de Puységur.

---

[1] Le château d'Ussé, situé dans la Touraine, sur la rive gauche de l'Indre, et, pour ainsi dire, de la Loire, qui se joignent à peu de distance, fait partie de la commune de Rigny, département d'Indre-et-Loire.

[2] Ces manuscrits n'ont jamais été publiés.

[3] Ce domaine appartient aujourd'hui à M. Alphonse Millerau.

[4] Le château de Bazoches, qui avait été l'apanage de la marquise d'Ussé, donné par elle à son mari, vendu par les héritiers en ligne collatérale de ce dernier, appartient maintenant à M. le comte de Vibraye.

De ce mariage sont nés :

Le comte Louis le Peletier d'Aunay, le comte Hector le Peletier d'Aunay, ancien député de la Nièvre, dont un des fils est député du même département; le baron Félix le Peletier d'Aunay, ancien député de Seine-et-Oise, et Élisabeth le Peletier d'Aunay, mariée au comte de la Myre.

La tour d'Épery, que possédait le baron Félix d'Aunay, a passé à sa fille unique, mariée à M. le baron Séguier, de son vivant membre de l'Académie des sciences.

La marquise d'Ussé eut un fils et deux filles décédés tous trois sans postérité. Son fils embrassa la carrière des armes, se distingua sous Louis XV dans les guerres de 1733 à 1741, se retira du service à la paix de 1748, et mourut en 1772.

Vauban avait deux cousins germains, fils du frère aîné de son père, et six neveux issus de germains. L'un de ses neveux, qui était ingénieur, est devenu lieutenant général et fait comte par Louis XIV, en 1710; il signait, du vivant du maréchal : Dupuis-Vauban, ou Dupuyvauban d'un seul mot. Après la mort du maréchal, il n'a plus signé que Vauban.

Le comte Vauban a eu deux fils : l'aîné, qui était lieutenant général en 1758, n'a pas eu de postérité; le second a eu trois fils : le comte de Vauban, maréchal de camp en 1789, mort en 1816 au château de Vauban [1], dans le Charolais; le vicomte de Vauban, mort en 1832 à Dijon, et père de M. le colonel de Vauban, directeur des fortifications de Besançon, et un autre fils, mort à Paris en 1845, et qui était le second [2].

DE L'IMPORTANCE DONT PARIS EST A LA FRANCE ET DU SOIN QUE L'ON DOIT PRENDRE DE SA CONSERVATION

Écrit par Vauban en 1689.

Depuis l'entrée de Henri IV, les fortifications de Paris, rompues sur plusieurs points, avaient cessé d'être entretenues. Peu à peu les habitations avaient dépassé le mur d'enceinte, et, dès les premières années du règne de Louis XIV, la capitale de la France se trouvait dépourvue de défenses.

Cependant personne, ni dans le gouvernement ni dans l'armée, ne paraissait se préoccuper d'un état de choses si funeste à l'in-

---

[1] Le nom de Vauban avait été donné en 1725 à la terre de Saint-Sernain, dans le Charolais, par lettres patentes qui l'érigeaient en comté en faveur du neveu du maréchal. Cette terre est située près de la Pacaudière, au sud-ouest de la Clayette.

[2] Augoyat, t. II.

térêt public. Qui, en effet, aurait songé à prendre des mesures préventives contre un investissement de Paris, alors que nos armées partout victorieuses reculaient les limites de la France, et qu'une double ceinture de places fortes protégeait notre frontière? Avec la perspicacité du génie, Vauban comprit que cette incurie pouvait nous devenir fatale. En pleine paix, à l'apogée de la puissance de Louis XIV, il rédigea un mémoire dans lequel il appelait l'attention du roi sur la nécessité de fortifier Paris, et indiquait par le détail les opérations à entreprendre pour faire de la capitale une place de guerre du premier ordre. De récents et douloureux événements nous ont prouvé une fois de plus que Vauban avait vu juste, et que cet investissement de Paris par une armée ennemie, regardé de son temps comme une chimère, pouvait devenir une cruelle réalité.

Après avoir développé des considérations morales très élevées pour démontrer l'importance de préserver d'une surprise la ville de Paris, « le vrai cœur du royaume, la mère commune des Français, l'abrégé de la France, » Vauban ajoute :

«Or, il est très visible que ce malheur serait un des plus grands qui pût jamais arriver à ce royaume, et que, quelque chose que l'on pût faire pour le rétablir, il ne s'en relèverait de longtemps et peut-être jamais. C'est pourquoi il serait, à mon avis, de la prudence du roi d'y pourvoir de bonne heure et de prendre les précautions qui pourraient la mettre à couvert d'une si épouvantable chute. J'avoue que le zèle de la patrie et la forte inclination que j'ai eue toute ma vie pour le service du roi et le bien de l'État m'y ont fait souvent songer; mais il ne m'a point paru de jour propre à faire de pareilles ouvertures par le grand nombre d'ouvrages plus pressés qui ont occupé le roi, tant sur la frontière, qui a toujours remué depuis vingt-deux ans en çà, que par les bâtiments royaux qu'il a fait faire et par le peu de dispositions où il m'a paru que l'esprit de son conseil était pour une entreprise de cette nature, qui sans doute aurait semblé à plusieurs contraire au repos de l'État et à tous d'une très longue et difficile exécution. Cependant cette pensée, qui dans le commencement ne m'a passé que fort légèrement dans l'esprit, s'y est présentée si souvent qu'à la fin elle y a fait impression et m'a paru digne d'une très sérieuse attention; mais, n'osant la proposer à cause de sa nouveauté, j'ai cru du moins la devoir écrire, espérant qu'il se trouvera un jour quelque personne autorisée qui, lisant ce mémoire, y pourra faire réflexion, et que, poussé par la tendresse na-

12

turelle que tout homme de bien doit avoir pour sa patrie,
il en parlera et peut-être en proposera-t-il l'exécution, qui,
bien que difficile et de grande dépense, ne serait nullement impossible, étant bien conduite. »

Abordant ensuite les moyens d'exécution, Vauban conseille de
rétablir l'ancienne enceinte de Paris; mais il n'indique que pour
mémoire cette amélioration secondaire, et il arrive à son grand
projet, qui consiste à établir :

« Une seconde enceinte à une très grande portée de
canon de la première, c'est-à-dire à mille ou douze cents
toises de distance, occupant toutes les hauteurs convenables ou qui peuvent avoir commandement sur la ville,
comme celles de Belleville, de Montmartre, Chaillot, faubourg Saint-Jacques, Saint-Victor, et tous les autres qui
pourraient lui convenir.

« Bastionner ladite enceinte, ou l'armer de tours bastionnées, la très bien revêtir et terrasser, et lui faire un
fossé de dix-huit à vingt pieds de profondeur sur dix à
douze toises de largeur, revêtu de maçonnerie.

« Faire toutes les portes nécessaires par rapport à celles
de la ville, avec leurs corps de garde, devant lesquelles
portes il faudrait faire des demi-lunes aussi revêtues de
même que partout ailleurs où il sera besoin, les environnant de fossés approfondis et revêtus comme ceux de la
place.

« Faire aussi des *contre-gardes* à l'entour des tours bastionnées, si on les préfère aux bastions, revêtus jusqu'à la
hauteur du parapet du chemin couvert, et le surplus de
leur élévation de terre gazonnée ou plaquée, observant
toutes les façons nécessaires à ces remparts et chemins
couverts, et de donner à ces derniers au moins six *toises*
de large, en considération des assemblées qui s'y feront
pour les sorties. On pourrait après planter tout le terre-
plein et les talus des remparts d'ormes et d'autres bois
particulièrement destinés aux besoins de cette fortification,
sans jamais permettre qu'il en fût coupé pour un autre
usage que pour le canon, les palissades et fascines. »

Ce n'est pas tout que de fortifier Paris contre une armée étrangère; il faut encore prévoir le cas d'une guerre civile. Dans ce but,
Vauban propose de construire plusieurs fortes citadelles sur les
bords de la Seine, « afin de *maintenir Paris dans le devoir;* »

car, ajoute-t-il, « une ville de cette grandeur fortifiée de cette façon pourrait devenir formidable même à son maître. »

La question des approvisionnements préoccupe particulièrement Vauban, qui conseille la création d'immenses greniers d'abondance qui seraient une précieuse ressource en temps de guerre, et permettraient en temps de paix de livrer le blé à bon marché en cas de disette.

« Ces précautions seraient d'autant plus utiles que dans les chères années le peuple, à qui l'on pourrait vendre de ces grains à un prix modique, s'en trouverait soulagé, et qu'aux environs de Paris, à quarante lieues à la ronde et le long des rivières navigables, les blés s'y vendraient toujours à un prix raisonnable, dans le temps que la grande abondance les fait donner à vil prix, à cause des remplacements à faire dans les magasins : ainsi les fermiers seraient mieux en état de payer leurs maîtres, qui perdraient moins sur leurs fermes, et le pauvre peuple serait toujours soulagé dans ses misères. J'ai dit deux millions de setiers de blé et plus, parce que je suppose que, dans un temps de siège, la bourgeoisie de Paris, jointe à ceux qui s'y réfugieraient des environs et aux troupes renfermées entre la première et la seconde enceinte, pourraient bien faire le nombre de sept à huit cent mille âmes, auquel cas il leur faudrait, pour une année, aux environs de deux millions cent mille setiers de blé, parce que chaque personne en consomme près de trois setiers par an pour sa nourriture ; outre cette quantité, dont il est très bon d'être assuré..., on devra faire *amas* de tous les bœufs, moutons, chairs fraîches et salées, volailles, fromages, légumes de toutes sortes, etc., qui se pourront trouver. »

A la fin de son mémoire, Vauban étudie en grand détail l'organisation militaire qu'il conviendrait de donner à la garnison de Paris ; il examine les différentes hypothèses d'une attaque à main armée, et conclut en prouvant que Paris ainsi fortifié immobiliserait une armée forte au moins de deux cent mille hommes.

« Vu premièrement qu'il ne leur serait pas possible de l'approcher d'assez près pour pouvoir tirer des bombes jusque dans l'enclos de la ville ; secondement, qu'il ne serait pas possible à une armée de deux cent mille hommes de la prendre par un siège forcé, à cause de l'étendue de sa circonvallation, qui, ayant douze à treize grandes lieues de circuit, l'obligerait d'étendre fort ses quartiers ; qui en

seraient par conséquent affaiblis, et à se garder partout
également, sous peine d'en voir enlever tous les jours
quelqu'un; troisièmement, qu'il ne pourrait entreprendre
deux attaques séparées, puisque, pour pouvoir fournir à la
garde des tranchées, il faudrait employer plus de trente-
cinq mille hommes, sans compter les travailleurs et gens
occupés aux batteries; quatrièmement, qu'il ne pourrait
point le faire par deux attaques liées, attendu que, pour
pouvoir fournir à la même garde, il y aurait tels quartiers
qui auraient trois journées de marches à faire, et autant
pour s'en retourner, ce qui les mettrait dans un mouvement perpétuel qui ne leur laisserait aucun repos; cinquièmement, que, dès le douze ou quinzième jour de tranchée, pour peu qu'il y eût eu d'occasions, leurs forces
seraient considérablement diminuées, et leurs troupes
obligées de monter de trois à quatre jours l'un, auquel cas
elles ne pourraient pas relever, à cause de l'éloignement
des quartiers; à qui il faut ajouter que les fréquentes sorties, grandes et petites, qui se feraient à toute heure par
de si grandes troupes, le grand feu qui sortirait des remparts et des chemins ouverts, et la grande quantité de
canons dont elle pourrait se servir, empêcheraient les travailleurs de faire chemin, et réduiraient ce siège à une
lenteur qui, ayant bientôt épuisé leurs armées d'hommes
et de munitions, les contraindrait à lever honteusement le
siège. »

MÉMOIRES DE VAUBAN RELATIFS A UN SYSTÈME DE CANAUX
ET DE VOIES D'EAU
RELIANT TOUTES LES VILLES DE FRANCE

Un des traits distinctifs de Vauban, c'est qu'il ne se contente
jamais d'effleurer une question. Nul mieux que lui ne sait pénétrer
plus à fond dans tous les détails d'une affaire sans en perdre de
vue l'ensemble. Ainsi, est-il chargé d'inspecter les places du Nord,
il ne se contente pas de s'acquitter scrupuleusement de sa mission,
mais il recherche et il indique le moyen d'augmenter les ressources militaires et d'ajouter à la richesse nationale. Ce problème
en apparence insoluble est sa constante préoccupation. Pour arriver à ce résultat, il forme le projet de relier entre elles toutes les

places du Nord par une série de canaux. Des ports du Pas-de-Calais et de la Flandre maritime, dit-il, partirait une route d'eau continue, qui, par l'Aa, la Lys, la Deule, la Scarpe, le Sauzet, l'Escaut et la Haisne, remonterait jusqu'à Mons et Cambrai, et descendrait jusqu'à Gand, pour y joindre les canaux de navigation qui règnent le long des côtes.

Après avoir exposé l'ensemble de son système, Vauban énumère les moyens d'exécution :

« Le pays m'ayant paru aisé et fort plat, j'ai envoyé Dupuy et le Duc le reconnaître ; de cette façon, il ne me paraît pas de difficulté pour la façon de ce canal, et il n'y aura de terres extraordinaires à couper que celles qui se trouveront entre le château de Waca et de Waterloo ; le reste, de part et d'autre, ne demande que les excavations ordinaires et trois ou quatre pas. Au reste, si ce dessein avait lieu, ce canal déboucherait d'une part dans la Deule vers Marquette et dans l'Escaut par Épierre ; il laissera bien quelque partie de notre pays en dehors, mais le rétablissement du retranchement, quand on en aura besoin, y remédiera, et ce canal servira d'un second obstacle à l'ennemi qui voudrait pénétrer dans la Châtellenie. Cette situation serait extrêmement commode au commerce de Lille, Tournay et Valenciennes, et serait d'une utilité merveilleuse pour le débit des chaux et de la pierre de taille de Tournay, et pour les bois, terres et charbons du Hainaut, dont il ne passerait que la quantité qu'il nous plairait, ce qui rendra la ville de Gand déserte en peu de temps, aussi bien que celles de Bruges, Audenarde et Courtrai. Que si vous voulez bien ne pas tant faire d'attention à la défense du pays dans la construction de ce canal, mais simplement avoir égard au commerce, on pourrait, au lieu de descendre à Waca, prendre par le marais du Pont à Trésin, et aller chercher le petit ruisseau qui sort du village de Baisieux, et, suivant après son vallon, déboucher dans l'Escaut près du Pont-Achin ; ce chemin serait le plus court et tellement commode qu'il n'y aurait guère plus loin de Tournay à Lille par eau que par terre. »

La possibilité du canal établie, et son utilité au point de vue de la défense bien exposée, Vauban insiste sur les avantages qu'en retirerait le commerce national :

« Vous pouvez juger, Monseigneur, de l'excellence de cette communication par elle-même, mais bien davantage

par celle de la Lys au canal d'Ypres, si elle se faisait, ou
que les charbons d'Angleterre, qui importent beaucoup
d'argent du royaume, en seraient bannis par ceux du Hainaut, dont nos marchands feraient le commerce, outre que
le fer, les bois, la chaux (qui est un grand article), la pierre
de taille et mille autres choses y trouveraient encore leur
issue très favorablement, même les fourrages, blés,
avoines, pois, fèves, chanvres, à cause de la marine, huile
de colza et toutes les manufactures du pays, et même les
munitions de guerre et de bouche. Au surplus, le canal
d'amont (je veux dire celui de Lille à Douai) servira bien
à l'évacuation des blés d'Artois, de Cambrésis, gouvernement de Douai et partie de celui de Bouchain, mais que
ceux de ce pays-ci n'y remontent qu'avec beaucoup d'in-
commodité, parce que la Scarpe est fort faible en été et le
tour fort grand; cependant l'un et l'autre sont fort bons, et
le roi ne saurait jamais faire de dépense plus petite. »

Ce projet de canalisation que Vauban ne faisait qu'indiquer en
1686, dans son rapport à Louvois, deviendra par la suite la constante préoccupation de sa vie. Il a laissé dans un mémoire dé-
taillé, véritable monument de la science économique à cette époque,
tout un ensemble de vues qui mérite de fixer l'attention, parce que
son génie créateur s'est livré pleine carrière et porte l'empreinte
de son amour du bien public.

Sa sollicitude ne s'arrête pas seulement à la défense de notre
frontière du nord; elle s'étend à toutes les parties du royaume.

« Les rivières qui descendent des Vosges forment des lignes
transversales, utiles contre un ennemi qui s'avance entre le Rhin
et les montagnes, mais qu'un passage du Rhin fait en deçà des
positions occupées peut tourner et rendre inutiles. L'Ill seul offrait une ligne diagonale plus favorable à la défense, mais faible,
mal soutenue, qui ne s'étendait que d'Altkirch à Strasbourg, et
ne se rattachait pas aux places d'Huningue et de Neuf-Brisach.
Vauban imagina de tracer un canal, parallèle au Rhin, dirigé
d'Huningue à Landau, par Neuf-Brisach et Strasbourg. Ce travail
devait donner entre le fleuve et les montagnes une seconde ligne
de défense soutenue par les rivières qui descendent des Vosges,
multiplier sur cette frontière les combinaisons de défense, et
rendre les transports militaires et commerciaux indépendants des
crues du fleuve, de ses débâcles, des péages étrangers, et, en
temps de guerre, du feu des places et des postes ennemis. »

Notre frontière de l'est, protégée par les monts du Jura et le
cours du Rhône, n'est accessible que du côté de la Suisse. Aussi
Vauban conseille-t-il de conserver par tous les moyens possibles
l'amitié ou au moins la neutralité de ce petit peuple, qui, réduit

à ses propres forces, n'était pas un danger pour la France, mais qui pouvait jouer un rôle décisif dans le cas d'une complication européenne, en permettant aux troupes de l'Autriche de passer par son territoire pour nous envahir. Pour assurer la neutralité de la Suisse, les égards et les assurances de paix ne suffisent pas : il faut avoir recours à des procédés plus effectifs, et ne pas craindre de prodiguer l'argent. Cette nécessité est d'autant plus impérieuse que la république helvétique, effrayée par l'insatiable ambition de Louis XIV et par son esprit d'intolérance, penchait du côté de l'Autriche et de la Hollande.

Mais Vauban n'arrête pas là ses suppositions. Il prévoit qu'un jour l'Alsace pourra être séparée violemment de la France, — les événements ne lui ont donné, hélas! que trop raison, — et il recommande de fortifier d'une façon toute particulière les places qui commandent le cours de la Saône, du Doubs, du Rhône et de l'Ain. Il faut, en outre, rendre navigables le Doubs, la Savoureuse et les autres affluents du Doubs, de manière à unir la frontière d'Alsace à celle des Juras, Belfort à Besançon, Besançon aux places de la Franche-Comté, et ouvrir une vaste artère de circulation pour l'écoulement des produits des Juras et des Vosges, qui seraient portés directement au Rhône, et de là dans les ports de la Méditerranée.

Le canal du Rhin au Rhône, qui a été terminé il y a quelques années, remplit le but que s'était proposé Vauban. Mais ce projet déjà si vaste d'unir le Rhin aux ports de la Méditerranée n'était qu'une des parties du plan général dressé par l'illustre ingénieur. Les canaux de Bourgogne et du Charolais, dont il avait étudié depuis longtemps les projets, devaient constituer la partie capitale de son œuvre. Avec une clarté admirable et une grande abondance de démonstrations, il fait ressortir les avantages militaires et commerciaux de cette combinaison. En cas de guerre, les recrues et les munitions peuvent être transportées sans fatigue, sans encombrement et sans grandes dépenses, du centre de la France au pied des Vosges et des Alpes. Pendant la paix, les canaux servaient à l'écoulement des produits des bassins de la Seine, de la Loire et même de la Garonne, grâce au canal du Languedoc. En même temps Mesgrigny étudiait une voie de communication entre la Sambre et l'Oise. Ainsi donc, une navigation non interrompue de Lyon à Bordeaux, de Nantes à Strasbourg, du Havre à la frontière de la Hollande, donnait un écoulement aux marchandises de toutes nos provinces, alors séparées les unes des autres par les difficultés du terrain et l'absence de voies de communication.

Ce n'est pas tout. Vauban veut utiliser toutes les rivières navigables de France, « soit en prolongeant la navigation de celles qui le sont déjà, soit en rendant totalement navigables celles qui ne le sont point, ou en faisant de nouveaux canaux à travers les pays, pour communiquer la navigation des rivières les unes aux autres. »

Après avoir fait l'énumération des cent quatre-vingt-dix rivières susceptibles de devenir navigables, soit pendant toute l'année, soit pendant quelques mois seulement, Vauban fait ressortir les avantages économiques et commerciaux de cette mesure.

« Le royaume augmenterait considérablement ses revenus, ajoute-t-il, et le débit de ses denrées deviendrait tout autre qu'il n'est, notamment si on affranchissait la navigation. On ne saurait donc disconvenir que cela ne fût bon et très excellent; mais la question est de la mettre en exécution; c'est la difficulté qu'on peut objecter, et qui effectivement en serait une si on s'y prenait tout à coup et que dès à présent on voulût tout embrasser. Il est bien sûr même qu'on n'en viendrait pas à bout; les peuples sont trop pauvres et le roi trop en dette.

« Mais si la *Dîme royale* pouvait avoir lieu, qu'elle fût une fois bien établie, les peuples soulagés et les dettes de l'État acquittées (chose qui arriverait dans peu), pour lors les pays se raccommoderaient, et ce qui paraît impossible deviendrait aisé. En s'y prenant peu à peu et avec ordre, pour peu que le roi s'y affectionnât et y mît du sien, on verrait bientôt la navigation des principales rivières s'accroître et se prolonger du côté des sources, et s'étendre après dans les principales branches, et de là passer dans les moindres, sitôt qu'on s'apercevrait des commodités que la navigation apporte, qui seraient un puissant motif pour exciter ceux qui seraient à portée de se les procurer, qui ne manqueraient pas en même temps d'en rechercher les moyens et d'entrer dans tout ce qui leur paraîtrait possible pour s'attirer ces avantages; d'où s'ensuivrait le plus grand bien qui pût jamais arriver à ce royaume, par le débit aisé de ses denrées, qui en procurerait un accroissement considérable et par conséquent augmentation de biens et de commodités, et une très grande facilité aux provinces de s'entre-secourir les unes les autres dans les chères années et dans les temps de guerre. »

Devançant les idées de son temps, Vauban demande qu'une fois les canaux achevés ils fussent entièrement affranchis de tous péages et impositions, excepté pour ce qui serait absolument nécessaire à leur entretien et aux gages des éclusiers.

« Encore vaudrait-il mieux, ajoute-t-il, que la navigation fût totalement libre; car la facilité du transport des denrées en augmenterait le débit, et par conséquent améliorerait toutes les propriétés voisines du canal; de là augmentation des revenus des particuliers, et par conséquent des revenus de l'État. »

Les droits de péages sur les routes et les canaux, voilà la grande plaie du régime financier de cette époque. Sur ce point comme sur les autres, Vauban ne parviendra pas à faire triompher ses idées, et cette plaie ira toujours en s'agrandissant au point de devenir intolérable. Soixante années après cette réforme proposée par Vauban, « un bateau de vin du Languedoc, Dauphiné ou Roussillon qui remonte le Rhône et descend la Loire pour aller à Paris par le canal de Briare, paye en route, sans compter les droits du Rhône, de trente-cinq à quarante sortes de droits, non compris les entrées de Paris. — De Pontarlier à Lyon, il y a vingt-cinq ou trente péages; de Lyon à Aigues-Mortes, il y en a davantage; de sorte que ce qui coûte dix sous en Bourgogne revient à Lyon à quinze et à dix-huit sous; à Aigues-Mortes, à plus de vingt-cinq sous [1]. A Rennes, une barrique de vin de Bordeaux revient à soixante-douze livres, non compris le prix d'achat, par suite de l'élévation et de la multiplicité des droits [2]. »

Vauban termine son mémoire par l'énumération des avantages que procurent les arrosements artificiels, et qui permettent l'établissement des prés, et par conséquent l'élevage des bestiaux, et il conclut en demandant l'amélioration des voies de communication par terre.

Comme on le voit, le plan de Vauban dans ce mémoire est vaste; il embrasse tout un ensemble d'idées et d'améliorations qui touchent aux points les plus importants de notre système économique. Et ce ne sont pas là des utopies; toutes sont marquées au coin du bon sens; rien de chimérique. Les améliorations qu'il propose ont été réalisées à la satisfaction générale, et il demande que l'on procède avec lenteur, n'abandonnant rien au hasard, rien à l'imprévu.

Nous ne pouvons quitter l'analyse de ce mémoire sans signaler les vues de Vauban au sujet de la refonte des monnaies. Il propose à ce sujet « de faire une assemblée de députés de la part de toutes les principales têtes couronnées de la chrétienté qui ont droit de battre monnaie, de convenir d'un titre et d'une monnaie universelle, et de créer de concert et à même temps toutes les autres. » Pour la première fois Vauban émettait l'idée d'une convention monétaire, que d'illustres économistes ont depuis réalisée avec un succès partiel, et qui sera, il faut l'espérer, un des progrès les plus utiles de l'avenir.

[1] Letrosne, *De l'Administration provinciale et de la réforme de l'impôt.*

[2] Archives nationales, *Remontrances du parlement de Bretagne.*

12*

PROTESTATION DE VAUBAN CONTRE LA RÉVOCATION
DE L'ÉDIT DE NANTES

« Il n'y a pas lieu de douter que le projet des conversions n'eût eu tout le succès que le roi en avait espéré, et Sa Majesté la satisfaction de conduire ce grand ouvrage à une heureuse perfection, si la trêve[1], qui paraissait établie sur des fondements si solides, eût subsisté tout le temps convenu entre les puissances intéressées; et on y serait infailliblement parvenu en douze ou quinze années, attendu que les plus anciens et les plus opiniâtres huguenots seraient morts ou fort diminués dans cet espace de temps; que la plus grande partie de ceux de moyen âge, pressés par la nécessité de leurs affaires, par le désir du repos ou par leur propre ambition, s'y seraient accommodés, et que les jeunes se seraient à la fin laissé persuader. Jamais chose n'eût mieux convenu au royaume que cette uniformité de sentiments tant désirée, s'il avait plu à Dieu d'en bénir le projet. On sait bien que cela ne pouvait s'exécuter d'autorité sans qu'il en coûtât au royaume; mais cette perte, quoique considérable, n'eût pas été comparable au bien qui en aurait réussi, si on eût pu parvenir à l'exécution totale de ce dessein, car ils ne se seraient pas obstinés à beaucoup près comme ils ont fait, s'ils n'avaient été flattés de l'espoir des protections étrangères et d'une guerre prochaine qui, étant enfin arrivée plus tôt qu'on ne l'avait prévue, a fait que ce qui était très bon en soi dans les commencements est devenu très mauvais par les suites.

« De sorte que ce projet si pieux, si saint et si juste, dont l'exécution paraissait si possible, loin de produire l'effet qu'on en devait attendre, a causé et peut encore causer une infinité de maux très dommageables à l'État.

« Ceux qu'il a causés sont :

« 1º La désertion de quatre-vingt ou cent mille personnes de toutes conditions sorties du royaume, qui ont emporté avec elles plus de trente millions de livres d'argent le plus comptant;

« 2º Nos arts et manufactures particulières, la plupart

---

[1] La trêve de Ratisbonne.

inconnus aux étrangers, qui attiraient en France un argent très considérable de toutes les contrées d'Europe ;

« 3° La ruine la plus considérable du commerce ;

« 4° Il a grossi les flottes ennemies de huit à neuf mille matelots des meilleurs du royaume ;

« 5° Et leurs armées de cinq à six cents officiers et de dix à douze mille soldats beaucoup plus aguerris que les leurs, comme ils ne l'ont fait que trop voir dans les occasions qui se sont présentées de s'employer contre nous.

« A l'égard des restés dans le royaume, on ne saurait dire s'il y en a un seul de véritablement converti, puisque très souvent ceux qu'on a cru l'être le mieux ont déserté et s'en sont allés. Ce qu'il y a de bien certain est que de tous ceux qui l'ont été par les contraintes, on en voit fort peu qui avouent de l'être, ni qui soient contents de leur conversion; bien au contraire, la plupart affectent de paraître plus huguenots qu'ils ne l'étaient avant leur abjuration ; et , si on regarde la chose de près, on trouvera qu'au lieu d'augmenter le nombre des fidèles dans ce royaume, la contrainte des conversions n'a produit que des relaps, des impies, des sacrilèges et profanateurs de ce que nous avons de plus saint, et même une très mauvaise édification aux catholiques...

« Les rois sont bien maîtres des vies et des biens de leurs sujets, mais jamais de leurs opinions, parce que les sentiments intérieurs sont hors de leur puissance, et Dieu seul les peut diriger comme il lui plaît. »

Après avoir développé les considérations relatives à la rupture de la paix intérieure, Vauban aborde les points délicats qui touchent à la politique extérieure. Avec un sens prophétique auquel les événements ne devaient pas tarder à donner raison, il a fait ressortir les dangers d'une politique contraire aux intérêts de la France, et qui aurait pour premier résultat de reformer la coalition européenne.

« Il est à craindre que la continuation des contraintes n'excite à la fin quelque grand trouble dans le royaume qui pourrait faire de la peine au roi par suite en plusieurs manières, et causer de grands maux à la France, notamment si le prince d'Orange venait à réussir à quelque grande descente, et qu'il y pût prendre pied ; car il est bien certain que la plus grande partie de ce qu'il y a de huguenots cachés iraient à lui, grossiraient son armée en peu de temps

et l'assisteraient de tout ce qui pourrait dépendre d'eux,
qui est bien le plus grand péril, le plus prochain, le plus à
craindre, où la guerre présente puisse exposer cet État;
tous les autres me paraissant jeux d'enfants ou très éloignés
en comparaison de celui-ci.

« La continuation des contraintes ne produira jamais
un seul vrai catholique, et ne fera qu'aigrir de plus en
plus l'esprit des cantons protestants alliés de cette couronne, qui, à ce que j'apprends, sont à tous moments prêts
à nous abandonner à cause des rigueurs qu'ils apprennent
qu'on exerce contre nos frères...

« L'obstination au soutien des conversions ne peut être
que très avantageuse au prince d'Orange, en ce que cela
lui fait un très grand nombre d'amis dans le royaume, au
moyen desquels il est non seulement informé de tout ce qui
s'y fait, mais de plus très désiré et très assuré (s'il y peut
mettre le pied) d'y trouver des secours très considérables
d'hommes et d'argent.

« Que sait-on même, ce malheur arrivant, si une infinité
de catholiques ruinés et appauvris qui ne disent mot, et
qui, n'approuvant ni la contrainte des conversions ni peut-
être le gouvernement présent, par les misères qu'ils en
souffrent, leurrés d'ailleurs de ses promesses, ne seraient
pas bien aises de les voir réussir? Car il ne faut pas flatter,
le dedans du royaume est ruiné, tout souffre, tout pâtit et
tout gémit; il n'y a qu'à voir et examiner le fond des provinces, on trouvera encore pis que je ne dis. Que si on observe en silence, c'est que le roi est craint et révéré, et que
tout est parfaitement soumis, qui est au fond tout ce que
cela veut dire. »

Dans les pages suivantes, Vauban s'attache à démontrer que
le dissentiment religieux a tellement affaibli le pays, qu'en cas
de guerre nous ne pourrions résister à une coalition. Et alors le
roi serait obligé de subir les conditions de ses ennemis, qui ne
manqueraient pas d'exiger des garanties pour la liberté des
cultes. Actuellement, le roi peut encore revenir de sa pleine volonté sur sa décision et s'épargner la honte d'une rétractation
forcée.

« J'avoue, ajoute Vauban, qu'il est dur à un grand prince
de se rétracter des choses qu'il a faites, spécialement quand
elles n'ont eu pour objet que la piété et le bien de l'État;
mais enfin le roi sait mieux que personne que, dans toutes

les affaires de ce monde qui ont de la suite, ce qui est bon dans un temps l'est rarement dans un autre, et qu'il est de la prudence des hommes sages de s'accommoder aux changements qui n'ont pas dépendu d'eux, et d'en tirer le meilleur parti qu'ils peuvent. ·

« Sa Majesté doit enfin considérer que c'est la France en péril qui lui demande secours contre le mal qui la menace. Le mal est la guerre présente, ou plutôt cette conjuration générale de tous ses voisins unis et associés pour sa perte. C'est pourquoi, eu égard à l'importance de la chose, il paraît que le roi ne saurait rien faire de mieux que de passer par-dessus toutes autres considérations, qu'il faudrait regarder comme frivoles et de nulle conséquence à comparaison de celle-ci, et de faire une déclaration dans toute la meilleure forme que se pourra faire par laquelle Sa Majesté expose que, s'étant aperçue avec douleur du mauvais succès qu'ont eu les conversions et de l'opiniâtreté avec laquelle la plupart des nouveaux convertis se sont obstinés à persister dans la religion prétendue réformée, nonobstant les abjurations qu'ils ont faites et l'espoir apparent qu'on lui avait donné du contraire, Sa Majesté ne voulant plus que personne soit contraint dans sa religion, et d'ailleurs pourvoir, autant qu'à elle appartient, au repos de ses sujets, notamment ceux de la religion prétendue réformée, qui depuis quelque temps ont été contraints de professer la catholique; après avoir recommandé la chose à Dieu, auquel seul appartient la conversion des cœurs, elle rétablit l'édit de Nantes, purement et simplement au même état qu'il était ci-devant, permettant à tous ses sujets, qui n'auront abjuré que par contrainte, de suivre celle des deux religions qui leur plaira, de rétablir les temples dans la quantité permise par le même édit, donnant amnistie générale à tous ceux qui se sont absentés du royaume à l'occasion de ladite religion, même à ceux qui ont pris les armes contre elle pour le service de ses ennemis, et révoquant tout ce qui a été fait contre elle, de même que toutes les ordonnances, saisies, confiscations faites à l'occasion des désertions jusqu'à présent, remettant un chacun dans la pleine jouissance de ses biens à commencer du jour de la publication des présentes pour ceux qui sont demeurés dans le royaume, et du jour de l'arrivée de ceux qui s'en sont absentés...

« Le premier bien qui arrivera de cette déclaration est

que les peuples tourmentés par les contraintes, se voyant
en repos et en état de rentrer dans la jouissance de leurs
biens, le feront aussitôt savoir à leurs parents et amis du
dehors, qui s'entr'avertiront les uns les autres, et pour lors
tous ceux qui ont quelque chose, qui souffrent des mauvais
traitements qu'ils reçoivent chez les étrangers, feront leur
possible pour revenir. De cette façon le roi recouvrera tout
ou la plus grande partie de ses sujets dans peu de temps.
La tranquillité se remettra dans le royaume; chacun ne
songera qu'à rétablir ses affaires, et comme ils n'auront
obligation qu'au roi de leur rétablissement, ils ne s'amuse-
ront pas à rechercher des protections étrangères qui pourraient leur devenir funestes par les suites. »

EXTRAIT D'UN MÉMOIRE DE VAUBAN « SUR L'INSTITUTION
D'UNE EXCELLENTE NOBLESSE
ET LES MOYENS DE LA DISTINGUER PAR LES GÉNÉRATIONS »

Les vues de Vauban sur la noblesse et sur le rôle que cette
institution est appelée à jouer dans un état bien ordonné méritent d'autant plus d'être reproduites que des écrivains, s'ap-
puyant sur différents passages de la *Dime royale*, l'ont représenté
comme un adversaire systématique de la noblesse.

Il est facile de se convaincre, par la lecture de son mémoire,
que Vauban n'a jamais attaqué l'institution de la noblesse, mais
seulement l'abus que l'on faisait de cette institution. Témoin des
scandales auxquels donnaient lieu le trafic des lettres de noblesse
et l'avilissement des titres nobiliaires prodigués à des intrigants
ou à des indignes, il demande une série de réformes propres à
relever le prestige d'une institution qu'il regarde comme un
puissant moyen d'honorer la vertu et de récompenser le mérite.

« Ce qui ferait, écrit-il, la juste récompense des grandes
actions et du sang versé pendant plusieurs années de service, se donne présentement pour de l'argent. C'est pourquoi les secrétaires des intendants, les trésoriers, commissaires de guerre, receveurs de tailles, élus, gens d'affaires de toute espèce, commis, sous-commis, de ministres
et secrétaires d'État, même leurs domestiques et autres
gens de pareille étoffe, obtiendront plus facilement la noblesse que le plus brave et honnête du monde qui n'aura

pas de quoi la payer; car il ne faut que de l'argent, et ces gens-là n'en manquent pas; les charges de secrétaire du roi, qui sont, comme d'ordinaire, au plus offrant et dernier enchérisseur, sont des moyens sûrs pour y parvenir; il n'y a qu'à en acheter une pour être noble comme le roi, et quiconque a de l'argent en peut acheter, il ne faut que s'y présenter.

« J'ai vu des hommes travailler de leurs bras pour gagner leur vie, qui sont parvenus à être secrétaires du roi; et tout homme qui, par son industrie, aura trouvé moyen d'amasser du bien n'importe comment, trouvera à coup sûr celui d'anoblir ses larcins par une de ces charges, ou par obtenir des lettres de noblesse, de façon ou d'autre, s'il s'en veut donner la peine en les payant. Il y a même je ne sais combien de charges de robe et de finance dans le royaume qui anoblissent; mais comment le dirai-je? pas une seule de guerre, pas même, je crois, celle de maréchal de France; chose étonnante s'il en fut jamais, vu les fins pour lesquelles la noblesse a été créée, qui sont toutes militaires et pour cause de services rendus à la guerre, qu'il faut procurer pour en obtenir d'autres! »

Après avoir tracé cet éloquent tableau des vices d'une institution qui a rendu de si grands services à la monarchie, Vauban pose en principe que les services militaires doivent servir de base à la noblesse. Les récompenses d'argent ne suffisent point aux hommes d'honneur, il leur faut quelque chose qui les distingue du commun des autres hommes.

Rien de plus juste que de conserver un noyau de noblesse militaire; mais le roi n'aurait-il pas intérêt à agrandir le cercle de la noblesse en ne « donnant plus de titres attachés aux fonctions », mais en allant rechercher dans toutes les classes les hommes qui ont marqué par leurs services, leurs talents ou leurs vertus?

« La classe des producteurs, ajoute Vauban, ne serait pas oubliée; pourquoi, par exemple, la noblesse ne serait-elle pas accordée :

« Pour avoir trouvé quelque excellente mine d'or ou d'argent dans le royaume, auparavant inconnue, ou quelque chose d'équivalent;

« Inventé quelque art ou manufacture très utile à l'État, entrepris ou achevé quelque ouvrage de grandes utilité et réputation, ou découvert quelque terre auparavant inconnue dont la possession peut être utile à l'État?

« Un marchand qui, en commerce légitime, aurait gagné deux cent mille écus, bien prouvés, à condition de continuer le même commerce sa vie durant ;

« Une action de générosité extraordinaire et bien prouvée qui peut être de quelque utilité à l'État et glorieuse à la nation ;

« Un homme qui excellerait dans les belles-lettres et qui se serait rendu fameux par quelques excellents ouvrages...»

Telles étaient, exposées d'une façon très sommaire, les principales idées de Vauban sur la noblesse. Comme tous les écrits de Vauban, ce *Mémoire* se distingue par un admirable bon sens uni à une grande hardiesse. Dénoncer les vices de la noblesse et demander au roi de s'affranchir des préjugés du sang pour choisir les nobles uniquement parmi les plus dignes, sans distinction de caste, certes, l'innovation était hardie ; mais en même temps quoi de plus conforme à la logique et aux vrais intérêts de la monarchie, que de renforcer par d'utiles réformes une institution dont la place était marquée dans l'État ?

Ajoutons, en terminant, que Napoléon, en créant l'ordre de la Légion d'honneur et en essayant de reconstituer une noblesse, semble s'être inspiré des idées de Vauban.

LETTRE DE VAUBAN A M. DE CALIGNY, INTENDANT

POUR LUI DEMANDER UN SUPPLÉMENT

DE RENSEIGNEMENTS STATISTIQUES SUR LES FLANDRES

On sait quelle place importante occupe la statistique militaire dans les travaux du grand état-major de Berlin. Durant l'invasion allemande, nous avons pu nous convaincre que les officiers prussiens délégués aux réquisitions connaissaient souvent mieux que nos autorités locales les ressources de la moindre des communes rurales. Chez nous, au contraire, avant nos désastres, le service de la statistique ne fonctionnait que très imparfaitement au ministère de la guerre, et si l'administration avait quelques données sur les ressources de notre pays, elle n'en possédait aucune sur celles de nos voisins.

Et cependant, en donnant une extension exceptionnelle aux travaux de la statistique, les Allemands ne faisaient qu'appliquer les idées de Vauban, qui peut être regardé comme le créateur de la science statistique. Quarante années avant la publication de la

Dîme royale, Vauban s'était imposé la tâche de faire une vaste enquête sur les ressources et les besoins du royaume.

Nous avons vu avec quel soin Vauban s'enquérait, dans le cours de ses innombrables voyages, des ressources des pays qu'il traversait. Mais, comme tous les hommes soucieux de découvrir la vérité, il ne se fiait pas à ses propres lumières. Avant de quitter la province dans laquelle il avait été envoyé en inspection, il remettait aux intendants et aux ingénieurs placés sous ses ordres des questionnaires détaillés qui devaient lui être envoyés avec des notes. Si le rapport des intendants lui paraissait incomplet ou obscur, il écrivait pour avoir un supplément d'indications.

La lettre suivante, adressée à M. de Caligny, est un des nombreux exemples qui prouvent avec quelle conscience et quel soin minutieux Vauban s'acquittait de la tâche qu'il s'était imposée. Elle nous initie, en outre, à la méthode adoptée pour la composition de la dîme royale, et peut servir de modèle aux économistes de notre temps.

Comme on peut s'en convaincre par le *post-scriptum* de cette lettre, Vauban ne se contentait pas de payer de sa personne, il payait aussi de sa bourse. Il prélevait sur ses appointements les sommes nécessaires à la confection de l'enquête. Noble exemple de désintéressement dans une vie si féconde en traits de patriotisme et d'abnégation.

« Ce mémoire que vous m'avez envoyé est si sensé et si bien recherché que cela même nous doit obliger à lui donner toute la perfection possible; c'est ce qui me fait vous le renvoyer pour vous prier d'y ajouter tout ce qui pourrait lui manquer.

« La première chose qu'il y faudra donc ajouter est une carte qu'il faudrait prendre sur la moins mauvaise des plus récentes qui en ont été gravées, et y marquer par des lignes ponctuées toutes les divisions de pays dont il est parlé dans le mémoire. Cela fait, parcourir toute la description générale ancienne et moderne pour voir s'il n'y a rien de remarquable à ajouter à la marge aux endroits qui en auront besoin.

« Examiner si, dans l'énumération des dépendances, il n'y a point de paroisses oubliées ou quelque lieu considérable, et expliquer à la marge ce que c'est que branche, si ce sont des hameaux ou annexés ou des fermes, ce que contient la mesure de terre de ce pays-là, par rapport à l'arpent plus commun de France qui est de cent perches, la perche de vingt-deux pieds de roi de long et de quatre cent

quatre-vingt-quatre carrés de superficie avec une petite
proportion géométrique de l'un à l'autre. Parler du rapport
commun des terres de l'endroit de chaque châtellenie, savoir ce que la mesure ou l'arpent rend par commune année de rasières de blé, pois, fèves, colza, etc.; les semences
remplacées, quel rapport les mesures à blé, à vin et à
bière de ce pays-là ont avec celles de Paris. Si les terres
de ces pays-là ont besoin d'être fumées, et comment on les
rehausse avec de la chaux, et dire comment cela se fait.
Combien de façons on leur donne, et quelle semence fait le
plus de profit, la quantité de mesures de terre en friche et
ce qui cause cet abandon; s'il y a des maisons en ruine ou
abandonnées dans les villes et principaux lieux, et à quoi
va la diminution des peuples de chaque lieu; en faire des
notes à la marge si cela se peut par dénombrement, sinon
par estimation.

« Les eaux et rivières sont bien décrites, mais il faudrait
parler des sas du pays et dire leur chute et l'ouverture de
chacun. Le sas de Bousingue mériterait que l'on joignît
au plan un profil de long et un de travers à ces mémoires,
de même que le guindal de la Fintille, et enfin les pentes
des eaux du pays et les côtés de leur écoulement autant
qu'on le peut connaître.

« Nous pourrions par les suites y joindre les plans des
places fortifiées, réduits sur l'échelle commune que nous
nous sommes faites, même des principaux lieux; en passant
dans ce pays-là, j'en demanderai aux ingénieurs de chaque
plan pour les joindre au mémoire, qui pourra devenir une
rareté singulière si vous voulez bien vous attacher à la perfection.

« Il faut dire le nombre et la force des garnisons ordinaires en temps de paix, ou du moins fort approchant. Le
nombre des ecclésiastiques distingués suivant leur espèce,
et les revenus des bénéfices depuis l'évêché jusqu'aux plus
petites cures; *idem*, des abbayes, prieurés, commanderies
de toute espèce, couvents rentés ou non rentés; car, rentés
ou non, il faut que tout vive, et tels mendiants y a qui
font meilleure chère que des religieux rentés.

« Il faut de même nombrer toute la noblesse grande et
petite, et nommer par leurs noms et ce qu'ils possèdent.

« Nombrer aussi tous les gens de robe et de pratique du
pays, non seulement à chaque châtellenie, mais encore au

bout de la table de dénombrement; dire autant que vous pourrez ce que les charges valent de revenu, ce qu'elles ont été vendues; *idem,* les gens de finances.

« Faites aussi l'énumération de toutes les différentes levées qui se font dans le pays, et marquez bien leur excès et leur entretaillement. Ne manquez pas de dire votre avis, à part et sur un cahier détaché, sur les réparations du pays dont vous seriez d'avis, mais de manière que le roi y puisse trouver véritablement son compte, et toujours en comprenant le passé, le présent et l'avenir; le possible sans être trop à charge avec l'impossible qui détruit tout et toujours dans la vue de repeupler le pays, qui est le plus grand bien qui puisse revenir au roi, attendu que princes sans sujets ne sont que des particuliers incommodes.

« Après que vous aurez bien recherché votre caboche sur tout cela, vous verrez si vous ne pouvez pas dire quelque chose de plus sur les bestiaux, et notamment sur la volaille, dont vous n'avez point parlé; elle ne laisse cependant pas de faire un profit considérable tout le long d'une année. Il faut prendre le parti de mettre la plus grande partie en marge par apostilles, notes et en amisation; ceux qui auront besoin de plus grande étendue, vous pourrez en faire des feuilles à part; surtout, je vous prie de rapporter à la fin de la table du dénombrement toutes les remarques suivantes en abrégé à la fin, comme par exemple :

« Il y a dans le pays 757 femmes veuves et mariées plus que d'hommes;

« 1,431 filles à marier plus que de garçons;

« 341 petites filles plus que de petits garçons;

« 734 suivantes plus que de valets.

« La même chose des religieux et religieuses.

« En tout 3,363 femmes et filles plus que d'hommes et de garçons.

« Il faut dire aussi qu'il y a dans ce pays d'ecclésiastiques savoir :

« Un évêque, tant de chapitres, composés de tant de chanoines.

« Tant de paroisses et tant de curés et de prêtres pour les desservir.

« Tant d'abbés, tant de prieurs, tant de moines de l'ordre de Saint-Bernard, tant de l'ordre de Saint-Augustin, tant de prémontrés, et ainsi de tous les autres.

« Tant de couvents de récollets, tant de religieux; tant
de couvents de capucins et tant de religieux; tant de couvents de carmes et tant de religieux; tant de maisons de
jésuites qui contiennent tant.

« Faire la même chose des couvents de femmes et de tous
les autres ordres et maisons pieuses, avec le total au bas.

« Après cela, mettre l'abrégé de la noblesse dans la
même table et celui de leurs familles, celui des exempts
par charge, même par industrie. Celui-là expédié, venir à
l'abrégé des gens de robe, de pratique et des finances; celui des matelots, des chariots, s'il est possible, et des
moulins à vent, à eau, et ce qu'ils peuvent faire de farine
en un jour, les usines et autres moulins à huile, et foulons
à drap et tout ce qu'il y aura de remarquable dans le pays.
Tout ce que vous rapporterez dans la marge se pourra répéter dans la table, et si vous poussez cette recherche aussi
loin qu'elle peut aller, vous verrez que nous saurons parfaitement le fort et le faible du pays où vous êtes.

« N'oubliez pas, s'il vous plaît, la quantité d'arpents de
bois dans chaque pays et de nous dire comment on en fait
les coupes et en quel temps.

« Si vous pouvez satisfaire à ces demandes, comme je
n'en doute pas, vous aurez fait le bel ouvrage en ce genre-là
qui se puisse faire, et vous promets de lui donner tout le
lustre possible, de mettre votre nom à la tête, et de vous
en faire tout l'honneur; peut-être servira-t-il de modèle
pour de plus grands. N'oubliez rien de ce que je viens de
vous dire, et ne craignez pas d'y ajouter du vôtre tout ce
qui vous viendra dans l'esprit. Souvenez-vous que vous
avez cinq bons mois pour faire cela, et que quand il en faudrait mettre six, je ne les plaindrais pas. Faites-moi, s'il
vous plaît, réponse à ce mémoire, et que ceci demeure
entre vous et moi.

« Je suis, etc.

« P. S. — Dépensez-y une cinquantaine de pistoles ou
deux cents écus; je vous les rendrai incessamment, et cela
pour employer quelque personne intelligente à qui vous
donnerez l'état que vous voudrez apprendre. »

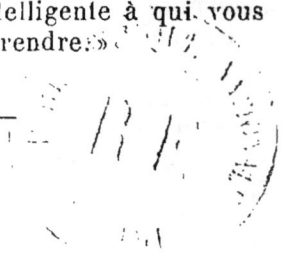

TABLE

———

CHAPITRE PREMIER

DE 1633 A 1675

CHAPITRE II

DE 1675 A 1684

CHAPITRE III

DE 1684 A 1692

TABLE 287

CHAPITRE IV

DE 1692 A 1706

CHAPITRE V

DE 1706 A 1707

12006. — Tours, impr. Mame.

FORMAT IN-12 — BIOGRAPHIES NATIONALES

Tours. — Impr. Mame.

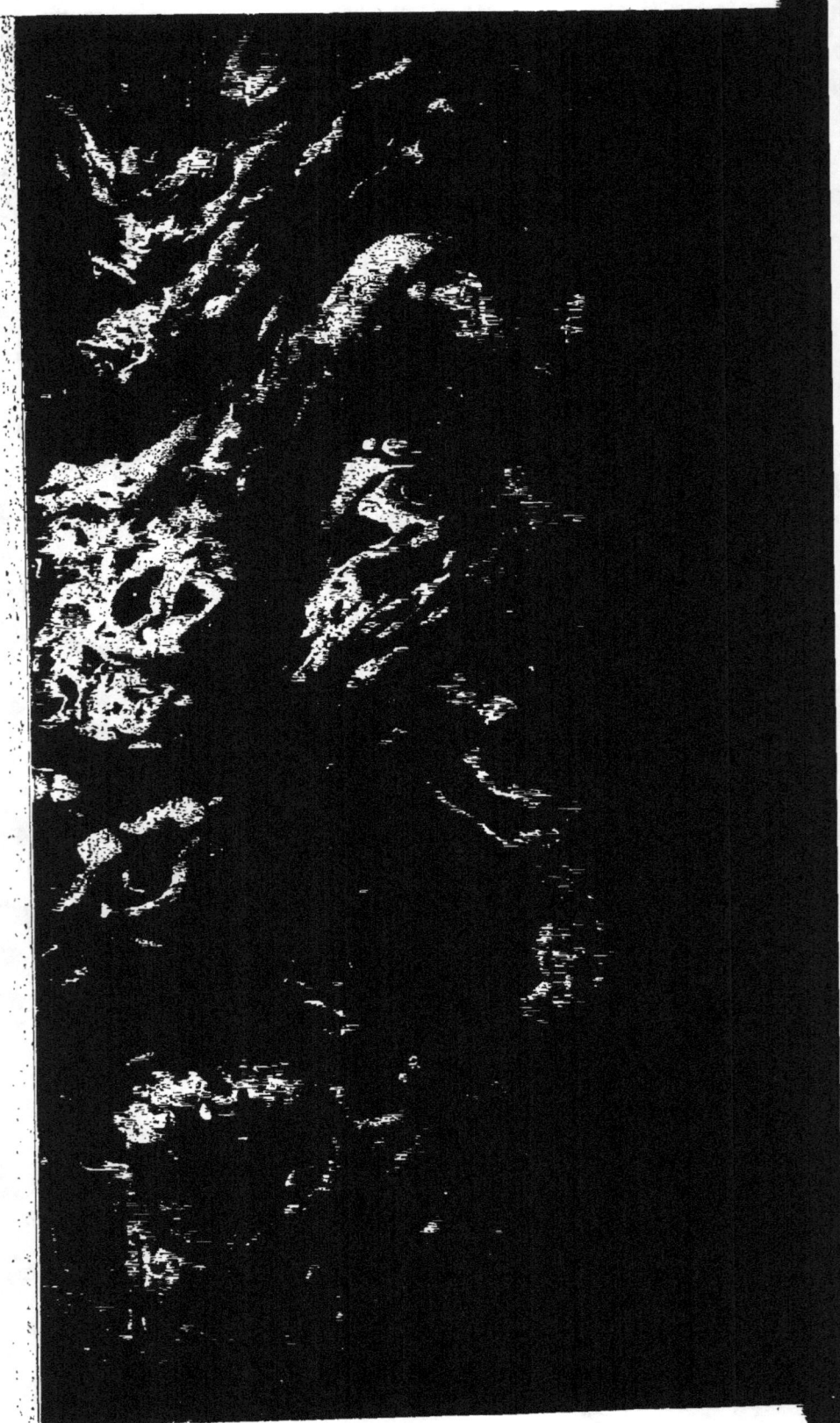